事例に学ぶ
設備お悩み相談室

TMES設備お悩み解決委員会 [著]

本書を発行するにあたって，内容に誤りのないようできる限りの注意を払いましたが，本書の内容を適用した結果生じたこと，また，適用できなかった結果について，著者，出版社とも一切の責任を負いませんのでご了承ください.

　本書は，「著作権法」によって，著作権等の権利が保護されている著作物です．本書の複製権・翻訳権・上映権・譲渡権・公衆送信権（送信可能化権を含む）は著作権者が保有しています．本書の全部または一部につき，無断で転載，複写複製，電子的装置への入力等をされると，著作権等の権利侵害となる場合があります．また，代行業者等の第三者によるスキャンやデジタル化は，たとえ個人や家庭内での利用であっても著作権法上認められておりませんので，ご注意ください.

　本書の無断複写は，著作権法上の制限事項を除き，禁じられています．本書の複写複製を希望される場合は，そのつど事前に下記へ連絡して許諾を得てください.

出版者著作権管理機構
（電話 03-5244-5088, FAX 03-5244-5089, e-mail: info@jcopy.or.jp）

JCOPY ＜出版者著作権管理機構 委託出版物＞

　「事件は会議室で起きてるんじゃない！現場で起きてるんだ！」という映画の名セリフがあります．私たちが管理している設備は建物ごとに異なり，それぞれの建物でさまざまな「事件」が起きています．この「事件（困りごと）」をスムーズに解決するには，設備の知識に加えて，そうした困りごとに遭遇して解決をした経験がカギを握っていると言っても過言ではありません．そこで，実際に起こった困りごとを事例に，模擬的に解決方法を学び，自身が担当する設備ならどうするかと考える訓練を積んでいけば，問題をスムーズに解決するスキルを養えます．

　設備管理の現場では，さまざまな困りごとや疑問が日々発生しています．読者の皆さんの中には，その対応に追われている方や，後進に自身の経験を伝えたいけれども時間が取れない方が多いのではないでしょうか．

　本書は，そのようなときに役に立つ事例集です．スピードが求められる応急的な対応から，設備計画を含めた恒久的な対策の立案まで，多種多様な事例を取り上げました．中には，執筆時点からかなり時間が経過した事例も含まれていますが，本書を利用して合理的・科学的な設備管理に取り組んでいただければ幸いです．

　月刊誌「設備と管理」の連載記事「事例に学ぶ設備お悩み相談室」は2014年11月に始まり，読者の皆さんに支えられて，掲載した事例数が100を大きく超えました．そこで，連載開始からの100件の事例を分野ごとに整理し，書籍として皆さんにお届けすることになりました．

　「設備お悩み相談室」のテーマ抽出や原稿の編集は，TMES株式会社の「お悩み解決委員会」のメンバーが行っています．十数名の設備のプロ

が設備管理のトレンドを分析してテーマを選び，原稿の執筆を適任者に依頼し，執筆者と委員が繰り返し査読を行った最終原稿を設備と管理編集部に提供しています．

連載が始まったきっかけは，私が高砂熱学工業株式会社に勤務し，お得意様から設備運用の困りごとの相談を承っていた頃にさかのぼります．さまざまな設備管理の困りごとを解決してきた経験を，「設備と管理」の誌面を借りて社会に還元したいと思い，設備と管理編集部に相談したのが始まりです．

連載開始から10年経過し，「設備お悩み相談室」の原稿の編集は，現在，高砂熱学グループの設備メンテナンスを担っているTMESが行っています．1966年に創業し，58年の歴史を持つ設備管理の会社です．創業時，高機能ビルが建設され始め，設備の複雑化・高度化に対応した設備管理の要請を受けて誕生しました．偶然にも，「設備と管理」の創刊とほぼ同時期に当たります．

このたび，TMES設備お悩み解決委員会では，わが国の設備管理のボトムアップに役に立ちたいという想いで，通常の連載原稿に加えて，書籍の編集に取り組みました．ぜひ，皆さんの設備管理に役立ててください．

最後になりましたが，TMES設備お悩み解決委員会のメンバーを代表し，約10年間もの長きにわたって愛読してくださった「設備と管理」の読者の皆さん，執筆や事例の収集にご協力をいただいた皆さんに，この場をお借りして心よりお礼を申し上げます．

2024年9月

TMES株式会社　執行役員　新事業開発部長　**村上　俊博**

目次

まえがき ･････････････････････････････ 3

第1章 空調設備［ハード編］ 9

1. コイル洗浄でエアコンの効率回復 ･･････････ 10
2. ファンコイルユニットの省エネ ･････････････ 13
3. 外気冷房の不具合 ･････････････････････ 16
4. 空調機フィンの腐食 ･･･････････････････ 22
5. 天井のカビ発生防止対策 ･･･････････････ 25
6. 銅管の腐食による冷媒ガス漏れ対策 ･･･････ 28
7. 自動制御機器更新時の注意点 ･･･････････ 31
8. 厨房排気設備の排気不良調査 ･･････････ 34
9. 現場組立て型空調機による設備更新 ･･･････ 37
10. 空調ドレンのスライム防止対策 ･････････ 40
11. 室内熱負荷の変遷 ････････････････････ 43
12. 全熱交換器の維持管理 ･････････････････ 48
13. レイアウト変更に伴う空調設備改修 ･･･････ 51
14. 建物出入口からの冷気流入対策 ･････････ 54

第2章 空調設備［ソフト編］ 57

15. 送風機へのインバータ導入 ･････････････ 58
16. VAV制御システムの運用上の注意点 ･･････ 61
17. VAV制御システムのファン動力削減 ･･･････ 64
18. 冬期の凍結防止対策 ･･･････････････････ 67
19. 送風機の運転台数と回転数 ･････････････ 70
20. 温度データと一致しない寒さのクレーム ･･･････ 73
21. 冷暖房切替え時に起こる温度クレーム ･･････ 76
22. お金がかからない運用改善による省エネ ･････ 79
23. 関係者の信頼関係で成功した省エネ ･･･････ 82
24. 室温クレームと運用改善による省エネ ･･････ 85

第3章 熱源設備 89

25. ボイラー排水処理の変更でコスト削減 …………… 90
26. 冷凍機の運転手法改善で省エネ ……………………… 93
27. 多目的空調冷却塔の泡発生対策 …………………… 96
28. 自然エネルギーを利用した冷却システム …………… 99
29. 中央監視盤データを利用した省エネ…………… 102
30. 空冷ヒートポンプチラーのハンチング ………… 105
31. 冷温水系統の水質改善 ……………………… 108
32. 地冷受入施設の蒸気デマンド対策 ………… 111
33. ターボ冷凍機更新後の省エネ ……………… 114
34. 冷房負荷の少ない深夜早朝に温調不良 ……… 117
35. CGSの排熱利用量低下 ………………… 120
36. ボイラーの水質管理のポイント ………… 123
37. 蒸気配管系統のトラブル…………………… 126
38. 冷却塔を利用した省エネ手法 ……………… 129
39. 配管圧力線図を活用したポンプのエア噛み対策…… 135

第4章 給排水衛生設備 139

40. 井水使用の給湯設備で赤水発生 …………… 140
41. 配管劣化診断の実施要領…………………… 143
42. 内視鏡による排水主管検査 ……………… 146
43. 内視鏡による排水管閉塞状況の確認………… 149
44. 落雷で給水設備のリレー故障 ……………… 152
45. 給湯用銅管の腐食対策………………………… 155
46. レジオネラ症の防止対策……………………… 158
47. BCP対策を考慮した給水設備の改修 ……… 161
48. フラッシュバルブの止水不良 ……………… 164
49. 落ち葉と管理者の戦い ……………………… 167
50. 排水処理の処理能力向上……………………… 170

第5章 電気設備 173

51. 電力需要増加への対応 …………………………… 174
52. 原因不明の瞬時漏電 ……………………………… 177
53. 漏電と電気火災を防ぐ取組み ………………… 180
54. 活線状態での漏れ電流測定 …………………… 183
55. 非常用自家発電設備の点検方法 ……………… 186
56. トップランナーモーターへの交換 ……………… 189
57. エレベーターのリニューアル工事 ……………… 192
58. 水銀条約による蛍光ランプの販売規制 ………… 195
59. 蛍光灯からLEDへの改善提案 ………………… 198
60. 照明システムのソリューション ………………… 201

第6章 計測技術, IoT活用 205

61. 設備管理でのサーモグラフィー活用 …………… 206
62. エネルギーを正しく測るメーターの役割 ………… 209
63. ITツール導入で働き方改革 …………………… 212
64. 動画マニュアル活用で働き方改革 ……………… 215
65. IoTカメラによる現場の省力化 ………………… 218
66. 巡回点検でのITツール活用 …………………… 221
67. クラウド型分析ツールで省エネ ………………… 224
68. 設備管理へのIoTの活用 ……………………… 227
69. 設備管理のスマート化 ………………………… 232

第7章 環境衛生 235

70. ビル管理基準の不適合発生項目 ･････････････････････ 236
71. ビル管理基準の相対湿度不適合 ･････････････････････ 239
72. ビル管理者が注意すべき熱中症対策 ････････････････ 242
73. 冬期の窓面結露対策 ･････････････････････････････････ 245
74. インフルエンザ感染を抑える空調方法 ･････････････ 248
75. 新型コロナウイルス感染症の注意点 ････････････････ 251
76. 感染症対策での換気と省エネの両立 ････････････････ 256
77. エアロゾルから換気を考える ･･･････････････････････ 259
78. 健康増進法に基づく受動喫煙防止対策 ･････････････ 262
79. 食堂からの臭気拡散対策 ･･･････････････････････････ 265
80. 塩素酸の水質基準値超過への対処 ･･････････････････ 268
81. 害虫による被害防止対策 ･･･････････････････････････ 271
82. 食品工場などでの害虫対策 ･････････････････････････ 274
83. 騒音・振動のトラブル・クレーム ･･････････････････ 277
84. 音を可視化するツールで異音の調査 ････････････････ 283

第8章 人材育成その他 287

85. 最新設備導入ビルの省エネ ･････････････････････････ 288
86. 設備管理者にとってのSDGs ･･･････････････････････ 291
87. 設備管理業務での人材育成 ･････････････････････････ 294
88. エネルギーサービス事業導入のポイント ･･････････ 297
89. システム取扱説明書の有効活用 ････････････････････ 300
90. 2020年の民法改正に関する留意点 ･･････････････････ 303
91. ファシリティマネジャーの仕事 ････････････････････ 306
92. ビルメンテナンスとプロパティマネジメント ･･････ 309
93. 改修提案の作成方法 ･････････････････････････････････ 312

索引 ･･ 318
参考文献 ･･ 320

第1章
空調設備[ハード編]

1. コイル洗浄でエアコンの効率回復 …………………… 10
2. ファンコイルユニットの省エネ ……………………… 13
3. 外気冷房の不具合 ……………………………………… 16
4. 空調機フィンの腐食 …………………………………… 22
5. 天井のカビ発生防止対策 ……………………………… 25
6. 銅管の腐食による冷媒ガス漏れ対策 ………………… 28
7. 自動制御機器更新時の注意点 ………………………… 31
8. 厨房排気設備の排気不良調査 ………………………… 34
9. 現場組立て型空調機による設備更新 ………………… 37
10. 空調ドレンのスライム防止対策 ……………………… 40
11. 室内熱負荷の変遷 ……………………………………… 43
12. 全熱交換器の維持管理 ………………………………… 48
13. レイアウト変更に伴う空調設備改修 ………………… 51
14. 建物出入口からの冷気流入対策 ……………………… 54

1 コイル洗浄でエアコンの効率回復

相談 建物所有者から「最近エアコンの効きが悪くなった気がする」と言われました．どのようなことを調べたらよいでしょうか．

エアコンの能力低下には，さまざまな原因があります．その解決のチェックポイントと，コイルの洗浄で効率が回復した事例を紹介します．

解決のチェックポイント

以下の事項を確認してください．

- フィルター

    フィルターの汚れは風量減の原因となります．フィルター洗浄を行っていない場合は，フィルターを洗浄しましょう．

- 電力量

    電力量（電流値）が仕様値と大きく異なる場合は，エアコン本体の異常が考えられます．

- 気流

    吹出口に手をかざしてみて，気流を感じなければ，風量が減少しています．
    実際の風速を風速計で測ってみましょう．

- コイル

    フィルター以外にコイル（フィン部）の目詰まりも風量減の原因となります．
    フィルター洗浄を行っている場合は，コイルの状態を見て，汚れていればコイルの洗浄を行いましょう．

コイル洗浄で効率が回復した事例

フィルターはこまめに清掃していたものの，エアコンの効きが悪くなったため，コイル洗浄を行って能力が回復した事例を紹介します．

効率の評価には，次式に示す成績係数（以下「COP」と記す）を用いました．

COP ＝機器能力〔kW〕/ 消費電力〔kW〕

①機器仕様

機器の仕様は以下のとおりです．

冷房能力：2.8kW

暖房能力：4.2kW
風　　量：540m³/h
消費電力：冷房　530W　（COP 5.28）
　　　　　暖房　790W　（COP 5.32）

②洗浄前の状態（冷房運転）

　機器の能力を調査した結果，風量は 320m³/h で，仕様値の 60％まで低下していました．

　吸込み空気状態は 29.5℃，68％ → エンタルピー 74.94kJ/kg(DA)
　吹出し空気状態は 21.5℃，95％ → エンタルピー 60.56kJ/kg(DA)

　エンタルピーとは，空気の潜熱（湿分の熱量）を含む保有熱量です．機器能力は入口空気と出口空気のエンタルピー差と風量との積で算出します．

　冷房能力 = (74.94−60.56)〔kJ/kg(DA)〕
　　　　　　　× 320〔m³/h〕× 1.2〔kg/m³〕× 1/3 600〔kWh/kJ〕= 1.53〔kW〕
　消費電力 = 0.550〔kW〕

　したがって，
　COP = 1.53（冷房能力）/0.55（電力）= **2.91**

であり，仕様値の約半分に低下していました．

　外装パネルを外してコイルを見たところ，塵埃が付着し，目詰まりしていました（**写真1**）．

　そこで，コイル洗浄を行いました．

③洗浄後の状態

　洗剤を使用して洗浄した結果，汚れがとれ，コイルの目詰まりが解消しました（**写真2**）．

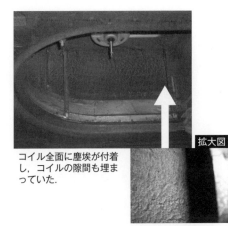

コイル全面に塵埃が付着し，コイルの隙間も埋まっていた．

写真1　洗浄前のコイルの状態

汚れがとれ，コイルの金属面が確認できる．

写真2　洗浄後のコイルの状態

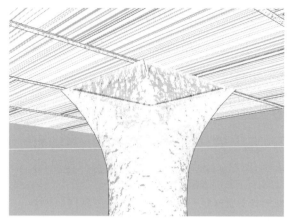

図1 養生例

④洗浄の効果確認

　洗浄の効果確認のため機器の能力を調査したところ，風量は510 m^3/hで仕様値の94％まで回復しました．

　吸込み空気状態は27.0℃，60％ → エンタルピー61.38 kJ/kg(DA)
　吹出し空気状態は17.5℃，95％ → エンタルピー47.72 kJ/kg(DA)
　冷房能力 = (61.38−47.72)〔kJ/kg(DA)〕
　　　　　　　　× 510〔m^3/h〕× 1.2〔kg/m^3〕× 1/3 600〔kWh/kJ〕= 2.32〔kW〕
　消費電力 = 0.460〔kW〕
　したがって，
　COP = 2.32(冷房能力)/0.46(電力) = **5.0**

となり，COPは仕様値の約95％まで回復しました．
　また，コイルに付着していた塵埃がなくなったため，居室の浮遊粉塵量が洗浄前に比べ55％減少しました．

⑤その他
- 洗浄時の注意事項
　周囲に洗剤が飛散しないようにビニールなどで養生をします(図1)．
- 概略時間
　1台につきおよそ3時間を要します．

2 ファンコイルユニットの省エネ

相談 病院の設備担当者から「停止中のファンコイルユニットに冷温水が送水され,エネルギーロスが発生しているようだ.何か対策はないか」と相談されました.どのような方法で省エネに取り組めばよいでしょうか.

ファンコイルユニット(以下「FCU」と記す)の一般的な省エネは,空調不要時のこまめな運転停止です.しかし,配管システムによっては,相談のような理由からエネルギーロスが発生します.

以下に,病院に設置されたFCUの省エネ事例を紹介します.

運用状況と問題

この病院では,2通りの方法でFCUを発停しています.一つは,室内の利用者がスイッチから操作する方法,もう一つは,建物管理者が中央監視盤から遠隔操作する方法です.

年間を通して空調が必要な病棟は,利用者がFCUを発停しています.一方,診療時間外の空調が不要な外来では,2通りの方法を併用して,利用者の停止忘れに対応しています.

配管システムは図1のとおりで,当初,FCUへの送水を制御する電動弁は設置されておらず,停止中の外来系統FCUにも一定量の冷温水が循環しており,搬送動力損失が発生していました.

冷温水の循環水量

全台に8L/minの定流量弁が設置されていることから,FCUの循環水量は次のようになります.

外来系統　8〔L/min〕× 100〔台〕= 800〔L/min〕
病棟系統　8〔L/min〕× 300〔台〕= 2 400〔L/min〕

空調機の診療時間外の循環水量は,2管式・4管式ともに3 000L/minという測定結果でした.よって,診療時間外の循環水量は全体で9 200L/minとなります.熱損失が発生している外来系統FCUの循環水量は800L/minなので,全体の約9%の冷温水が無駄に循環していることが水量比からわかりました.

800〔L/min〕÷ 9 200〔L/min〕× 100 ≒ 9〔%〕

無駄を省くことで,消費電力12kWの循環ポンプを1台停止できます.

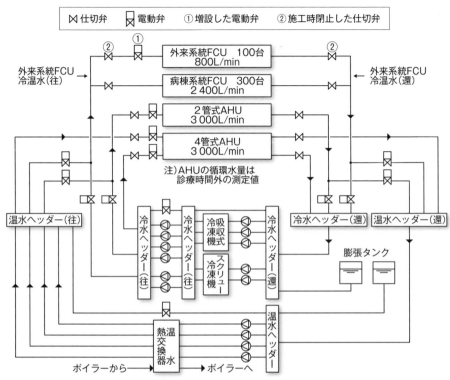

図1　事例病院の冷温水配管システム

省エネ効果の試算

外来系統 FCU の送水停止による省エネ効果を**表1**に示します．前述の搬送動力削減に加え，冷凍機とボイラーの負荷軽減により，年間 205.4 万円の光熱費を削減可能と試算しました．

停止1時間後の外来系統の往還温度差は，0.5℃でした．したがって，1時間当たりの熱損失は次のようになります．

800〔L/min〕× 60〔min/h〕× 0.5〔℃〕× 4.19〔kJ/L・℃〕※ ＝ 100 560〔kJ/h〕

> ※　4.19〔kJ/L・℃〕は水の比熱．SI 単位では 4.186〔kJ/kg・K〕．ここでは水 1 L を 1 kg，温度差1℃を1Kとして試算．

冷房期間に運用しているスクリュー冷凍機の COP（成績係数）が 5.26 なので，熱損失を電力量に換算すると，5.3 kWh に相当します．

100 560〔kJ/h〕÷ 3 600〔kJ/kW〕÷ 5.26 ＝ 5.3〔kWh〕

暖房期間の熱損失は，ボイラー燃料の都市ガス（発熱量 40 600 kJ/m^3）に換算しま

表1　年間省エネ効果

	冷房期間		暖房期間	
	冷凍機	ポンプ	ボイラー	ポンプ
診療時間外〔h〕	3 000(a)		3 000(b)	
電　　気〔kWh〕	5.3(c)	12.0(d)		12.0(e)
都市ガス〔m³/h〕			2.7(f)	
小　　計〔千円〕	254	576	648	576
合　　計〔千円〕				2 054

注1）電気 16 円/kWh，都市ガス 80 円/m³ の単価で計算
注2）小計の計算式は以下のとおり．冷凍機 = a×c× 電力単価，冷房ポンプ = a×d× 電力単価，ボイラー = b×f× 都市ガス単価，暖房ポンプ = b×e× 電力単価

写真1　増設した電動弁

した．ボイラー効率が 0.92 の場合，燃料消費 2.7 m³/h に相当します．

100 560〔kJ/h〕÷ 0.92 ÷ 40 600〔kJ/m³〕= 2.7〔m³/h〕

工事計画と施工

　試算の結果，循環水量の制御が有効と判断し，冷温水配管に電動弁（図1①）を設ける改修工事を計画しました．工事中は断水により空調が停止するため，患者への影響が最小となる仕切弁を調査しました．

　調査によって，外来系統 FCU のみ断水可能な仕切弁（図1②）をピット内で確認しました．断水範囲を限定したことで，患者に影響を与えることなく工事を完了できました．

　増設した電動弁（**写真1**）は，中央監視盤からの操作として，外来系統 FCU の発停に合わせた開閉スケジュールを設定しました．この電動弁によって，外来系統 FCU は運転時のみ送水が可能となり，試算どおりにエネルギーロスを削減できました．

3 外気冷房の不具合

相談 外気冷房時に，外気をうまくコントロールできず，室内温度が上昇してしまうのですが，何が原因なのでしょうか．

外気冷房とは，外気温度の低い中間期と冬期でも冷房が必要とされる場合に，外気を多く取り入れて冷房に利用し，熱源の消費エネルギーを削減する省エネ手法です．外気の取入れ判断は図1に示すような空気線図の範囲で行われます．

しかし，外気の取入口やセンサーの位置，空調機の仕様によっては，有効に作動しない場合があります．

不具合の発生

関東地方のある高層ビルで，外気冷房時にうまく外気の取入れができず，室内温度が上昇するという不具合が発生しました．

この建物では屋上に設置している百葉箱で外気温度を計測し，その計測値を用いて空調機の外気冷房を判断しています．現場の測定データを確認すると，ある年の10月4日 13:20（曇り）の外気温度は 22.4℃でしたが，20階の空調機が導入している外気温度は 24.7℃と，屋上よりも 2.3℃高くなっていました．

この建物の形状は南北に長く，ガラリは西側外壁に設置されています．周囲には

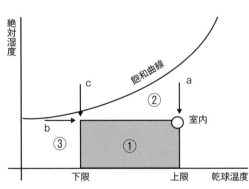

a．**乾球温度上限**：室内設定温度と同じ，または多少低め．
b．**露点温度（絶対湿度）**：露点温度が高い空気の導入を行うと，室内の湿度が上昇してしまうことになる．
c．**乾球温度下限**：温度条件だけを考えればカットする必要はないが，この部分の空気の導入を行うと，室内の湿度が下がりすぎて，加湿能力が足りなくなる．

①外気冷房に適した範囲
②湿分の高い空気で，室内湿度を上げてしまう
③温度の満足は得られても，加湿不足になってしまう

出典：高橋隆勇『空調自動制御と省エネルギー』オーム社刊

図1 外気導入領域

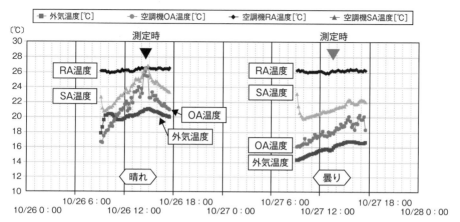

図2　外気温度と空調機周りの温度

日射をさえぎる建物はほかになく，午後には南西面全体が日射を受けることから，空調機が導入する外気温度が高い原因として日射の影響が考えられました．

そこで，計測外気温度と空調機がガラリから取り込む外気温度の関係を詳しく調査しました．

🔍 外気温度はどこでも同じ？

簡易データロガーを外気導入部（OA）に設置し，実際に空調機が導入している外気温度の時刻変化を確認しました．その結果は図2のとおりで，10月26日14:30（晴れ）の計測外気温度21.0℃に対して20階空調機の外気取込温度は25.0℃と，4.0℃も高い値が出ました．一方，10月27日13:30（曇り）は，計測外気温度15.8℃に対して20階空調機の外気取込温度は18.0℃と2.2℃差であり，晴れの日のほうが温度差は大きくなりました．その状況を図3に示します．

計測温度と各階の外気取込温度の差は，日射がある日は大きく，曇りの日でも差が発生しています．建物自体が日射や天空放射の影響を受けているものと考えられます．

🔍 検討した対策

このように，各階の空調機が導入している外気の温度は，日射などの影響を受け，屋外の百葉箱で計測している外気温度と異なっていました．実際に空調機が吸い込む外気の温度を用いて外気冷房の判断をしなければ，外気冷房の効果をきちんと得ることはできません．

そこで，この建物では空調機ごとに外気計測用センサーを新設し，外気冷房判断を行う方法を検討しました．

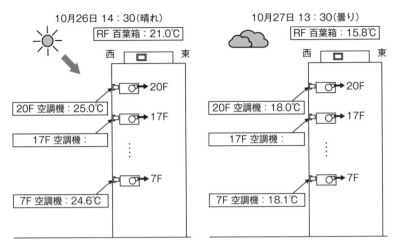

図3 天気による外気温度比較

　外気冷房制御用の外気温度センサーは，1本を全系統で共用するのが一般的ですが，建物の形状によっては，外気温度測定場所を適切に選定しないと，正しい取込外気温度を計測することができません．

　ところが，さらに調査を進めると，外気取入れ条件の問題だけでなく，空調機内部にも温度上昇の原因があるとわかりました．

🔵 空調機側での不具合の発生

　外気冷房を行うために，中間期は設備管理者が手動でダンパーを全外気側に固定し，コイルへの通水と加湿を遮断して，室内に外気をそのまま給気していました．

　ところが，この空調機の構造では，全外気運転はできないことがわかりました．にもかかわらず，実際には自動制御回路は全外気運転ができるものとしてダンパー動作が設定されていることがわかりました．

　そこで，この設計意図との違いが空調機内部で温度上昇に影響を及ぼしているのか，空調機廻りの温度を実測して確認しました．

🔵 空調機内部での温度変化

　空調機のエアバランスを確認してみると，定格外気量が5000CMHであるのに対し，定格給気量は8300CMHで，外気と給気の定格風量に差がありました．このことから，設計時は全外気運転を想定しておらず，全外気運転時でも，還気と混ぜて給気風量を確保する外気冷房を想定していたと考えられます．ところが,実際には，全外気運転時には還気ダンパーは完全に閉止状態になっていました．

　空調機廻りの温度分布調査の結果を図4に示しますが，空調機を通過する間に外

3 外気冷房の不具合

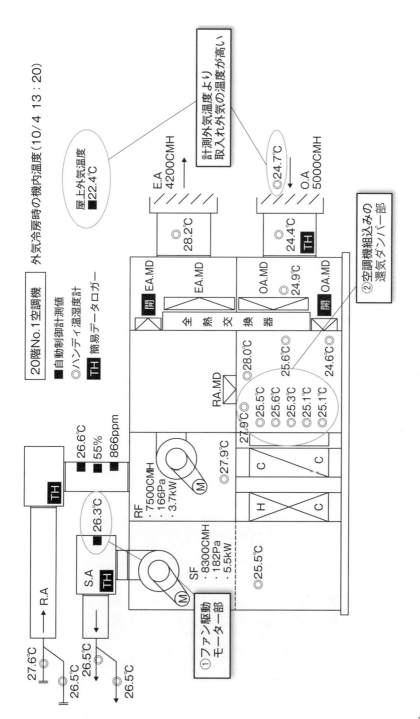

図4　空調機廻りの温度分布

気は約2℃，温度上昇していることがわかります．
　温度が上昇しているのは以下の2か所でした．
　　①ファン駆動モーター部　　　　　：約1℃
　　②空調機組込みの還気ダンパー部：約1℃
　この2か所について，それぞれの原因を検討しました．
①ファン駆動モーター部
　外気冷房とは関係なく，空気がファン駆動モーター部を通過する際には必ず温度が上昇します．
②空調機組込みの還気ダンパー部
　空調機組込みの還気ダンパー(**写真1**)の羽根の合わせ目からのリークが，温度上昇の原因と考えられました．リークの原因は，空調機内組込みなので還気ダンパーの羽根の合わせ目が長いこと，またもともと還気ダンパー全閉での運転が想定されておらず，加えて，無理に全外気運転を行ったことで，空調機の給気側と排気側の機内差圧がより拡大し，還気ダンパーのリークをさらに助長させていたことでした．
　結果として，給気温度が室内温度を超える場合も出ていました．

空調機内での温度上昇の予防対策

　外気冷房効果を確実に得るためには，還気ダンパーをノンリーク型にするなど，空調機の運用方法を明確にして機器を設計する必要があります．また，外気取入れガラリの寸法の制約などによって取入れ外気量が影響を受ける場合もあるため，そ

写真1　空調機内の還気ダンパー

の確認も必要です.

この建物では，外気冷房判断を適切に行うことができず，給気温度が室内温度を超えており，外気導入が冷房負荷(増エネ)となる場合もありました．そこで，給気温度と還気温度を比較し，給気温度が高いときには外気冷房を禁止するという制御への変更を提案しました．

運用が増エネにならないために

外気冷房に限らず，設計意図と運用に差異がある場合がありますが，パソコンの運転データだけではわからないことがあります．

現場の稼働状況に合わせた調査を行って，因果関係を整理することが解決への近道です．

この建物では，これらの調査により原因がはっきりし，運用を見直すきっかけになりました．

4 空調機フィンの腐食

空調機の定期点検時に，機内で砂状の異物を見つけました．空調機本体や設置環境を確認しましたが，外部の砂が侵入したとは考えにくい状況です．ほかにどのような原因が考えられるでしょうか．

建物管理者から，空調機内で発見した異物について相談がありました．建物竣工は1990年，異物発見は2000年に入ってからの出来事です．敷地環境としては，周囲に砂地がない点と交通量の多い道路に面している点が挙げられます．

以下に，異物の発見から対策に至るまでの経緯を紹介します．

空調機の構造

空調機は，図1のようなエアハンドリングユニット（以下「AHU」と記す）を使用しています．AHUの主な役割は，必要とされる条件の空気を室内に供給することです．まず，プレフィルターと中性能フィルターによって，外気・還気が混合された空気の除塵を行います．次に，冷水コイル・温水コイルで温度調整した後，冬期

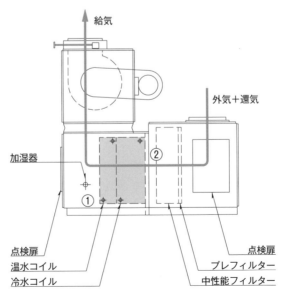

図1　エアハンドリングユニットの構成

であれば加湿を行い，室内に給気します．コイルは，冷水・温水が流れる銅管とアルミニウム製のフィンで構成されています．限られたスペースに必要な伝熱面積を確保するために，フィンは狭い間隔で設置されています．

空調機内の調査

砂状の異物は，図1の①と②で発見されました(**写真1**)．①では冷温水コイルの底部に堆積しており，②では冷水コイルのフィン表面を覆っていました．この異物がAHU外部から機内に侵入したとすれば，二つのフィルターを通過したことになります．しかし，フィルター表面に異物の付着はなく，破損も見られませんでした．調査ではコイルの状態についても確認しま

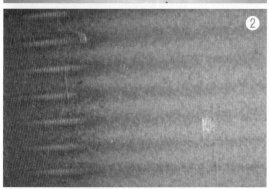

写真1　空調機内の異物

したが，アルミニウム製のフィンは金属の光沢がなくなり，容易に折れてしまうほどもろく変質していました．

建物内のAHUをすべて調査した結果，数台の機内から同様の異物が見つかりました．こうしたAHUの中には，フィンが腐食したように崩れたコイルも確認されました．

以上の点から，異物は外部の砂ではなく，コイルのフィンから発生したものではないかと考えました．

異物の分析

建物所有者に調査結果を報告し，今後の対応を協議しました．その結果，異物を分析して正体を把握した後，対策を講じることになりました．

分析は金属材料の研究所へ依頼しました．研究所からの報告によって，異物の主成分がアルミニウム，硫黄，塩素だとわかりました．分析結果に対する研究所の見解は，フィンのアルミニウムが硫黄や塩素を含む酸性物質の影響で溶かされ，酸化

写真2　コイルの更新工事

物や硫化物，塩化物として析出した，というものでした．

アルミニウムは酸素と反応することで，表面に酸化被膜をつくります．この被膜は高い耐食性を持っており，腐食しやすい性質のアルミニウムを保護しています．しかし，周囲の環境によっては酸化被膜が破壊され，腐食が進行するおそれがあります．

AHU機内は，結露や加湿の水分に加え，自動車の排ガスなどの腐食性ガスにさらされるおそれがあるため，アルミニウムにとって条件のよい環境ではありません．

対策結果

研究所の分析結果を踏まえ，異物が見つかったコイルを腐食対策が施されたコイルへ更新するよう建物所有者に提案しました．対策品のフィンは，既存品と同様にアルミニウム製ですが，耐食性を高めるためフィン表面にアクリル樹脂がコーティングされています．この技術は，建物竣工後の1990年代中頃から広く普及が進み，現在も多くのコイルに使用されています．

提案は採用となり，フィンの状態が特に悪いAHUから順次更新することになりました．アクリル樹脂のコーティングはきわめて薄く，既存のフィンの間隔とほとんど変わりがないことから，コイルサイズを変更することなく，更新工事を行うことができました（写真2）．

相談のあったAHUは更新計画の初年度（2000年代初期）に施工され，コイル更新から現在に至るまで変わりなく運用していますが，フィンの腐食はなく，砂状の異物が見つかることもなくなりました．

5 天井のカビ発生防止対策

相談 梅雨の季節になると天井にカビが発生するようになります．その際，防カビ塗料などを塗って対応していますが，カビが生えるのを防ぐにはどうしたらよいでしょうか．

あるスーパーマーケットで，天井にカビが発生して表面が黒く変色し，衛生面で問題になっていました．特に食料品を販売している場所では来店客の印象が悪くなるので，なんとかならないかという相談を受けました．

現地を確認したところ，カビが発生している天井は冷蔵ショーケースが設置されているエリアの上部でした．ショーケースはオープンタイプと呼ばれるもので，5～6段の棚に商品が置かれ，前面上部から冷気が吹き出して下部から冷気を吸い込むエアカーテン効果で，商品の温度を一定に維持している構造です．

室内環境の測定

最初に，店舗全体の温湿度の状況を確認しました．店舗内に入ったときはそれほど冷房が効いているという感じはしなかったのですが，ショーケースが設置されているエリアに入ると寒く感じるほど，室温が低くなっていました．

次に，室内温度を計測しました．入口付近や一般売り場では23～25℃でしたが，

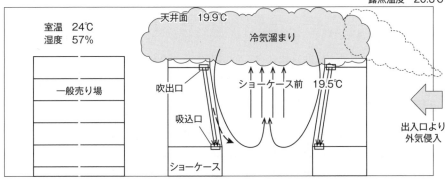

図1　店舗内の温度分布と冷気の流れ

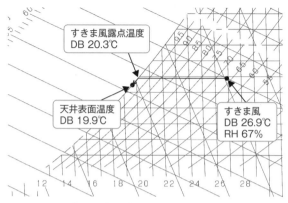

図2 結露発生の状況（空気線図上での動き）

オープンショーケース前の通路温度は19.5℃，ショーケース上部の天井ボード表面温度は19.9℃でした．天井ボードを直接触ってみたところとても冷たく，低い室内温度によって常時冷やされていることがわかりました（図1）．

🔵 結露の原因

この食品・飲料品売場の横にはバックヤードへの出入口であるスイング式ドアがあり，従業員の出入りに伴って，外部の暖かい湿った空気が吹き込んでいました．この空気が露点温度以下の天井面に触れて結露を生じ，カビが生えたものと推測されます．

標準的なオープンショーケースは，冷風を上部吹出口から下部吸込口に向けて吹き出し，エアカーテンを形成してケース内温度（5〜10℃）の維持と効率的な冷却を行っています．しかしながら，商品の陳列量が多いときや，商品を動かしたときに下部吸込口がふさがれ，吹出し冷風が外に漏れる場合があります．また，冷風が通路空気と直接触れているため，前面空間を強力に冷房することになってしまいます．また，オープンショーケース前の天井高が低く，通路空間が狭いと，温度がより低下しやすい状況になります．天井面まで低温度になり，天井ボードの温度が周囲空気の露点温度以下になったときに結露が生じ，カビが発生する原因となります（図2）．

🔵 結露とカビの防止対策

カビの発生防止対策として，天井ボードを低温度にする原因となる，下から上がってくる冷気を遮断する方法を検討しました．

家電機器メーカーの小型のサーキュレーションファンを利用し，一般売り場の温度の高い空気をオープンショーケース設置エリア上部に向けて吹き付けることによ

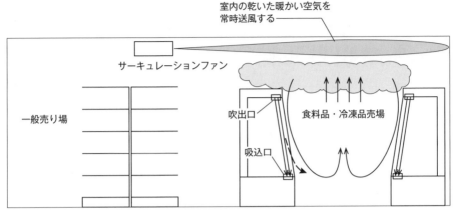

図3 天井付近の温度を高くする改善案

り，冷気を遮断して天井ボードの温度低下を防ぎます．併せて空気を攪拌することによって通路の不快なコールドドラフトの軽減も期待できます(**図3**)．

カビの発生原因を少額の設備投資で解決できる目途が立ったため，毎年発生していた防カビ塗装などのカビ対策費を軽減することもできます．

空気中に浮遊しているカビ菌は，建材などの表面に付着し，適度な温度，水分，栄養源の供給のもとで成長していきます．

部材の温度をカビの繁殖を完全に抑制する温度にすることは困難ですが，部材の湿度をカビの生育を抑制する状態にすることは可能です．つまり，部材表面の結露を防止するために，部材を覆う空気を冷却しない，高湿度空気を表面に滞留させない，低湿度空気を送風して乾燥させる，などが有効になります．

6 銅管の腐食による冷媒ガス漏れ対策

テナント入居者から「空調が効かない」との苦情があり，調査したところ，ビルマルチエアコンの冷媒銅管の「蟻の巣状腐食」による冷媒漏れとわかりました．予防保全として，どのような対策をすればよいでしょうか．

　低温の冷媒銅管表面が断熱材損傷のために結露し，化学反応により断熱材を留めている接着テープの接着剤からカルボン酸が生成されて，蟻の巣状腐食が発生した事例です(**写真1**)．

　近年，ビルマルチパッケージエアコンの普及に伴い，冷媒銅管が腐食し冷媒が漏れる事故が増えています．漏水による被害が建物内部に限定されることが多い水配管に比べ，フロン系冷媒の漏洩は地球環境に大きな影響を及ぼします．2015(平成27)年4月施行のフロン排出抑制法では，フロン漏洩の管理を厳しく要求しています．

　適切に施工された冷媒銅管は，本来，長寿命ですが，配管通過ルートとなる天井内などの空間の環境雰囲気や，断熱材や施工に使用する諸材料の影響を受けて腐食することがあります．

◯ 蟻の巣状腐食のメカニズム

　蟻の巣状腐食は，銅，水，酸素，有機物や溶剤のような揮発性触媒が共存する場

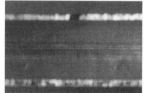
腐食部管内面

腐食部管外面

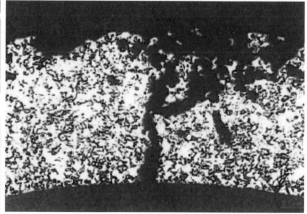
腐食部断面

写真1　蟻の巣状腐食の例

所で発生する微細な局部腐食です．有機物が化学反応によりカルボン酸（ギ酸，酢酸など）を生成して腐食が進行します．銅管断面が，土中につくられた蟻の巣のような状態となり，内外面が貫通して冷媒漏洩しますが，この進行はきわめて速い場合があります．そのメカニズムを図1に示しました．

カルボン酸生成の元となる物質として，ロウ付け時に使用する酸化防止剤，建材や断熱材に含まれる接着剤，食品添加物（香料，保存料など），入浴剤や化粧品の芳香剤などがあり，身近にあるさまざまな物質からカルボン酸が形成されます．上記の物質が含まれていなくても，銅イオンが自ら触媒となって酸化・還元反応を繰り返してカルボン酸を生成する例もあるので注意が必要です．

通常，冷媒液管側は表面温度が高いため結露は起きないと考えられがちですが，一部の機種では，膨張弁の位置によっては液管側であっても低温となり，断熱次第で結露して腐食が発生します（図2）．年間冷房系統では，一度結露すると乾く間がないので特に注意が必要です．

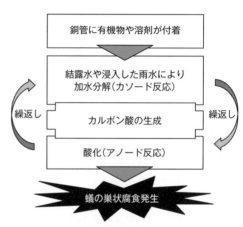

図1　蟻の巣状腐食のメカニズム

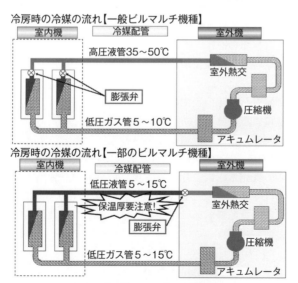

図2　膨張弁の位置と液管温度

◯ 冷媒銅管の腐食防止対策

①漏洩場所特定

　トーチやセンサーなどを用いて漏洩場所を特定します．ロウ付け，フレア継手などの接続部からの漏洩でないことが確認できたら，断熱材の継目，つぶれ箇所，雨がかり，冷媒温度から見て断熱厚が不足している部分などを重点的に調べます．

②原因有機物の排除，結露防止対策

　ほかに冷媒が漏洩している場所がなくても，同じ環境下にあれば腐食進行中の可能性があるので，配管を補修するとともに，カルボン酸の原料となっている資材を排除する必要があります．

　また，断熱材の隙間補修，つぶれ・絞りすぎ部の修理，増巻きなどを行い，断熱材の不具合による結露を防止します．

　ラギング，スリムダクトなどの隙間は，コーキングシールをして雨水の浸入を防止します．

③耐食性配管材料への更新

　通常のリン脱酸銅の数倍の耐食性を持つ材料が開発され販売されています．それらの配管の採用も考えられます．

④適切な施工

　以下の事項に注意して施工します．

- 配管交換時の資材保管に注意
　　雨ざらしにしない．
　　塗料（有機溶剤）の近くに保管しない．
　　厨房排気にさらさない．
- ロウ付け施工の際の適切な酸化防止
- 適切な断熱施工
　　配管の伸縮を配慮した隙間発生の防止．
　　窮屈な納まりによる断熱不良防止．
　　冷媒温度（液管も）の再確認と適正断熱厚の確保．

　上記の対策は，蟻の巣状腐食以外でも有効と考えられます．銅管の腐食原因は種々あり，通気管からの硫化水素により硫酸腐食した事例や，食品施設でのイースト菌による腐食性ガス発生の事例などがあります．いずれも水分の存在がポイントで，結露を防ぎ，銅管表面を乾燥状態に保つことで，大半の腐食が抑制可能であると考えられます．

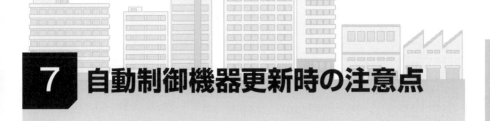

7 自動制御機器更新時の注意点

 既設空調設備の自動制御機器更新時の注意点を教えてください．

　空調設備は，設備機器によって修繕や更新の時期が異なります．
　最初に更新時期が来るのは，中央監視盤や自動制御の機器ですが，既設自動制御機器の仕様確認不足により，配線の引き直しや信号変換器の追加などのトラブルが発生すると，施設の運用に支障をきたす場合があります．

◎ 自動制御設備機器更新時の注意点

　中央監視盤やDDC（Direct Digital Controller：制御コントローラー）または調節器を更新する際，現場機器（センサー，バルブなど）は再利用することがあります．その場合，更新するDDCと現場機器の仕様を合わせる必要があります．
　以下にポイントとなる項目を記しますが，工事範囲の中に再利用する部分や部品がある場合は，表1に挙げた更新時のポイントに，特に注意が必要です．

◎ 機器別更新のポイント

○DDC本体
　DDCが既設中央監視盤と接続されている場合，既設DDCとは異なるメーカーのものに更新する場合は，通信仕様と外部端子の配線の取合いに注意します．同一メーカーの製品への更新であっても，交換アダプターが必要な場合があります．
○制御盤
　盤本体の筐体が再利用可能なときは，中板（サブパネル）で更新します．この場合，外部配線端子台と，中板の配線の取合いに注意します．
○温度センサー
　センサーとDDCの通信，配線の仕様が整合しているかを確認し，不整合なときは信号変換やセンサー更新を検討します．現在の主流は，白金抵抗体（Pt 100 Ω）です．
　配線は，既設センサーがPt 3 kΩ やバルコ（ニッケル製の測温抵抗体）の場合は線数が2本であり，Pt 100 Ω に更新しようとすると既設配線では線数が足りず，新規配線が必要となります．

表1 自動制御機器更新時の注意点

工事（更新）範囲に再利用あり	工事（更新）範囲に再利用なし
①再利用機器の確認 　再利用機器は， 　□現場機器（センサー，バルブ，ダンパー，流量計ほか） 　□盤内機器（DDC，変換器など） ②現場機器—盤内機器の取合い確認 　以下を参照し，取合いを確認． 　現場機器を再利用し，盤内機器（DDC など）を更新の場合，現場機器を DDC 入出力仕様に合わせるか，信号変換器が必要な場合あり． 例・温度センサー 　　種類の調査：Pt100Ω，ニッケルなど（バルコは販売終了） 　・湿度センサー 　　出力レンジ：0～100%（0～10V，4～20mA など） 　　電源種別：AC24V，DC24V など 　・電磁流量計 　　計測レンジ：中央監視盤の計測レンジとの整合 　　出力信号種別：4～20mA など 　　電源種別：AC100V，AC200V など 　・バルブ 　　ON/OFF 制御，比例制御 　　制御信号種別：4～20mA，2～10V など 　　電源種別：AC24V，AC100V，AC200V など 　・モーターダンパー 　　2 位置制御か，比例制御か	DDC と現場機器の整合，計装工事のバルブの有無，流量計の配管（面間）などの仕様確認を行う． ①温度センサー，湿度センサー 　□機器更新で配線種別，本数に変更はないか ②バルブ 　□既設機器と更新機器で面間サイズに変更はないか 　□機器更新で配線種別，本数に変更はないか ③電磁流量計 　□既設機器と更新機器で面間サイズに変更はないか 　□機器更新で配線種別，本数に変更はないか 　□仕様（必要直管長など）が満足しているか（上流側 5D，下流側 2D など） ④モーターダンパー 　□比例制御か，ON/OFF 制御か 　□機器更新で配線本数に変更はないか ⑤DDC 　□既設同一メーカーの DDC に更新か，他メーカーか ⑥盤 　□更新範囲は盤本体か，機器のみか 　□更新範囲が盤本体の場合，筐体（盤すべて）か，中板（サブパネル）か

　また，DDC などの盤内コントローラー温度入力は，Pt100Ω を直接入力するか，盤内で電流（4～20mA），電圧（1～5V，0～10V など）のアナログ信号に変換後に入力します．

○湿度センサー

　センサーと DDC の通信，配線仕様が整合を確認し，不整合であれば信号変換やセンサー更新を検討します．現在の湿度センサーの主流は，高分子静電容量タイプです．

　配線は電源線と信号線が必要であり，既設信号配線が同軸ケーブルなどの場合は，新規配線が必要となります．

また，DDC などの既設盤内コントローラーの湿度入力は，電流（4 ～ 20 mA），電圧（1 ～ 5 V，0 ～ 10 V など）といったアナログ信号で入力します．

○バルブ（制御弁）

バルブと DDC の通信，配線仕様が整合を確認し，不整合であれば信号変換やバルブ更新を検討します．更新時，バルブ本体面間サイズが異なることがありますが，同一メーカーの製品では交換アダプターで対応可能な場合があります．

配線は電源線と信号線が必要ですが，バルブは配線が6本（電源，開閉出力信号，フィードバック）の場合もあるので，更新する機器の配線本数を確認する必要があります．

また，DDC などの既設盤内コントローラー入出力は，電流（4 ～ 20 mA），電圧（DC 2 ～ 10 V）といったアナログ信号で入出力します．

○電磁流量計

流量計と DDC の通信，配線仕様が整合を確認し，不整合であれば信号変換や流量計更新を検討します．なお，カウンターレートの確認が必須で，課金メーターの場合は特に注意が必要です．

配線は，電源線と信号線が必要ですが，積算パルス出力がある場合もあるので，更新する機器の配線本数を確認する必要があります．

○モーターダンパー

モーターダンパーと DDC の通信，配線仕様が整合を確認し，不整合であれば信号変換やモーターダンパー更新を検討します．

配線は電源線と信号線が必要ですが，比例制御と ON/OFF 制御では配線本数が異なるので，更新するダンパーの配線本数を確認する必要があります．

また，DDC などの既設盤内コントローラー入出力は，電圧（DC 2 ～ 10 V），開閉信号＋フィードバックなどの信号で入出力します．

8 厨房排気設備の排気不良調査

相談　地下飲食店の仕込み準備中に自動火災報知機が鳴動し，防火設備が作動してしまいました．専門会社による調査結果では，設備は正常に作動しており問題は見当たらないとのことです．このような場合，原因調査と対応はどのように進めたらよいでしょうか．

◉ 建物の概要

　この事例の建物は，延床面積約9 000 m^2，1985年竣工の商業ビルです．B1F〜4Fは物販店舗や飲食店，事務所として使用し，5F〜12Fはマンションになっています．建物には二つの管理組合が存在し，管理区分も複雑に分かれています．そのため，テナントの変化と工事や整備の履歴を十分に把握していないと，判断を下せない状況にありました．

◉ 非火災報と防火設備の作動の状況

　当日は，B1Fの元軽食飲食店から焼肉飲食店への内装改修工事が完了し，開店準備のため焼肉メニューの仕込み焼きを行っていました．ところが，その時間帯に，夜間営業の他店舗の煙感知器が作動して，自動火災報知機が鳴動してしまいました．
　施設に常駐している建物管理者が警報表示を確認し，現場に直行しました．開店前の無人の店内で煙感知器の作動表示灯を確認し，出火箇所を隅々まで調査した結果，非火災報であることが判明したので，全館鳴動した非常ベルを停止しました．
　店内のにおいや残留していた煙から，焼肉飲食店の煙が，厨房排気ダクトを経由して夜間営業の他店舗に逆流したことがわかりました．その後，B1Fの飲食店舗街に，所有者，管理会社，マンション管理士，管理人などの関係者が集まって原因究明の会議が開かれ，感知器連動の諸設備は，正常動作していることが確認されました．次に，排気ダクト系統に設置されている各FD（防火ダンパー），VD（風量調整ダンパー）が閉塞して排気風量が低下していないかを調べたところ，各ダンパーは正常な状態であることが確認され，その場では原因不明のまま様子を見ることになりました．

◉ 再度の原因調査

　翌日，管理人とともに最上階に設置されている厨房排気ファンを確認しました（**写**

8 厨房排気設備の排気不良調査

写真1 厨房排気ファンの設置状況　　写真2 キャンバス継手上部の腐食穴あき

真1）．厨房排気ファンの能力は54 000 m³/h，モーター容量は18.5 kWで，ダンパー開度を確認したところ，30％に絞られた状態でした．さらに，厨房排気ファンを見下ろす鉄骨架台に上ったところ，キャンバス継手上部が腐食して穴があいているのを発見しました（**写真2**）．この穴から外気を吸い込み，ショートサイクルが発生しており，ガスレンジ上部の排気フードから十分に排気ができない状態でした（**図1**）．

キャンバス継手の穴は，下部からの目視では気づかない位置にあったため，発見が遅れたものと思われます．

🔍 対応措置

作業記録を確認したところ，ダンパー開度を絞ったのは，竣工後まもなくのことでした．深夜まで運転している厨房排気ファンの運転音について近隣住民から苦情があり，その対応として調整したようです．ダンパー開度を絞ったことで給気と排気のバランスが大幅にくずれた上，キャンバス継手の穴からのショートサイクルも加わって，設計上の排気量が確保できなくなり，今回の自動火災報知機鳴動の原因となりました．

そこで，キャンバス継手の更新を専門ダクト業者に依頼して修繕した上，全体風量を調整して対応完了としました．

🔍 原因調査での留意事項

事例の建物では，テナントの変化に対応した風量調整が不十分だったことによりバランスがくずれ，隣のテナントの排気フードから煙が逆流していました．

テナントビルは，竣工後にその用途や店舗がしばしば変わります．それに伴いガスレンジなどの厨房設備も変わって，各店舗の給気・排気の必要量が変化する場合があり，その際には，設計図書を確認して，関係各室の風量測定を行う必要があり

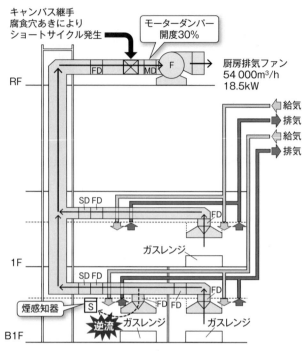

図1　厨房排気設備概略図

ます．厨房排気だけでなく，一般排気も併せた2系統の風量調整を実施して，風量バランスを確保することが肝要です．

今回の事例のように，設計意図に反して風量バランスをくずすことは，他の区画へ臭気・粉じん・煙などを逆流させる問題につながります．建物の実情を十分理解した上で，改修工事や点検整備の履歴を確認しながら，給気・一般排気・厨房排気の計算・確認をして，関係法令を順守したバランスのとれた設備の改修や整備改善を進める必要があります．また，建物管理者は，それらの履歴を後日適正に利用できるように整備・管理していく必要があります．

9 現場組立て型空調機による設備更新

相談 空調機のリニューアル工事を行いたいのですが，設備更新を考慮した搬入ルートや機械室の設置スペースを十分に確保できません．基準階に設置される空調機などは，搬入後に機械室に軽量壁が施工されるため，機器の設備更新が非常に難しくなります．何かよい解決方法があれば教えてください．

全バラ空調機

空調機の工事を行う際，搬入ルートや機械室などが狭く，機器の搬入が困難な状況でも，通称「全バラ空調機」（現場組立て型空調機．主要部材をバラバラで搬入して現地で組み立てる）を導入することで，通常の分割搬入では不可能だった更新工事が可能となります（**写真**）．

以下に，全バラ空調機のメリットや導入事例を紹介します．

全バラ空調機導入の背景

リニューアル時期を迎えている建物で，空調機以外の付帯工事が発生するため，更新を手控えているケースが見受けられます．また，汎用空調機メーカーの中には，部分的なパーツ更新などに対応していない場合があります．さらに，旧来の空調機メーカーのうち数社は，現在，空調機の製造から撤退しており，メンテナンスのフォローが事実上停止しています．

全バラ空調機導入のメリット

- 搬入経路，機械室が狭くても対応可能
  搬入経路が確保できない，あるいは機械室に十分なスペースが確保できないなど，更新に際して室内の壁の撤去・復旧を検討せざるを得ない状況であっても，全バラ空調機であれば，壁の撤去をすることなく更新が可能です．
- パーツ交換にも対応
  現地調査を踏まえて，使用できる部品は残したまま，劣化した部材の更新や外板パネルなどのパーツ交換にも対応できます．
- 撤退メーカーの空調機にも対応可能
  設備の保守対応が事実上停止している撤退メーカーの空調機でも，リニューアル

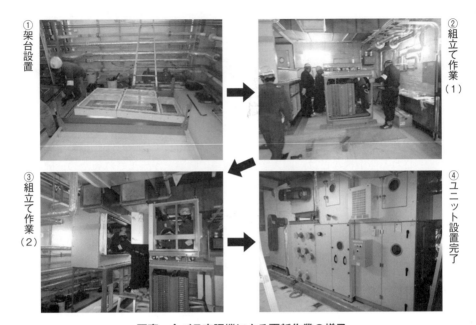

写真　全バラ空調機による更新作業の様子

が可能です.

全バラ空調機の導入事例

①全バラ空調機による更新
- 現場の状況

　設置後25年経過した空調機2系統の更新計画で, 3階機械室への搬入動線は階段のみで機械室扉も狭く, 機器搬入が困難な状況にありました.
- 搬入計画

　工事会社の担当者と協議の上, 搬出・搬入ルートとしてガラリの一部を開口にして, クレーンで機器の搬出・搬入を行う, 全バラ空調機の搬入計画を立案しました.
- 作業結果

　ガラリの一部を利用した開口による搬出・搬入をスムーズに行うことができ, 機械室内での2系統の全バラ空調機の組立て設置を完了できました.

②空調機内部の部分更新
- 現場の状況

　空調機の設備診断を実施したところ, 高層階の送風機・コイルなどの劣化が判明しました. その後の現場調査と工事会社との協議で, 作業工程と作業期間 (深夜作業中心), 搬入形態と搬入方法を検討しました.

・搬入計画

全バラ空調機のバリエーションの一つである，各パーツを別途に部分更新する手法を取り入れ，給気ファンユニット，コイルセクションの部分更新を計画しました．クレーンが使用できない高層階だったので，搬入にはエレベーターを使用し，夜間作業を主体とした施工計画を立案しました．

・作業結果

ファンを高効率化した空調機内部の部分更新が無事に完了し，省エネも実現することができました．現在は，別系統の空調機でも，外板パネルの交換を加えた部分更新を新たに計画しています．

計画の際の注意点

計画の際には，搬入ルートを確認し，搬入が困難なときに全バラ空調機の採用を検討する必要があります．また，現地調査から納入後の性能確認まで，全バラ空調機に対してトータルサポートができる会社を選定することも重要です．

全バラ空調機更新と省エネ提案

「②空調機内部の部分更新」の事例で述べたように，全バラ空調機の更新の際，既設機器や設備の更新だけでなく，全熱交換器などの省エネ機器との組み合わせや，交換部材を高効率なものに変更することで，省エネを図ることも可能です．

電力使用量の削減によるコストダウンでビル経営に寄与し，部品の部分更新による資源の再利用や，CO_2削減による地球温暖化防止で社会貢献することで，顧客満足度の高い更新ができます．

10 空調ドレンのスライム防止対策

相談 ファンコイルドレンのスライム発生による配管目詰まりで漏水が発生して困っています．スライムの原因となる微生物の増殖を抑制する方法がありますか．

　空気調和設備は，日常の管理が不適切であると，条件によっては微生物が繁殖し，トラブルの原因になる事例が多発します．特に空気調和機器（以下「空調機器」と記す）の凝縮水（以下「ドレン」と記す）を排水する空調ドレン系統は，一般に，その流路上に各種の微生物が繁殖しやすい環境にあります．

　細菌，酵母，糸状菌（いわゆるカビ類）などの微生物とそれらの分泌物から構成される粘液状物質は，総称してスライムと呼ばれます．ドレンスライムは，繁殖条件が整うと短時間であってもドレン流路で発生します．ドレンスライムの発生によって流路が閉塞すると，ドレンがあふれて漏水事故を引き起こします．

ドレンスライム発生リスク指標の検討

　ドレンスライム繁殖の要素と条件は，①原因菌種が存在すること，②酸素があること，③温度が15℃以上であること，④水分があること，⑤養分の供給が豊富であること，です（図1）．これら5要素すべての条件がそろったときに微生物が増殖

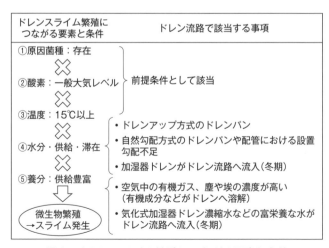

図1　ドレンスライム繁殖につながる要素と条件

10 空調ドレンのスライム防止対策

表1　ある空調機器のドレン測定結果

	TOC 濃度〔mg/L〕	無機塩類濃度〔mg/L〕	微生物濃度〔CFL/mL〕
トラブルあり（8か所）	49.7	14.5	6.3×10^6
トラブルなし（3か所）	14	12	6.6×10^5
有意差検定結果	有意差あり	有意差なし	有意差なし（ただし濃度差一桁あり）

注）測定結果の数値はいずれも平均値.

表2　有効成分で分類した抗菌剤の特徴

	有機系抗菌剤	無機系抗菌剤
メリット	即効性	耐性菌が発生しない. 寿命は比較的長い. 熱に強い
デメリット	長時間使用した場合, 耐性菌が発生して抗菌効果を示さなくなる可能性あり. 寿命は短い	緩効性

して, ドレンスライムが発生します.

逆に言えば, 1要素でも欠けるとドレンスライムは発生しません. これらの要素のうち, 原因菌種, 酸素, 温度は通常の空調系内であれば常に成り立つ不可避な条件です. したがって, 水分と養分がドレンスライム発生を左右します.

特に夏期（除湿期）は, 空調ドレンが多くなるので, 滞留した場合, 繁殖を決定する条件は養分になると考えられます（表1）. ドレン中の養分濃度（全有機炭素 TOC 濃度）はドレンスライムの発生リスクを予測する有効な指標になり, ドレン中の微生物濃度はスライムの発生程度の目安になります.

しかし, クリーンルームでもないかぎり, 養分成分をなくすことは困難であるため, 頻繁に清掃するしかないのが現状です.

● ドレンスライム対策の概要

そこで, ドレンの養分濃度の削減が困難な場合のドレンスライム対策の一つとして, 抗菌剤の使用が挙げられます. 抗菌剤に求められる条件は, ドレンスライムの原因となっている微生物に対する抗菌効果とその持続性です. 有効成分により, 抗菌剤の特徴は表2のように分類されます.

ここでは, 安全性が高い無機系抗菌成分として銀を用い, 適正な濃度の銀イオンを安定して継続的にドレン中へ溶出する「ティーバック型抗菌パック（『エイジークリーン』日本ピーマック）」について紹介します.

従来の抗菌剤は, 設置・回収時に空調機の分解が必要となる装置であったり, 抗菌剤をドレン流路上に置くだけの取付けのため, 経時により意図しない場所に移動

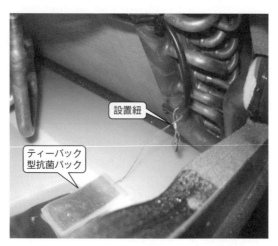

写真1 ティーバック型抗菌パックの設置状況

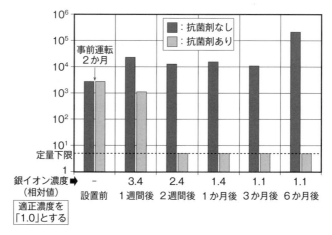

図2 ティーバック型抗菌パックの効果

したり，流路をふさぐというトラブルを引き起こす可能性がありました．しかし，この抗菌パックはコンパクトで柔軟性があり，空調機内部での固定も可能です（**写真1**）．

抗菌剤の効果は**図2**に示すとおりです．毒性の評価では，経口ラット LD_{50} 値が 3 731 mg/kg と塩化ナトリウム（塩）と同程度で，環境毒性・生体毒性のいずれも低くなっています．

表2に示したように，抗菌剤にはそれぞれメリット・デメリットがあります．その使い勝手などを考慮して，採用することをお薦めします．

11 室内熱負荷の変遷

相談 老朽化したビルのオーナーで，建替えや改修を検討しています．空調設備の計画に際しての注意点や最近のトレンドについて教えてください．

ビルの冷熱・温熱消費量の変化

この20年ほどで，建物のエネルギー消費量は大きく変化しました．あるビルの年間空調用冷温熱消費量は，冷熱は2001年にピークの244 MJ/m² でしたが，2017年には135 MJ/m² とピーク値の約55％に減少しています．温熱も，ピーク値134 MJ/m² から55 MJ/m² と約40％に減少しています[3]．これらの変化の直接の原因は，建物室内の熱負荷（発熱要素）の減少ですが，さらには，東日本大震災（2011年）以降の節電や省エネに対する意識変化も大きく影響していると考えられます．

空調設備は，一部の放射空調方式を除けば，一般に，空調機器から室内に空調空気を送風し，室内を所定の温度・湿度に保つための設備です．冷房では，室内で発生する，あるいは外部から侵入する熱や湿分に対して，室内設定温度・湿度より低い温度・湿度の冷風を送って，室内空気と置換混合することで，所定の室内条件に保ちます．一方，暖房では，逆に室内へ出入りする冷熱や湿分（乾燥した空気）に対し，室内設定温度・湿度より高い温度・湿度の温風を送って，室内空気と置換混合することで，所定の室内条件に保ちます．

空調設備にとって冷却や加熱の要因となるものを熱負荷要素といい，建物室内周りでは，①日射熱，②貫流熱，③内部発熱（人体・照明・機器など），④すき間風負荷，⑤外気負荷，⑥蓄熱負荷などがあります．

これらの熱負荷要素のうち，過去30年ほどで大きく変化したものに，照明熱負荷，パソコンなどのOA機器発熱，窓ガラスや建物外装の熱性能があります．

照明熱負荷

照明器具は，従来は白熱灯や蛍光灯が主流でしたが，最近は省エネ性能の高いLEDや有機ELなどの半導体照明に替わりつつあります．政府の「第5次エネルギー基本計画」（2018年7月）では，これらの次世代照明を新規導入分で2020年までに100％，既存分を含めると2030年までに100％普及させるという目標が掲げられています．したがって，今後のビル改修や新築ビルの計画では，これらの次世代照

表1 各室の設計照度と単位消費電力

〔単位：W/m²〕

設計 照度 〔lx〕	室の用途	LED照明※1		蛍光灯※1			蛍光灯※2
		下　面 開放形	ルーバー あり	下　面 開放形	ルーバー あり	アクリル カバーあり	
750	事務室，上級室， 設計室，製図室	10	11	16	18	25	70
500	電子計算機室， 会議室，講堂，厨房， 監視室，制御室	7	8	11	12	17	55
300	受付，食堂	4	5	7	7	10	50
200	電気室，機械室， 湯沸室，書庫，便所， 洗面所，更衣室	3	3	5	5	7	40
150	階段室	2	3	4	4	5	25
100	玄関ホール	2	2	3	3	4	20
75	車庫	1	2	2	2	3	15

出典　※1：国土交通省大臣官房官庁営繕部設備・環境課監修『建築設備設計基準 平成30年版』（一社）
公共建築協会刊，※2：井上宇市『空気調和ハンドブック 改訂3版』丸善刊

明を前提に進める必要があります．

　表1に各室の設計照度と単位消費電力を示します．照明器具の入力(消費電力)は器具の発熱分と発光分に分けられますが，最終的には発光分を含めてすべて熱に変換されるので，時間遅れはあるものの，消費電力と発熱量はほぼ等しいとみなすことができます．たとえば，750lxの設計照度に対して，約30年前の蛍光灯と現在の平均的なLED照明を比較すると，消費電力が1/7程度に減少しています．

　また，LED照明器具単体の性能も，この10年間ほどで発光効率がほぼ2倍近くに向上しているとされています[4]．

● PCなどのOA機器発熱負荷

　表2に，過去20年間のPC関連の平均的な消費電力と単位発熱量の推移例を示します．ここでも，消費電力が最終的には熱に変換される点は照明と同様です．過去にはデスクトップPCとCRT（ブラウン管）モニターが主流であったのが液晶ディスプレイ（LCD）に替わり，現在の一般オフィスではノートパソコンがほぼ標準となっています．

　この間の単位消費電力は，27 〜 36 W/m²（1998年頃のデスクトップPC + CRT）から2〜9 W/m²（2019年頃のノートPC）と，半分以下になっています．一方で，高性能デスクトップPCや高密度配置の場合は，逆に単位発熱量が増加するケースもあるので，実際の条件に即して計画する必要があります．

　総じて，パソコンのCPU自体の発熱量は増加しているものの，ICT（情報通信技

表2　PC 関連の平均的な消費電力と単位発熱量の推移

PCとモニターの組み合わせ	1998年頃		2008年頃		2019年頃	
	1台当たり消費電力	m²当たりの発熱量	1台当たり消費電力	m²当たりの発熱量	1台当たり消費電力	m²当たりの発熱量
デスクトップパソコン+CRTモニター	134～182W	27～36 W/m²	—	—	—	—
デスクトップパソコン+LCDモニター	84～132W	17～26W/m²	112～263W	23～53 W/m²	49～330W	10～66 W/m²
ノートパソコン	16～45W	4～9W/m²	25～75W	5～15W/m²	7～45W	2～9W/m²

注　1台当たり消費電力は，標準値～最大値を示す．m² 当たりの発熱量は 0.2 人 /m²，1 台 / 人を想定．
出典：（公社）空気調和・衛生工学会編『徹底マスター 熱負荷のしくみ』オーム社刊の表に，筆者が 2019 年頃の記載を追加．

術）の発展により，いわゆる「クラウド化」によるクライアント PC 自体の負荷が軽くなっていることも機器発熱量減少の一因といえるでしょう．

窓ガラスと建物外装性能の進化

窓ガラス周りの熱負荷は，建物内外の温度差による貫流熱（断熱性能）と太陽からの日射熱（遮蔽性能）が大きく関係します（**表３**）．

窓ガラス自体は，単板ガラスから複層ガラス，さらには Low-E（low emissivity ＝低放射）ガラスへと進化して遮熱・断熱性能が向上しました．窓周りは，以前は透明普通ガラスとブラインドの組み合わせでしたが，ガラス自体に金属膜を蒸着した熱線反射（熱反）ガラスなどが開発され，さらには日射を外部で遮蔽する庇やルーバーなどのしかけを設けるケースも出てきて，日射遮蔽性能が向上しました．

これらと相まって，新しいオフィスビルなどでは，建築の意匠性や居住者の眺望などを考慮した窓面積の拡大が図られ，「高性能ガラス（Low-E ガラスなど）＋外部遮蔽」，「高性能ガラス＋エアバリアファン」，さらには「エアフローウインドウ」や「ダブルスキン」などの二重化された建物外装へと進化しました．

これらに対応する空調方式やゾーニングも，ペリメータゾーンとインテリアゾーンを分離して空調する方式から併用する方式，さらにはペリメータレス（ペリメータとインテリアを分けずに同一系統で空調する）方式へ進化しました．

新築ビルの計画に際しては，より省エネ性能を高めるために，空調設備単体でなく，建築と一体となって計画することが重要です．また，既存ビルの改修でも，既存窓に対して「後付け窓」で対応できる製品も建材サッシメーカーから出ていますので，これについても検討すべきです．

暖房負荷の増加

従来は，冬期の室内発熱量は暖房設備を助ける側なので，照明設備や PC などの

表3 窓ガラスと建物外装性能の進化

窓の特徴		窓面積		小 → 大
		熱特性（断熱性能・日射遮蔽性能）		低 → 高
窓の特徴	断熱性能	単板ガラス　複層ガラス　Low-Eガラス	Low-Eガラス＋外部遮蔽　Low-Eガラス＋エアバリア	エアフローウインドウ　ダブルスキン
	日射遮蔽性能	透明ガラス　熱反射ガラス　外部遮蔽		
窓システム		ペリメータ専用方式	併用方式	ペリメータレス方式
空調設備		ファンコイルユニット、ウォールスルーユニット、ヒートポンプ、パッケージエアコン、ペリメータ空調機などの専用設備を配置	エアバリアファン、補助暖房パネルなどの補助的設備を設置	原則、空調設備はインテリア系統の延長など。専用設備は設けない

出典：(公社) 空気調和・衛生工学会編『徹底マスター 熱負荷のしくみ』オーム社刊

発熱要素を暖房熱負荷計算ではほとんど見込まないのが通例でした．しかし，商業施設などは，以前は白熱灯や蛍光灯といった演出照明などで冬期も一定量の内部発熱があり，暖房設備の運転はこの内部発熱に助けられていました．

　既存ビルの空調設備更新工事の際に，照明改修工事前の暖房設備の運転状態を基に，設備容量を小さくして，あるいは極端な場合は暖房熱源をなくして更新工事を行い，その後に照明設備を LED 化したために，冬期の暖房運転に支障をきたした事例もあります．

　以前に比べて，室内発熱量が減少しているので，暖房負荷は逆に増加する傾向にあり，きちんと実状を想定して暖房設備容量を決める必要があります．また，暖房負荷が増加するということは，省エネ手法として外気冷房を採用しているケースでは外気冷房有効期間が短くなり，以前よりも省エネ効果が小さくなることを意味しています．

設備計画に際して注意すべき点

- 改修更新工事の場合でも，単純に既存と同容量の設備容量にするのではなく，①実状に合った負荷想定で容量を決める必要があります．
- 空調設備だけで考えずに，窓システムや建物外装などの建築的な要素も含めて熱負荷を検討する，②窓システムの特性に応じたゾーニングや空調方式を検討する，③改修工事でも窓システムを考慮した改修を検討する，といったことが必要です．
- 内部発熱の減少に伴って，暖房負荷は増加傾向にあることに留意する必要があります．
- 省エネルギーに配慮した設備計画を行うことが大切です．

　これからの時代のビルオーナーの責務として，脱炭素化社会や SDGs に配慮するためには，省エネは必須の項目と言えます．ライフサイクル的視点に立って，運用時の光熱費削減を図りつつ，省エネ性能や環境性能の高い建物を目指すことは，最終的には建物の不動産価値の向上へとつながります．

12 全熱交換器の維持管理

相談 外気処理機に組み込まれている全熱交換器のローターの目詰まりが激しく，必要な換気量が得られません．性能を回復させるための手段・方法を教えてください．

全熱交換器の性能の回復方法を，事例を交えて紹介します．

省エネ機器としての全熱交換器

昨今，サスティナブルや再生可能といった単語を耳にしない日はありません．建設業界ではビルのZEBとしてZEB ReadyやNearly ZEBに取り組み，ビル管理業界では空調システムのチューニングなどによる省エネに取り組んでいます．

全熱交換器は，ビルの代表的な省エネ機器の一つです．2017年施行の建築物省エネ法では，「基準設定空気調和設備」の一つに採用され，また，環境省温室効果ガス排出抑制等指針でも全熱交換器の導入を推奨しています．さらに，世界で猛威を振るった新型コロナウイルス感染防止対策では，換気の重要性が指摘されました．

そこで以下では，全熱交換器の有用性と性能の回復方法を説明します．

全熱交換器の機能

空調システムには，室内の温湿度調整と換気が求められます．全熱交換器は換気装置に分類され，換気を行いつつ排気空気の熱(顕熱・潜熱)を回収して，空調負荷を軽減する省エネ機器です．全熱交換器の熱交換効率は，通風部の素材，外気と換気の風量比のほか，全熱交換器を通過する風速によっても変化します．

全熱交換器の省エネ効果

全熱交換器は，条件によって効率が75％にもなる優れた省エネ機器で，費用対効果も優れています．

図1は，空調設備のイニシャルコストに対するエネルギーコストの削減効果を，省エネ手法別に比較したものです．図中の折れ線が垂直に近いほど費用対効果が高い手法であり，全熱交換器の優れた経済性がわかります．

維持管理と更新方法

省エネ性に優れる全熱交換器の性能を維持するには，日常の維持管理が不可欠で

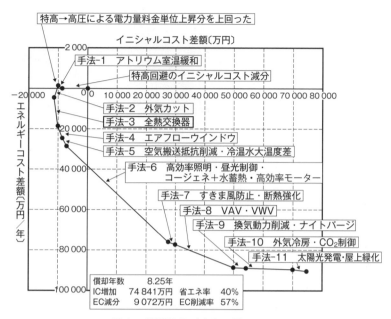

図1 熱経済性ベクトル図

す．着眼点は，ローターの通風部（エレメント）と軸受，駆動装置ですが，ここでは相談の原因部位であるエレメントについて説明します．

写真1は，目詰まりを起こした回転型全熱交換器のローターエレメントです．全熱交換器の手前に中性能フィルターが設置されている場合には問題になりにくいのですが，粗塵フィルターのみの場合に維持管理を怠ると，写真のように目詰まりを起こし，省エネどころか換気機能を損なってしまいます．このような状況を起こさないためには，定期的に圧搾空気などによる塵埃除去作業（**写真2**）が必要で，圧搾

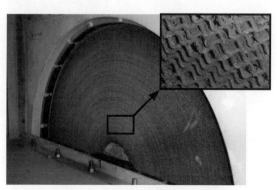

写真1 ローターの目詰まり状態

空気で除去できない場合には，高圧水による洗浄を行います．

また，長期間の運用によりエレメントは劣化します．図2は，経年による全熱交換器の効率低下の概念図です．運用時間の経過に伴って効率が下がり，保守により一時的には回復しますが，再び低下します．

この原因は，経年によるエレメントの劣化などで，維持管理では補うことができません．したがって，15年を目途に全熱交換器の熱交換効率を計測し，効率低下が著しい場合は，ローターエレメントの更新をお薦めします．写真3は，ローターエレメントの更新状況で，一見更新は不可能と思えるような大型ローターでも，分割搬入，現場組立てを行うことで，交換は可能です．

写真2　圧搾空気による塵埃除去状況

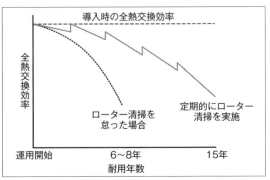

図2　維持管理と効率減少の概念図

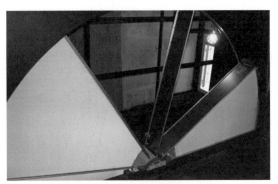

写真3　ローターの組立て状況

13 レイアウト変更に伴う空調設備改修

　オフィスビルで，テナントのレイアウト変更のたびに空調の対応に困っています．何かよい対策はないでしょうか．

レイアウト変更に伴う空調設備の諸問題

図1に示すように，
① 室内レイアウトを変更して小部屋を設けたいが，部屋に吹出口を増設するのが難しい
② 休憩室に飲料販売機を設置したが，排熱で室温が上がる．同様にOA機器類（複写機・複合機）の場合も局所的に室温が上昇する
③ トイレや給茶室など，従来は空調がなかった部屋にも新しく空調を設けたい
④ ペリメータ部や発熱量が大きな小部屋など，メイン空調機の冷房・暖房運転とは逆の冷房・暖房モードが必要になることがある

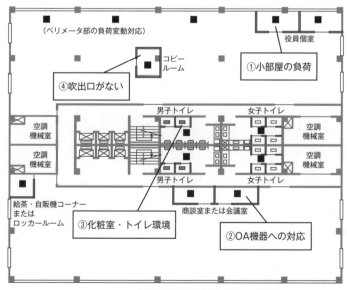

図1　レイアウト変更に伴う空調設備の諸問題

51

⑤既存空調設備の能力増強が必要な場合がある

といった諸問題への対応策として，実際に吹出口の移設・増設やビル用マルチパッケージ空調機の新設をしようとすると，
- 冷媒配管やドレン配管の施工が困難
- 空調設備に見合った電源を確保できない
- 天井内に機器を設置できるスペースがない
- 工期が限られる上，大掛かりな工事が不可能

といったさまざまな制約が出てきます．

そうした際に補助空調としてお薦めできるのが，「ドレンレス・スポット空調機（日本ピーマック）」です．ドレン配管ルートや冷媒配管ルートを確保できない場合でも，この空調機を設置して電源をつなげるだけで空調が可能になります．さまざまな型式がありますが，ここでは天吊型を紹介します．

ドレンレス・スポット空調機の概要[6]

カセットタイプのユニットを吊り込み，100V電源を用意するだけで，配管・ダクト工事が不要です．室内空気を熱源とするため外気温に左右されず，安定した能力を発揮します．

冷房能力は1.4kW，暖房能力は1.6kWで，一般天井向けと600□のシステム天井向けの2機種があります．

冷房時は，RA（還気）風量の1/2をSA（給気）側熱交換器（HEXi：蒸発器）で冷却

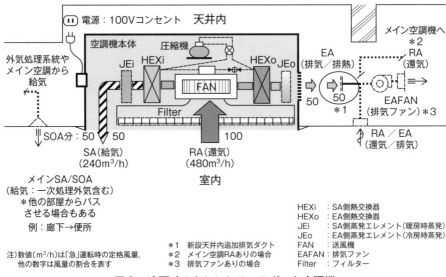

図2　冷房時のドレンレス・スポット空調機

除湿し，ヒートポンプ冷房運転を行います（**図2**）．SA 側熱交換器で凝縮したドレン水は EA（排気）側蒸発エレメント（JEo）に吸い上げられ，EA 側熱交換器（HEXo：凝縮器）で排出空気（RA 風量の 1/2）により加熱されて，蒸発乾燥して天井内へ排出（EA）します．

　暖房時は，RA（還気）風量の 1/2 を SA（送気）側熱交換器（HEXi：凝縮器）で加熱し，ヒートポンプ暖房運転を行います．加熱熱源は EA 側熱交換器（HEXo：蒸発器）で，排気空気（RA 風量の 1/2）から採熱されて，冷却された空気は天井内へ排出（EA）します．

　このように，ドレン水を処理した空気を天井内に排気するので，天井内の換気（排気）が必須です．通常はメイン空調機側へ還気して，そこから排気，あるいはトイレのように排気ファンが備わっていることが多く，いずれの場合も天井内に排気枝ダクト（150 φ 程度）を追加する程度の軽微な工事で済み，全体として大掛かりな工事を避けられるメリットがあります．

　ただし，導入する際には，給気風量が還気風量の 1/2 なので，室内外のエアバランスを考慮した上で，前述の天井内の必要な換気（排気）が確保されているかに注意が必要です．

　また，ドレン水の処理能力には限界があり，冷暖房連続運転は 吸込み空気の相対湿度が 65％ 以下であることが条件です．高湿度で運転した場合にはドレン蒸発処理能力を超えるため，自動的に乾燥運転（送風運転）となります．

　オフィスビルなどのセントラル空調の場合に，レイアウト変更やテナント要望に対応することが難しいケースがあります．補助空調を組み合わせることで，対応可能となる場合があるので，一度検討してみてはいかがでしょうか．

14 建物出入口からの冷気流入対策

相談 冬期に，建物出入口から冷気が大量に流入して困っています．何かよい解決策はないでしょうか．

筆者は以前，ある建物の施設管理者から，冬期の建物出入口からの冷気流入対策について相談を受けたことがあります．

ここでは，その際に行った調査や物理的対策を紹介します．

◯ ビル管理会社とこれまでに試した対策

施設管理者は，常駐しているビル管理会社と以下に示す対策を講じたとのことでした．しかし，結局，冬期のみ建物に冷気が流入する原因がわからず，根本的な改善には至りませんでした．

①エアカーテン設置

外気流入を防ごうと，出入口にエアカーテンを設置しました．しかし，流入風速が速く，十分な効果が得られませんでした．

②自動ドアの調整

次に，出入口にある自動ドアの開く幅と開閉時間を調整しました．しかし，冷気の流入抑制効果は薄く，むしろ，通行する人が自動ドアに衝突するクレームが増えてしまいました．

③自動ドアのインターロック化

風除室の自動ドアに，外側扉と内側扉のうち一方のみが開くインターロックを掛けてみました．その結果，冷気の流入は防げましたが，出入りするのに時間がかかるようになり，利用者の通行に支障をきたしたため，本採用することができませんでした．

◯ 空調面での調整

その後，筆者も参加して，以下のような空調面での調整を行い，冷気流入を防ぐ対策を講じましたが，解決に至りませんでした．

④エアバランス調整

冷気が流入するのは給排気のエアバランスの崩れが原因ではないかと考え，調査しました．結果は，「給気風量 < 排気風量」で，給気風量が設計値より少なくなっ

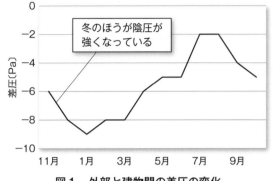

図1　外部と建物間の差圧の変化

ていました．この原因は主にフィルターの目詰まりで，冬期に入る直前にメンテナンスを行って，「給気風量 ≒ 排気風量」となるようにしました．さらに，冬期限定で停止する排気ファンを選定し，「給気風量 ＞ 排気風量」としました．しかし，それでも冷気流入は止まりませんでした．

⑤建屋間の気流の調査・調整

次に，その建屋は複数の建屋と棟続きで接続されていたことから，建屋間の気流調査を行いました．休業日に，すべての建屋の空調運転モードを「通常運転モード」にした上で，建屋間を防火戸や防炎シートなどで区切って調査しました．その結果に基づいて，陰圧だった建物について，建屋間の差圧がフラットとなるように調整しました．しかし，それでも冷気流入は止まりませんでした．

⑥外部と建物間の差圧調査

さらに，外部と建物との差圧・気流を季節別に調査しました（図1）．すると，季節によって差圧が変化し，特に冬期に，外部→建物への気流が強くなることが判明しました．要因として，上階と下階の温度差による圧力差が発生し，圧力が高い上階の外壁とのわずかな隙間などから建物外部への漏れが発生することによって，その漏れた空気分が下階外部から流入しており，建物出入口からの冷気流入を防ぐのは難しいことがわかりました．

二重自動扉構造の提案

調査によって，さまざまな要因で冷気が流入していることが判明しましたが，調整だけでは対応が難しいため，出入口部分での物理的な対策を検討しました．

かつて超高層ビルでは，回転ドアの採用により風の流入を防いでいました．しかし，現在は安全を考慮し，
- 風除室の動線を長くする
- 風除室の扉をクランクにする

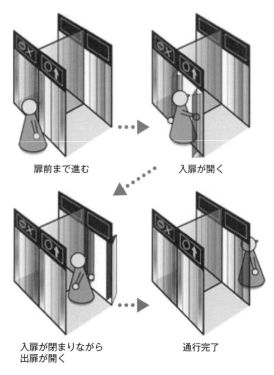

図2 二重自動扉の動作

- 二重自動扉構造によって外気流入量を抑えるシステムを導入する

などの対策がとられています．そこで，この建屋は5階建てではあるものの，超高層ビルでの対策事例を参考にすることにしました．具体的には，現地の納まりや省エネ性を考慮して，4枚折戸の二重自動扉によって外気流入量を抑えるシステムを提案し採用されました（図2）．

引き戸では戸袋のスペースが必要ですが，4枚折戸にすることで，省スペースで，既存自動扉1か所に対して，複数の出入口を設置することができました．

このシステムは，通常のインターロックとは異なり，完全に閉まる前に一方の扉が風除効果の得られる所定の幅まで閉じた段階で，他方の扉が開く動作を開始する「セミインターロック」ですので，風除効果を損なうことなく，通行のしやすさも向上できました．

建物出入口の冷気流入対策として，空調設備の増強・増設といった方法がありますが，扉開放による冷気流入を遮断することも重要です．この方法は，さらに冬場の暖房に必要なエネルギーの削減にもつながることが期待できます．

第2章
空調設備[ソフト編]

- 15. 送風機へのインバータ導入 ……………………… 58
- 16. VAV制御システムの運用上の注意点 …………… 61
- 17. VAV制御システムのファン動力削減 …………… 64
- 18. 冬期の凍結防止対策 ……………………………… 67
- 19. 送風機の運転台数と回転数 ……………………… 70
- 20. 温度データと一致しない寒さのクレーム ……… 73
- 21. 冷暖房切替え時に起こる温度クレーム ………… 76
- 22. お金がかからない運用改善による省エネ ……… 79
- 23. 関係者の信頼関係で成功した省エネ …………… 82
- 24. 室温クレームと運用改善による省エネ ………… 85

15 送風機へのインバータ導入

相談 建物所有者から「100万円程度の予算があるので省エネ投資をしたい」といわれ，搬送系のインバータ化を考えています．どのように検討を進めていけばよいのでしょうか．

搬送系のインバータ化は，投資効果が高く省エネに有効な手段として，東京都の地球温暖化対策の第Ⅰ期基本対策にも記載されています．

以下に搬送系のインバータ導入時の着眼点とインバータ導入事例を紹介します．

● インバータ導入時の着眼点

インバータ導入時の着眼点を以下に示します．
① ダンパーやバルブで抵抗を付けているダクト系や配管系では，ダンパーやバルブを全開にしてインバータで回転数を下げることで，省エネルギーになります．
② 負荷が変動している場合は，「インバータ＋制御」として，負荷に合わせてインバータの出力を制御することで省エネルギーになります．

● お薦めは送風系

同じ熱量を搬送する場合，熱容量が小さい送風系のほうが送水系に比べ搬送動力は大きくなります．したがって，送風系からインバータ化を進めるのが効果的です．送風系の抵抗は風量の2乗に比例し，送風量に関係なく一定である固定抵抗がな

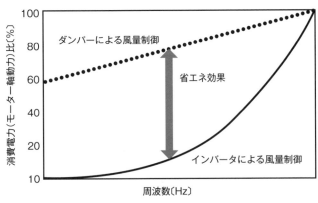

図1　送風機の場合の効果

いので，消費電力は回転数（周波数）の3乗に比例します（**図1**）．このため，風量変化による消費電力の削減効果は大きくなります．

🔍 空調機へのインバータ導入事例

対象の空調機に電力量計が設置されていればその電力量で効果を計算できますが，電力量計が設置されていない場合には，機器の性能線図から効果を想定することができます．

①機器仕様

41 400〔m³/h〕× 950〔Pa〕（機外）× 30〔kW〕の空調機を，室用途の変更に伴って30 000 m³/h で使用していました．ダンパーを絞って風量調整を行っていましたので，インバータによる風量調整を提案しました．

②送風機性能曲線の利用

メーカーの試験成績表より作成した送風機性能曲線（**図2**）を用いて，電流値から軸動力と風量を求めることと，逆に軸動力から電流値を求めることができます．

現状の運転電流値は 75 A でした．

送風機性能曲線を用いて，

軸動力：20 kW

風量：30 000 m³/h

機外静圧：500 Pa

であることがわかります．

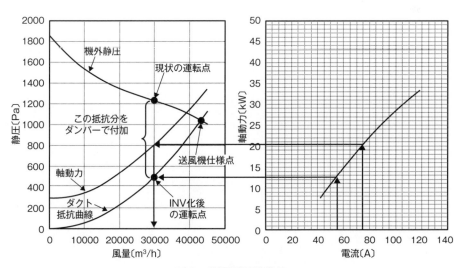

図2 送風機性能曲線

30 000 m^3/h 時の機外静圧は性能曲線から 1 220 Pa であるため，ダンパーで

$$1\,220〔Pa〕-500〔Pa〕= 720〔Pa〕$$

の抵抗を付けて運転していることになります．

また，ダクト抵抗曲線から，風量 30 000 m^3/h，機外静圧 500 Pa のときの電流値が 55 A となることがわかります．

③電流値から電力の計算

三相電力は$\sqrt{3}$×電圧×電流×力率で計算できるので，力率を 1 とすると，電圧(200 V)と電流値よりインバータ導入前後の電力は，

• インバータ導入前：$200〔V〕× 75〔A〕× \sqrt{3} × \dfrac{1}{1\,000} = 26〔kW〕$

• インバータ導入後：$200〔V〕× 55〔A〕× \sqrt{3} × \dfrac{1}{1\,000} = 19〔kW〕$

となり，インバータ導入により空調機の電力は 7 kW 減少します．

④削減効果

1 日 10 時間で年間 240 日間運転した場合，インバータ導入による年間の削減電力量は，

$$7〔kW〕× 10〔h/ 日〕× 240〔日 / 年〕= 16\,800〔kWh/ 年〕$$

となります．

電気料金を 15〔円 /kWh〕とすると，年間の削減金額は，

$$16\,800〔kWh/ 年〕× 15〔円 /kWh〕= 252\,000〔円 / 年〕$$

となります．インバータ導入に伴う工事金額は，130 万円程度であり，回収年数は約 5 年となりました．

この検討結果を基にインバータ導入を提案して採用され，導入後の効果もほぼ想定どおりでした．

16 VAV 制御システムの運用上の注意点

 大規模事務所ビルで導入されている VAV（Variable Air Volume）制御システムについて，運用上の留意点を教えてください．

ここでは，VAV 制御システムにおける一般的な制御内容と運用上の留意点について紹介します．

◎ VAV 制御システムとは

事務所ビルの空調システムは，空冷ヒートポンプマルチパッケージ方式と VAV 制御方式が代表的で，VAV 制御システムは，延床面積 30 000 m² 以上の大規模事務所ビル（主にテナントビル）の基準階インテリア空調機のシステムとして数多く導入されています．

VAV 制御システムは，空調機と複数の可変風量装置（VAV）から構成され，各 VAV はゾーンごとに設置された室温センサーで風量を制御するシステムです（図1）．

1台の空調機で複数のゾーンを空調するため，ゾーン全体が比較的同じ傾向の負荷パターンであることが前提条件になります．一般的に空調機1台に十数台の VAV が設置されますが，国内最大級の施設では，空調機1台に 60 台以上の VAV が設置されている事例があります．

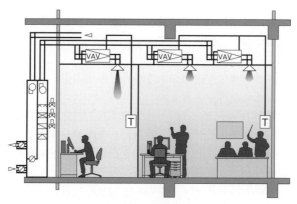

図1　VAV 制御システムのイメージ

● VAV 制御の特徴と運用上の留意点

①給気風量と給気温度との関係

　各 VAV は，ゾーンごとの室内温度状況から要求風量を演算し，VAV に搭載した風速センサーで風量を検知して風量制御をします.

　空調機の給気風量は，VAV の要求風量の総和と計測風量の総和を比較し，インバータ (INV) 周波数を制御します．給気温度は，各 VAV の開度条件から給気温度設定値を可変制御します.

　冷房運転時，1 台以上の VAV の開度が最大開度の場合は給気温度設定値を段階的に下げ，全台の VAV の開度が最低開度の場合は給気温度設定値を段階的に上げていきます.

　給気温度と給気風量が各 VAV の運転条件から多数決判定されるということを踏まえると，空調機 1 台に対する VAV の台数は可能な限り少ないほうが制御性の高い運転が可能となります.

②ゾーン間の室内環境が著しく異なる場合

　1 台の空調機で複数のゾーンを空調するため，同一空調機の VAV の中に 1 台でも著しく冷房負荷が大きいゾーンがあると給気温度が下がり過ぎ，ゾーン全体の室内温度に影響を与えます.

　その対策として対象 VAV を制御から除外すると，給気温度が安定して他のゾーンの室内環境も安定します．ただし，対象ゾーンの負荷処理用に別熱源が必要となるため，設定条件によっては，ハンチングやミキシングロスなどの懸念が生じます.

③ VAV の最小風量

　一般的に VAV の風速センサーが検知できる最小風量は定格風量の約 30 ％であるため，通常，VAV の下限風量は 30 ％に設定されています.

　オフィスゾーンの中に休憩室や更衣室など在室時間が短く発熱負荷が少ないゾーンがある場合，最小風量運転でも室内温度が下がりすぎることがあります.

　また，最小外気量の確保に留意が必要です.

④ペリメータ空調機の給気温度設定値

　インテリアとペリメータに空調機がある場合，温度設定値が大きく異なると，ミキシングロスが生じる可能性があります.

　ミキシングロスはペリメータとインテリア空調機の設定温度差に対して感度が大きく，ペリメータが天井吹出しの場合，吹き出した温風が床まで届かずに天井を這ってインテリア系統に吸い込まれ，冷房要求を出す可能性があります.

　インテリア側の換気回数もミキシングロスに対して感度があり，インテリア側の垂直温度勾配が大きいときはペリメータからの温風を拡散させにくくなる傾向があります.

表１　室内温度センサー位置によるトラブル要因

（1）	センサー直下に発熱機器がある
（2）	同一ゾーンに使用環境が異なる部屋がある
（3）	日射の影響を受ける
（4）	ペリメータ側の気流の影響を受ける

冬期運転時の有効な対策例としては，以下が挙げられます．

• インテリア，ペリメータともに暖房運転

ペリメータ近傍のインテリア系 VAV の室内温度とペリメータ還気温度を同じ設定にします．

• ペリメータが暖房運転，インテリアが冷房運転

ペリメータの還気温度とペリメータ近傍のインテリア系 VAV の室内温度の設定値の偏差がマイナス 2℃以内になるように設定します．

• その他

外気温度の低下に伴い，ペリメータの還気温度設定値をプラス側に補正します．

⑤室内温度センサーの位置

一般的に，室内温度センサーはレイアウト変更に対応できるよう天井パネル面に設置されます．

居住者の快適性と生産性を考慮した空調を行うために望ましいのは，VAV の室内温度計測値と実際の居住域との温度差を考慮した設定値で運用することです．

たとえば，ある VAV の室内温度が設定値より常に高い場合の理由としては，室温センサーの直下にコピー機や給湯ポットなどの発熱負荷が大きい機器が置かれているといった事例があります（**表１**）．その場合，センサー移設や発熱機器の移設などの対処が必要となります．

⑥大温度差制御

冷房運転時，給気温度とインバータ周波数を下げて大温度差空調による運転を行うことで，搬送動力削減効果をより高めることができます．次ページでは，この「搬送動力削減効果を高めるための運用方法」について紹介します．

VAV 制御システムの的確な運用のためには

大規模事務所ビルの所有者の方たちは，テナントが満足できる高い個別制御性，搬送動力削減効果による省エネ性と快適性を両立できるシステムとして VAV 制御システムを理解していることと思います．

しかし，ゾーン間の負荷バランスやミキシングロス，温度ムラを含めた室内温度センサーの位置などの制約条件もあるため，システムの特性を十分に理解した運転が必要です．

17 VAV制御システムのファン動力削減

相談 現在導入しているVAV制御システムでは，年間を通じて給気温度が高く，給気用ファンのインバータ（INV）周波数が高めで運転しています．インバータの周波数を下げ，ファンの搬送動力削減効果を高める対策があったら教えてください．

ここでは，VAV制御システムにおける空調機の給気温度制御と給気風量制御の見直しによる省エネ事例を紹介します．

建物所有者が抱えていた悩み

事務所ビルの所有者から，既存のVAV制御システムで，搬送動力の削減効果をより高める対策がないかとの問い合わせがありました．

一般的に，VAV制御システムにおける空調機の給気風量は，各VAVの制御状態からの要求風量の総和で決定され，給気温度は，各VAVの室内温度と設定値の偏差から給気温度設定値を可変（ロードリセット制御）しています．

空調機の給気温度と給気風量の相関を示すと，特徴は以下の二つに分けられます（図1）．

①大温度差制御モード

冷房運転時の負荷増に対して優先して給気温度を下げ，温度が下限に近づいてから給気風量を上げていく制御です．散布図の形がL型で，搬送動力削減効果が高いのが特徴です．

②小温度差制御モード

冷房運転時の負荷増に対して優先して給気風量を上げ，風量が上限に近づいてか

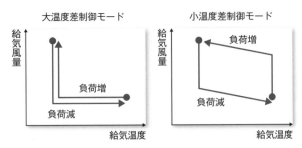

図1 空調機の給気温度と給気風量

ら給気温度を下げていく制御です．散布図の形がロ型で，搬送動力が多くなる傾向があります．

事例の事務所ビルで，対象空調機の給気温度と給気風量の関係を確認したところ，②に近い運転であることが確認できました．

自動制御メーカーの調整員からは，給気温度が低いとクレームが発生する可能性が高くなるため，安全サイドの小温度差モードで調整しているとの回答がありました．調整員には建物所有者の考えを伝えた上で，テナント入居者からのクレームが出たらすぐに元のモードに戻せるような形でモード変更を行いました．

チューニング前の状況

冷房運転時の給気温度設定値の温度範囲が 15.0 〜 25.0℃ であるのに対し，給気温度が 25℃ 付近，給気風量（総要求風量）が定格風量に近い状況でした（**図2**）．

空調機負荷率※1と空気搬送効率※2（以下「ATF」と記す）との相関を確認したところ，計測期間中の空調機負荷率が 10 〜 30% で，給気温度ロードリセット制御のチューニングにより，搬送動力削減の余地があることが確認できました．このときのATFは 2 〜 3 程度でした．

※1　空調機負荷率〔%〕＝空調機処理熱量〔kW〕÷空調機定格熱量〔kW〕×100
※2　空気搬送効率＝空調機処理熱量〔kW〕÷空気搬送動力〔kW〕

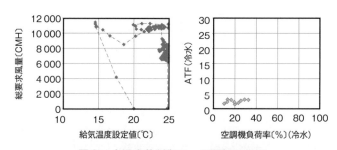

図2　小温度差制御モード運転の相関

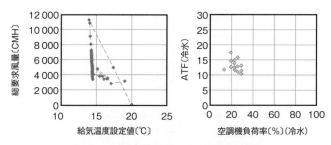

図3　大温度差制御モード運転の相関

チューニング後の状況

　冷房運転時の負荷増に対して，給気温度優先で下げるようにチューニングを行った結果，給気温度と給気風量の相関がロ型からL型になり，大温度差空調が実現できました（図3）．

　空調機の負荷率とATFの評価を行ったところ，計測期間中の負荷率が10～30％に対して，ATFは10～18程度まで上昇しました．

室内側の状況

　冷房運転時，大温度差制御モードでの各VAVの室温偏差はすべて±1.0℃の範囲でしたが，ペリメータに隣接し，かつ在室人員や発熱負荷が少ない系統では，日射の影響が少なくなる時間帯に室温偏差のマイナス幅がやや大きくなりました．

　小温度差制御モードでの室温偏差も同様にマイナス傾向になりましたが，大温度差制御モードより偏差が少なくなりました．

　VAV開度状態は，大温度差制御モードでは中間開度（70％）以下が多く，小温度差制御モードでは中間開度以上が多くなりました．

搬送動力削減効果と運用時の注意点

　小温度差制御モードと大温度差制御モードの消費電力を比較すると，搬送動力の削減効果は77％減となり，空気搬送効率が約5倍に上がりました．

　なお，両モードともに制御性能はほぼ同等でしたが，大温度差制御の給気温度は，小温度差制御と比較して最大10℃近く下がるため，入居者がドラフトを感じる懸念がありました．

　チューニング後，3系統のVAV制御システムで大温度差制御モードでの運用を開始しましたが，数か月経過後，1系統が小温度差制御モードに戻されていました．その理由は，入居者から「ドラフトを感じて寒い」との連絡があったため，設備管理スタッフは，下限温度を上げる対策よりも小温度差制御のほうが望ましいと判断したとのことでした．

　この事例は，クールビズが提唱される以前のことで主な室内温度設定値が24～25℃であったため，大温度差制御モードでは入居者が給気の気流を寒く感じることがありました．また，VAV制御システムの給気温度ロードリセット制御の初期設定値は，メーカー任せにしてしまうと搬送動力効果が十分に発揮されないことがありました．

　建物所有者からは，モード変更による搬送動力削減効果について高い評価をもらいましたが，運用段階早期に制御モードのチェックを行い，用途に合わせた設定の見直しの必要性を強く感じた事例でした．

18 冬期の凍結防止対策

 厳寒期になると機器や配管の凍結事故が心配になります．一般的な凍結防止対策を教えてください．

　機器や配管の凍結防止対策を講じる場合，その地域の平均気温，観測記録上の最低気温などを確認する必要があります．
　水系設備の凍結防止の基本的な考え方は，以下のとおりです（**図1**）．
- 周囲環境の温度を0℃以上に維持するよう，建物の断熱仕様も含めた建築的対策を行う
- 配管や機器類に収容している水の温度が0℃以下にならないよう，設備的対策を行う
- 設備の凍結防止法として加熱法・流動法・保温法・不凍液法・水抜き法などがあり，建物条件・気象条件・設備条件・設備運用状況などを考慮して，最も適した方法を選択する
- 保温法や水抜き法以外は，制御システムの故障による凍結のおそれがあるため，重要な設備の凍結対策は冗長設計とする

🔍 建物用途別の凍結防止対策

○事務所ビル
　特に小規模事務所ビルは，非空調空間や外気に隣接する箇所が多くなり，システム熱容量も小さいので凍結防止対策を十分に行う必要があります．
- 空調停止後に建物が著しく負圧にならないようにする（外気の侵入を防ぐ）
- 空調機械室を外気チャンバー方式にしない
- 外気が流入するエリア（駐車場，玄関など）や外壁に面した非空調室（倉庫など）にはなるべく水配管を通さない

○商業ビル
　店舗内は室温が高く，運転時間が長く，年末年始の休業時間が短いため，凍結の危険性は比較的少ないと考えられます．しかし，大量の外気処理を行うために多数の外調機を設置している場合があり，コイルの凍結事故に注意が必要です．

○工場
　外気導入量が多いので，外調機の凍結防止対策や空調機での外気混合方法を十分

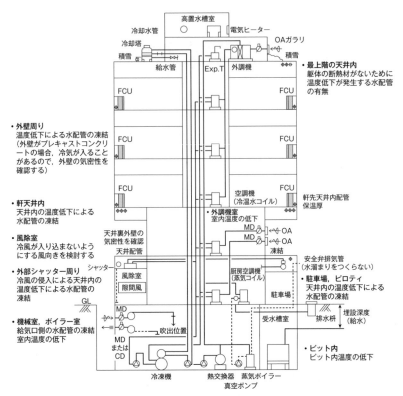

図1　凍結しやすい箇所，建築部位，設備機器

に検討する必要があります．また，重要ラインの機器・配管は，冗長性を考慮した凍結対策とする必要があります．

部位別の凍結防止対策

○冷却水配管

冬期に使用しない屋外の冷却水配管は，外気の影響を直接受けるため，水抜きが可能な構造とします．配管直管部は1／250以上の勾配を付け，水抜きを完全に行います．

○冷温水配管

冬期に使用し，夜間または数日間運転を休止する配管のうち，屋外または非暖房室内の配管は，保温，発熱線ヒーター＋保温，水の循環で凍結防止を行います．

○給水管

冬期に使用しない配管で屋外または非暖房室内の配管は1／250以上の勾配を付け，水抜きを完全に行います．冬期も使用する屋外または非暖房室内の配管は保温

または発熱線ヒーター＋保温で凍結を防止します．

○外調機・空調機
- ファンの運転状態にかかわらずコイルが0℃以下の空気に直接接触する可能性がある場合は，外気温度に応じ，コイルチューブ内の流速を凍結限界以上とする（図2）
- コイルの流速分布が一様となるようにコイル仕様を検討する（リバースレタン型コイル採用）
- 蒸気コイルを使用する場合は凝縮水が滞留しないコイル仕様を検討する（縦型コイルの採用．ただし，下部ヘッダーの凍結事例もあるので要注意）
- 起動時は送風前に温熱源の予熱運転を行ってコイル温度を上げ，コイル内の温水温度を確立する
- 外気と還気を十分ミキシングさせ，コイル部で低温空気の偏流を防止する措置を講じる（図3）
- 凍結防止指令を発令または解除する外気温度センサーは，室内の熱気や排気，日射などの影響を受けない場所に設置する
- 外気ダクトMD（モーターダンパー）は，経年により固着して動かなくなることがあるので，凍結シーズンを迎える前に点検する

凍結事故は，対策を講じているにもかかわらず，不十分な凍結防止作業や制御系の不具合で発生するケースがあり，十分注意する必要があります．また，それほど低気温でないときでも，暖房負荷が少なくなって温水流量が絞られたために流速が低下し，凍結を起こしたという事例もあります．

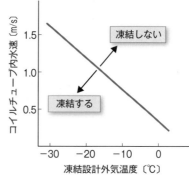

図2　凍結しないコイルチューブ流速（参考資料）

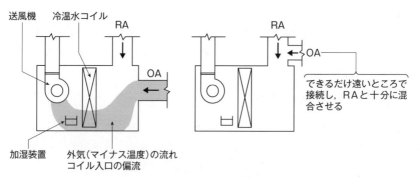

図3　低温度外気の偏流防止

19 送風機の運転台数と回転数

当建物の換気は24時間運転で，送風機は昼間2台，夜間は必要風量が少ないため1台のモード切替え運転とし，昼と夜で2パターンの固定風量にして運用しています．インバータがあるのですが，夜の低風量時，送風機を2台並列運転して周波数を下げた場合と，1台運転の場合では，どちらが省エネルギーになるでしょうか．

24時間運転の換気システムでは，昼と夜で必要風量が異なる場合があります．このとき，モード切替えなどで送風機の運転台数を減らすことがありますが，インバータが付いている場合は，2台運転のまま回転数を下げることで，風量を減らし，動力を減らすことができます．

昼と夜の風量切替えと圧力損失

昼の風量と夜の風量（昼の半分）で送風機2台並列運転の場合と，夜の風量で送風機1台運転の場合の排気フローを図1に示します．（1）では2台の送風機がそれぞれ100%運転していますが，（2）では1台の送風機が100%運転を行い，もう1台は運転していません．（3）では各送風機が50%運転をしています．

このとき，（2）と（3）を比べると，分岐地点（x点）までは同じダクト経路であるため圧力損失は同じになります．しかし，x点から先では各送風機が処理する風量が異なるため，経路の圧力損失も異なります．経路の圧力損失は，風量が少ないほど少なくなるため，（3）のほうが圧力損失は少なく（$\Delta P_2 > \Delta P_3$），省エネルギーになります．この事例では，圧力損失の差が約250Paで，軸動力は約7kWの差となりました．

このように，送風機系統ごとにフィルタやコイルなどの圧力損失が大きいものがある場合は，インバータを用いて送風機を2台運転にしたほうが大きな省エネルギー効果が得られます．

風量とインバータ周波数

この事例で，送風機2台運転で回転数を変化させた場合と，送風機1台で回転数を変化させた場合の性能曲線は，図2のようになります．送風機が2台のまま風量を減らした場合，A点からC点のように運転状態が変わります．

このとき，回転数（N_1, N_2）に対応する周波数（f_1, f_2）や風量（Q_1, Q_2），全圧（P_1,

19 送風機の運転台数と回転数

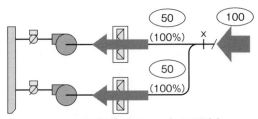

(1) 昼間（風量100％，2台並列運転）

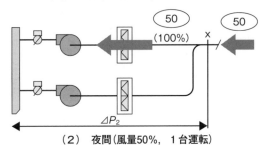

(2) 夜間（風量50％，1台運転）

(3) 夜間（風量50％，2台並列運転）

図1　換気モードごとの排気フロー

P_2），軸動力（L_1，L_2）の関係は次のようになります．

$$\frac{Q_1}{Q_2} = \frac{N_1}{N_2} = \frac{f_1}{f_2}$$

$$\frac{P_1}{P_2} = \left(\frac{N_1}{N_2}\right)^2 = \left(\frac{f_1}{f_2}\right)^2$$

$$\frac{L_1}{L_2} = \left(\frac{N_1}{N_2}\right)^2 = \left(\frac{f_1}{f_2}\right)^2$$

たとえば，周波数を半分にした場合，理論的には以下のようになります．

$$\frac{Q_1}{Q_2} = \frac{f_1}{f_2} = 0.5$$

$$\frac{P_1}{P_2} = \left(\frac{f_1}{f_2}\right)^2 = 0.5^2 = 0.25$$

71

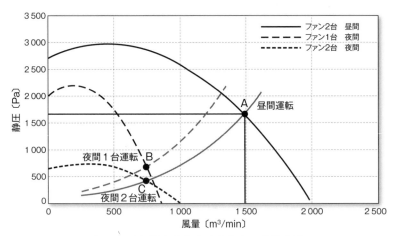

図2 回転数を変化させたときの性能曲線

$$\frac{L_1}{L_2} = \left(\frac{f_1}{f_2}\right)^2 = 0.5^3 = 0.125$$

表1 下限周波数の例（電源50Hz地区の場合）

メーカー	下限周波数〔Hz〕
A 社	25
B 社	15
C 社	10

周波数変更時の留意事項

インバータを用いて回転数を下げる場合，以下の留意事項があるため，製造メーカーに問い合わせて，周波数の設定下限値を確認することが必要です(**表1**)．

○トルク不足，冷却効果

一般に，送風機に使用されているインバータとモーターの制御では，回転数（周波数）が下がるとトルクが低下したり，モーターの冷却効果が低下したりします．そのため，周波数を下げすぎると，モーターが回らない，発熱するといった不具合が生じます．

○共振

送風機の回転数を変えることにより，共振（異常振動）が起きて，送風機が破損に至る場合があります．

ここでは，送風機の運転台数と回転数を変えたときの圧力損失の変化による省エネルギー効果について解説しました．省エネ対策として，システムの運転方法を変える際には，システムを構成する機器に過大な力や電流，電圧などの負荷がかからないことを確認しておく必要があります．

20 温度データと一致しない寒さのクレーム

相談 暖房運転している事務室の温度は正常値なのですが，寒いというクレームがたびたびあります．机上に温度計を置いて測定した数値も問題がなく，原因がわかりません．

ある大規模オフィスビルの運転管理者から，上記の相談がありました．

そのビルの中層・高層のオフィス階は，図1に示すVAV方式の空調システムを採用しています．竣工当初から省エネルギーに取り組み，入居者に我慢を強いることなく，当初の床面積当たりの消費エネルギーを，竣工十数年を経て50％以上低減し，優良事業所としていくつもの賞を受賞しています．施設管理者，運転管理者，設計事務所，施工業者で構成する省エネ委員会を毎月開催し，よりよい環境と省エネのための協議を続けており，運転管理の方たちもベテランぞろいです．その省エネ委員会の席で，運転管理者から，

「オフィスの入居者から，『午後になると寒くなる』というクレームが時折あるのですが，室内温度は設定値どおりで，原因がわかりません．」
という相談がありました．

対象空調機の還気温度・室内温度データのグラフを見たところ，確かに温度は設定範囲内で，問題はありませんでした．机上に設置した仮設の温度測定器のデータも問題ありません．

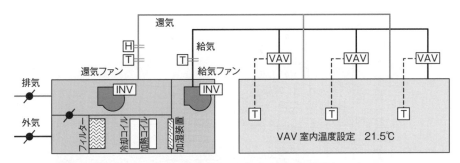

空調機冬期給気温度設定：32℃（上限設定：32℃，下限設定：21℃）．
室内温度が満たされると，空調機給気温度・インバータ出力・VAV風量が低下する省エネ制御となっている．
外気量はCO_2濃度で制御されている．

図1　空調システムと設定温度

このビルでは，運転管理者がオフィス入居者に我慢を強いることのない「ウラの省エネ」を率先して進めて来ており，室内温度の設定や給気設定温度についても，省エネと快適性が両立するバランスを追求して，現在のオフィス環境設定がなされています．

　この時期（1〜2月）のオフィス系統は暖房運転で，空調機の運転開始から午前10時まで暖房運転をして，その後は室内発熱と躯体の暖房負荷が平衡し，室温とほぼ同じ給気温度となっています．

　このビルは省エネを推進するために竣工当初から設備各所にセンサーが設置してあり，VAV風量と温度も計測していました．そこで，空調機給気温度，VAVの温度計測データとVAV風量をグラフで確認してみました(図2)．

　すると，空調機給気温度は，午前中は設定値上限の30℃近くまで上がりますが，室温が設定値まで上昇すると急激に下がっていました．クレームの多い8階事務室では，午後3時ごろには給気温度は20℃程度まで下がっていました．その一方で，VAVは室内温度の低下を検出し，暖房のため風量を増加させる方向で働いていました．この結果，在室者の周囲にもたらされる空調機の給気が室内設定温度より若干低くなり，寒さを感じてしまう状態になっているとわかりました．

　そこで，すぐにできる対策として，空調機給気温度下限設定値を2℃上げて23℃にするとともに，VAVの室温設定も21℃から23℃に変更することを省エネ委員会で決めました．この変更によって，空調機給気温度は2℃上昇し，VAV室内計測温度も約1℃上がった状態となりました(図3)．

　その結果，寒いというクレームは減りましたが，空調機給気温度が室温設定値到達後に急降下して，室温設定値より低くなってしまう現象が，設定変更後も発生することがありました(図4)．

　空調システムの自動制御(省エネ制御)は，温度が満たされると，空調機給気温度・

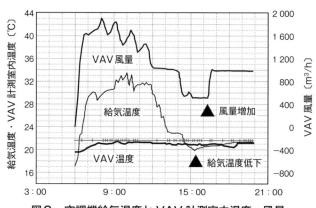

図2　空調機給気温度とVAV計測室内温度・風量

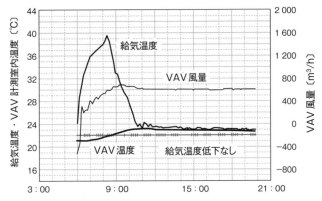

図3　対策実施後の空調機給気温度とVAV計測室内温度・風量

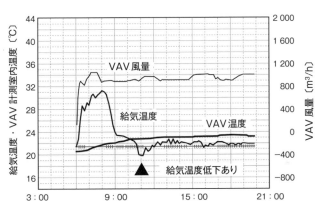

図4　対策実施後の空調機給気温度とVAV計測室内温度・風量（給気温度低下が発生した事例）

インバータ出力・VAVの風量比率が低下する動作をします．この制御が行き過ぎてしまうことがその原因であるため，給気温度の低下を防止する動作を加える変更も行いました．

今回の事例は，空調機の省エネ制御の動きで給気温度の低下が起こり，VAVは室温低下を防止するため，低い温度となっている空調給気の風量を増すという，制御システムの盲点となる部分で起こったクレームでした．

オフィス入居者の声を取り上げ，省エネ委員会で関係者の経験と知識を持ち寄って解決するという機能が有効に働きました．

21 冷暖房切替え時に起こる温度クレーム

相談　冷温水発生機の冷暖房切替えを行ったところ，一部の居室で「暑い・寒い」のクレームが発生しました．どう対応すべきでしょうか．

クレームは，築38年の5階建てビルの3階で発生しました．「改修工事費用発生なし」で，かつ，迅速な対応を建物所有者から依頼され，以下の対策を実施しました．

◉ 建物の空調システム

最近は，冷暖房フリーのビルマルチ型エアコンなどにより個別用途・部位ごとに自由に冷房／暖房を選択できるシステムが普及しています．他方，この建物のように，セントラル空調方式で冷温水発生機などによる冷温水を外調機やFCU（ファンコイルユニット）に送水して空調を行う建物も多数あります．こうした場合，中間期の切替え直後に，温調不良クレームが発生することがしばしばあります．

◉ セントラル空調方式での対応策

建物全体で一斉に冷房／暖房のどちらかにモードが切り替わるため，暖房時に一部冷房，冷房時に一部暖房を行うことは本質的にできません．そのため，あくまでもクレームの程度を和らげることが主眼となり，コストをかけずに建物全体で行える対策例は以下のとおりとなります．

①冷暖房切替えタイミングの見直し

「寒い」場合，在室者は重ね着で対応できますが，「暑い」場合は対応が困難です．そこで切替えの時期を，たとえば暖房は11月初旬から下旬へと遅らせ，冷房は4月下旬から上旬へと早めることが有効になります．

②冷温水発生機出口温度の弾力的な運用

同様に，暖房開始から1か月間程度の温水温度を，たとえば厳冬期の48℃から43℃へと，冷房開始直後の冷水温度を夏期の7℃から12℃へと5℃程度緩和すると，吹出し温度が送水温度に連動して緩和され，クレームが減ると考えられます．この方法は，熱源機の運転効率を5％程度向上させることになるため，省エネにもつながります．

③外気冷房の実施

冷暖房切替えの時期には，外調機に温水を通さず（暖房を行わず），生外気を居

室に送風する外気冷房ができます．このとき，FCUは暖房モードで運転するため，冷房と暖房が建物内で一時的に混在します．外気冷房は省エネにつながりますが，実際の状況に合わせた運用が必要です．

実際に試みた対策

①外調機系統のダンパー開度調整

図1に示すように，この建物の空調は2管式で，任意に個別の冷暖房対応ができません．そのため，居室のCO_2濃度を考慮しつつ，暖房時に外調機の風量を「暑い」系統では絞り，「寒い」系統ではダンパーを開け風量を増加させて対応しました．

②冷温水発生機の運転時間の調整

暖房への切替え後，日々の天気や気温をあらかじめ確認し，冷温水発生機の運転時間を調整しました．降雨日や外気温度が低い日は朝早くから運転し，逆に気温が高くなる場合は停止するといった運転時間調整を行いました．

これら①・②の対策をともに実施した結果，「暑い・寒い」のクレームが減りました．なお，対策実施前の温度は，「暑い」箇所は約26℃，「寒い」箇所は約18℃でしたが，いずれも設定温度22℃±2℃まで改善することができました．

「改修工事費用発生あり」の対策例

この事例では，コストをかけずに対応しましたが，「改修工事費用発生あり」の対

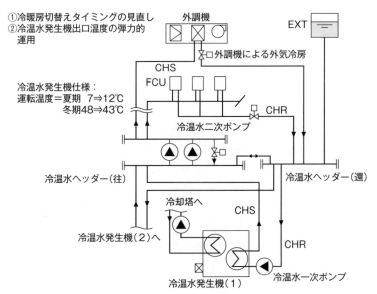

図1　建物全体で行える対応策の例

策も多数あります．たとえば，クレーム発生箇所に局所的にエアコンを増設するという方法が最も簡便ですが，電力デマンドの増加，テナントへの課金方法の変更，さらには室外機の設置場所の検討などが必要になります．

以下では，セントラル空調のままで比較的簡易に対応できる方法を紹介します．

①「寒い」クレームへの対応

• 遮熱シート

アルミ製やフィルム製など種類が多く，安価で作業が容易で，放射熱の影響も軽減できます．

• 断熱ガラス，遮熱ガラス

ペアガラスやLow-Eガラスなどの断熱性能・遮熱性能が高いものが普及しています．高価ではありますが，結露対策や防犯対策などにも役立ちます．

• 吹出口の増設

空調システムによりますが，ペリメータに吹出口を増設することにより，冷放射の影響を緩和することができます．

②「暑い」クレームへの対応

• 換気口の追加設置

中間期に発生する「暑い」クレームは，主にオフィス機器などからの発熱によることが多く，機器上部に換気口を追加設置するのが有効です．ただし，居室のエアバランスが変わる可能性があるため，給気量の増強とセットで検討することが重要です．

③「暑い・寒い」の両方への対応

• シーリングファンとサーキュレーター

これらの機器を活用すると，空調空気の換気効率を高め，局所的な温度ムラを軽減できます．

• 2管式冷暖フリー個別空調システム

若干高価ですが，既存FCU配管を再利用するためリニューアルに最適な，冷暖フリーの2管式冷温水システム「PAFMACシステム」（日本ピーマック）があります．このシステムを採用すれば，冷水7℃を熱源水にした暖房，温水45℃による冷房運転を各機が自動で行えます．システム交換するだけなので，短い工期で，空調グレードアップとリニューアルが可能です．

紹介した事例では，「改修工事費用発生なし」で建物所有者の要望に応えることができましたが，他の建物でも同様に有効とは限らず，基本的には根本解決を目指す必要があると思われます．

22 お金がかからない運用改善による省エネ

相談 お金をかけずに省エネをしたいのですが，どうしたらよいでしょう．何かよい方法がありますか．

まず，省エネにはどのような方法があるかを考えてみると，以下の三つが挙げられます．
①設備投資・設備更新による省エネ
②設備のチューニングによる省エネ
③運用改善による省エネ

これらの方法にはそれぞれ特徴があります．①は効果的ですが，設備の新設・改修などで費用が発生します．一方，②は，費用は軽微または発生しない場合がありますが，専門的な知識が必要となります．それらに比べ，③はお金をかけずに，かつ，設備の専門家でなくても行えます．

ここでは，このうち「③運用改善による省エネ」を，事例を挙げて紹介します．

現場を歩き，現場をチェック

運用改善による省エネで一番大事なことは，現場に行って現状を把握することです．現場を目で見て現状をチェックすることが必要ですが，ただチェックするだけでは不十分で，何が起きているかを書き留め，それを一覧表にして関係者全員で共有することが重要です．

疑問から生まれた省エネ活動

以前，総務部門に所属していた筆者は，自社ビル（BEMSが導入されている超省エネビル）の運用管理を任されていましたが，省エネの素人の発想で，機械任せで問題ないのかと疑問に思い，地下にある機械室から最上階まで歩いてみました．高効率な設備を持つこの高層ビルは，何も問題がなければ機械任せで楽ができますが，まずは現状を調べてみることにしました．

設備の洗い出しで問題を浮き彫りに

現場に行く際に前もってどのフロアにどんな設備があるかを洗い出そうと思いましたが，すべての設備を対象にするのは大変なので，エネルギーを多く使っている

と思われる空調設備だけに絞って，一覧にまとめました．そして，それらの空調設備が現場でどのような使われ方をしているかをチェックしました．現場へ行くとさまざまなことがわかり，問題が浮き彫りになりました．

　一例として，ある来客ブースでは，オープン2時間半前から空調を運転していました．念には念を入れて来客のための環境づくりを行っていたのですが，現在はオープン30分前からの運転に変更しています．来客にとってはどちらも同じ室温環境ですが，地球温暖化に毎日2時間も加担していたのです．

　すべてのフロアを何度も回り，現状をチェックして一覧表にしたのが**表1**です．

表1　各階の空調機運転時間（一部抜粋）

階数	空調機	場　所	変更前	変更後	削減時間〔h〕	空調電力〔kW〕	削減電力〔kWh〕
2階	AHU-2-1	○○スペース1	7：30～18：00	9：30～18：00	2	14.7	29.4
	AHU-2-2	○○スペース2	7：30～18：00	9：30～18：00	2	20.5	41.0
	AHU-2-3	○○ルーム	7：30～18：00	9：30～18：00	2	15.0	30.0
	AHU-2-4	○○ルーム控室	7：30～18：00	9：00～18：00	1.5	5.5	8.3
	AHU-2-5	エントランス	6：30～18：00	9：30～18：00	3	15.0	30.0
	FCU	共用部	7：30～18：00	9：30～18：00	2	1.3	2.6
3階	AHU-3-1	○○ルームW	7：30～18：00	9：00～18：00	1.5	22.5	33.8
	AHU-3-2	○○ルームE	7：30～18：00	9：00～18：00	1.5	16.5	24.8
	AHU-3-3	○○ルーム控室	7：30～18：00	9：00～18：00	1.5	5.5	8.3
	AHU-3-4	ホワイエ	8：00～18：00	ホールと連動			
	AHU-3-5	ホール		イベント使用状況によりON			

表2　各階の温度設定

階数	場　所	暖房期12～2月	中間期3～6，10～11月	冷房期7～9月	備　考
B4階	電気室	26℃	26℃	26℃	冷房専用
	機械室	29℃	29℃	29℃	冷房専用
B3階	○○室	24℃	25℃	25℃	
	廊下	20℃	24℃	26℃	
B2階	○○室	24℃	25℃	26℃	
	廊下	20℃	24℃	26℃	
B1階	○○ルーム控室	24℃	25℃	26℃	
1階	エントランスW	17℃	20℃	25℃	外気流入が多い
	エントランスE	14℃	20℃	27℃	外気流入が多い
	廊下	22℃	24℃	26℃	
	○○スペース	26℃	25℃	24℃	来客者用

また，あるフロアでは妙に暑く，別のフロアでは妙に涼しい場所があることに気づき，暖房期・中間期・冷房期の目標温度を何℃にするか，目安となる温度設定一覧表を作成しました（**表2**）．

これらの一覧表を作成し，見直しを行ったことで実質的な省エネ活動が始まり，総務部門とビル管理会社が同じ情報を共有することにより，運用改善による省エネの大きな第一歩となりました．

クレームは改善の近道

再び，地下から最上階まで歩き回り，省エネのネタを探しました．そして，次に目を付けたのが照明でした．まずは，筆者が執務しているフロアとその上下階の廊下の照明を半分間引きしました．仕事をする上で大きな問題がないと思いながら，クレームが来るかどうか，来るとしたらどんなクレームになるか，半ば実験でもありました．

すると，とんでもないところからクレームが来てしまいました．上の階が社長室だったのです．

「大事なお客様がいらっしゃるのになんてことをするのだ」と怒られました．

すぐに外した照明を元に戻しました．ところが，数か月経ったある日，社長が筆者の執務フロアへやって来て，「なんでこのビルの廊下はこんなに明るいんだ」と指摘されました．どこか他の会社で見てきたのかもしれません．千載一遇，天から贈り物が降ってきたのです．すぐさまこれを社長命令ととらえて，全フロアの廊下の照明を間引きしました．間引きをする前に各フロアをビル管理担当者と回り，明るすぎる場所，暗くしてもよい場所を確認し合いながら間引きする場所を確定していきました．気がついてみると，外部照明も含めて，1年間で1 364本の蛍光灯を間引きしていました．

一つひとつの積み重ねが大きな成果に

その後，社員も自分たちが働く事務スペースの不要な照明を間引きしてくれるようになり，数年後，間引きした本数を図面で拾い出してみると，2 841本にもなっていました．

その省エネ効果は216 468 kWh／年で，これはこのビルの冬の半月分の電力量に相当します．わずか数十ワットの照明ですが，一つひとつの積み重ねが大きな成果になりました．何よりも大事なことは，コツコツと愚直に行った活動が社員にも伝わり，大きな成果につながったことです．お金をかけず運用改善の省エネだけで，3年間で24％のエネルギーを削減し，累計で約1億円のコストダウンを達成しました．

23 関係者の信頼関係で成功した省エネ

相談 省エネを進めるのに建物管理会社の知恵を借りたいのですが，どうしたら積極的に協力してくれるようになるでしょうか．

当時他社に在籍していた筆者が，自社ビルの運用改善に着手し，4年間で40%のエネルギー削減をした省エネ事例で，建物管理会社との信頼関係構築に成功した秘訣を紹介します．

● クールビズの失敗の原因

省エネ活動を開始するにあたり，建物のエネルギー使用状況を確認するため，まずは前年と前々年の数値を比較してみました．

すると，前年の夏のエネルギー使用量が大幅に増えており，クールビズが大失敗であったことがわかりました．理由を調べると，温度クレームが設備を管理している建物管理会社（以後「管理会社」と記す）に直接寄せられ，管理会社はオフィスワーカー（＝ビルオーナー側）からのクレームに従わざるを得ず，言われるままに温度設定をしていたのです．これが失敗の主な原因でした．

● 苦情の流れを変える

総務担当だった筆者は，「このままではまずい」と思い，苦情の流れを変えようと考えました．オフィスワーカーからのクレームは，まずビルオーナー側の総務が受け，事前に対応して，必要な事柄だけを管理会社に伝えるようにしました．

たとえば，「暑い」とクレームがあると，総務が温度計を持って現場に急行します．そして，今現在の室温が何℃であるかを伝え，過剰な要求を抑えていきました．オフィスワーカーと管理会社の間に総務が入ることで，総務は常に現場の状況を把握することができます．一方，管理会社は，クレーム処理が減り，時間にも心にも余裕ができ，より自由に，かつ，徹底した省エネ活動が可能になります（図1）．

● もちは餅屋

省エネでは，さまざまな実験を行うことが必要です．省エネへの取組みを開始した頃は，設備のアマチュアの総務が，プロの管理会社に指示をしていました．

しかし，よくよく考えてみると「これは逆だろう」と思うようになり，プロの管理

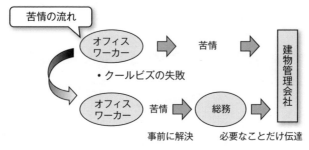

図1　苦情の流れを変える

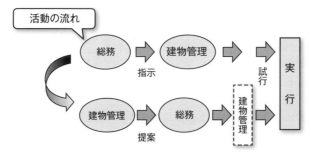

図2　省エネ活動の流れを変える

会社から提案してもらい，試行して実行するという流れに変えました．すると，さまざまな改善案が管理会社から上がってくるようになり，細かなことから大規模なことまで，多くの改善策を実施できました．

その結果，空調機の間欠運転や夏の冷房方法の変更などの設備機器の運用改善により，職場環境に影響を与えずに，電力使用量を数十万 kWh 削減できたのです．もちは餅屋です．職務分担をしっかり行い，プロの意見を聴き，実験し，成果をすぐに反映させていきました(図2)．

省エネの隠れた成功要因

管理会社の担当者からは毎朝，Eメールで前日のエネルギーデータが送られてきました．筆者が出社してまず見るのは，このメールでした．ただ単にデータを確認するだけでなく，ほぼ毎日お手紙(メール)のやり取りをしました．

ある日のやりとりの一部を以下に紹介します．

「おはようございます．昨日のエネルギー使用状況を報告します．詳細は添付ファイルをご確認ください．」

と担当者からメールが来ると，

「蒸気をあまり使っていませんが，何かカラクリがあるのですか？」

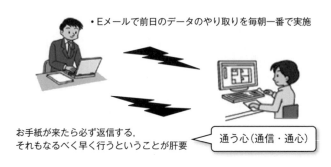

図3　毎日のお手紙（Eメール）

などと質問します．すると，
　「蒸気が抑えられた理由を説明します…」
と，すかさず説明が返ってきます．お手紙が来たら必ず返事をします．「おはよう」「ありがとう」など，どんなことでもよいのです．それもなるべく早くやることが肝要です．すると，「かようこころ（通心）」が生まれます（図3）．
　私たちは，このように毎日朝早くから情報交換をしていたのですが，フットワークを軽くして情報を共有することで問題の解決を早めに行うことができるようになりました．その積み重ねが，ビルオーナーと管理会社の信頼関係の構築という大きな成果につながりました．
　そして，その成果を社内外に広くアピールするため，私たちの活動内容を会社のホームページにアップしました．特に陰ながら省エネ活動を支えてくれた管理会社の方たちの写真を大きく載せましたが，写真の中の管理会社の方たちの笑顔はとても輝いていました．

ビルオーナーと管理会社の関係

　「運用改善による省エネ活動」を成功に導くためには，関係者とどう向き合っていくかが重要になります．特に，設備のプロである管理会社の協力は不可欠です．ただ，管理会社にすべてお任せではいけません．ビルオーナーが省エネを管理会社任せにせず，自ら参画し，一緒に汗をかいて行動することが大切です．クレームに従わざるを得ないことが多い管理会社の立場をよく理解した上で，省エネに取り組みやすい環境をつくることにより，管理会社の持っている専門的なノウハウが活きてきます．
　相手の気持ちになって同じ土俵で戦うと，連帯感が生まれます．ビルオーナーと管理会社がお互いの立場と役割を理解して，それぞれの特徴を活かし，失敗や苦情をおそれずに気づいたことを一つひとつ積み重ねていくことが，4年間で40％のエネルギー削減という大きな成果につながったのです．

24 室温クレームと運用改善による省エネ

相談 毎年夏に27℃でクールビズを実施していますが，「暑い」という苦情が寄せられた場合は，どう対処したらよいでしょうか．

　省エネを推進する総務部門から，夏が始まる前にクレームへの対策を立てておきたいとの相談がありました．ここでは，ある自社ビルで行って効果のあった運用改善の省エネ事例から，そのヒントを紹介します．

◉ 総務が率先して温度計測

　当時，筆者は29階建てビルの省エネを推進しており，夏は室温27℃でクールビズを行っていました．現場の声を聞くと，同じ室温でも涼しいと感じる人がいる一方で暑いと感じる人もいました．そこで，総務の省エネ担当者だった筆者は，社員がどのような環境で仕事をしているのか自らの肌で感じたいと思い，社員が働いている17フロアを定期的に回って，温度を計測することにしました．

　現場での温度計測は本来なら建物管理会社に依頼すればよいことですが，いつも現場で作業してくれる建物管理会社の担当者の気持ちになって，まずは総務が率先して室温のデータ集めを行ったのです．

　実際に室温を計測してみると，人の多い場所と少ない場所，機械類の有無，東西南北，窓際エリアと中央エリアなど，フロア内には多くの温度ムラがあることに気づきました．それらを記録し，その生の計測データを中央監視室に持って行って，BEMSデータに反映させ，VAV（Variable Air Volum：風量可変装置）の設定値を決めていきました．

◉ 年間3672回のVAV設定変更

　毎回，汗をかきながら室温データを中央監視に持ってくる我々の姿を見て，所長以下，建物管理会社の担当者も意気に感じてくれ，こまめな温度調整を行ってくれるようになりました．VAVは社員が働く17フロアにあり，各フロアに18か所設置されています．これらのVAVの設定変更を建物管理会社の担当者は毎月行い，なんと年に3672回（＝18か所×17フロア×12か月）もやってくれたのです（**表１**）．

　このような陰の努力が実って，暑い・寒いのクレームは徐々に少なくなっていきました．

表1　VAV・給気設定温度一覧

		1月	2月	3月	4月	5月	6月	7月	8月	9月	10月	11月	12月
AHU-1	給気	25.5	24.0	22.0	22.0	17.5	17.5	15.0	15.0	17.0	19.5	22.0	25.0
	VAV1	25.0	24.0	23.0	26.0	26.5	27.0	27.0	27.0	25.0	25.0	26.0	25.0
	VAV2	23.0	23.0	22.5	26.0	25.0	25.0	25.0	24.0	24.0	24.0	26.0	23.0
	VAV3	23.5	23.5	23.0	27.0	27.0	27.0	27.0	26.0	26.0	26.0	26.0	23.0
	VAV4	23.5	23.5	23.0	25.5	25.0	27.5	27.5	26.5	26.5	26.5	26.0	23.0
	VAV5	23.5	23.5	23.0	25.0	27.0	27.5	27.5	26.5	26.5	26.5	27.0	23.0
	VAV6	23.5	23.5	23.0	26.0	25.5	27.0	27.0	26.0	26.0	26.0	25.5	23.0
	VAV7	23.5	23.5	23.0	24.5	25.0	28.0	28.0	26.5	26.5	26.5	27.0	22.0
	VAV8	23.5	23.5	23.0	24.5	25.5	28.0	27.0	27.0	27.0	27.0	27.0	22.0
	VAV9	23.5	23.5	23.0	28.0	28.0	28.0	27.0	27.0	27.0	27.0	28.0	22.0
AHU-2	給気	25.0	24.0	22.0	20.0	18.5	18.5	18.5	18.5	18.5	19.5	22.0	24.0
	VAV10	25.5	24.5	23.0	25.0	25.0	25.0	25.0	24.0	24.5	24.5	26.5	25.0
	VAV11	23.5	23.0	22.0	27.0	27.0	27.0	25.0	27.5	26.0	26.5	26.0	23.0
	VAV12	23.0	23.0	23.0	27.0	26.0	26.5	27.5	26.5	26.5	26.5	26.0	23.5
	VAV13	24.0	24.0	23.0	25.0	27.0	28.0	26.5	28.0	28.0	28.0	26.5	23.5
	VAV14	24.0	23.5	22.5	23.5	24.5	25.5	28.0	26.0	26.0	26.0	26.5	23.5
	VAV15	23.0	23.0	23.0	24.0	25.5	26.0	26.0	26.0	26.0	26.0	26.0	23.0
	VAV16	23.5	23.5	23.0	25.0	26.0	28.0	28.0	28.0	28.0	28.0	27.0	22.0
	VAV17	23.5	23.5	23.0	28.0	28.0	28.0	28.0	28.0	28.0	28.0	27.0	22.0
	VAV18	23.5	23.5	23.0	28.0	28.0	28.0	28.0	28.0	28.0	28.0	27.0	22.0

◯ 省エネで大事なのはメリハリ

　ある年の夏も室温27℃でクールビズを行っていたのですが，その夏は特に暑く，声の大きな営業部門の管理職から私に電話がかかってくるようになりました．「暑いよ，30℃もあるぞ！」とか「35℃だ！」と言うので，すぐに温度計を持って現場に行くと27℃だった，といったことがたびたびありました．

　その都度説明していたのですが，こんなことが何度も続き，ついに筆者の我慢も限界に達してしまいました．室内の空調を止めてしまおうかとも思いましたが，さすがにそれは問題があるので，事務所フロアの廊下のファンコイルをすべて止めました．すると，なぜかクレームが減ったのです．

　廊下の温度は30℃以上になり，その暑い廊下から室内に入ると27℃で涼しく感じるのです．その夏期の省エネ効果は，電気が25 500 kWh の削減，冷水は505 GJ の削減になりました．

　温度差で感じる人間の錯覚によるものですが，省エネではこのようなメリハリも大事です．

24 室温クレームと運用改善による省エネ

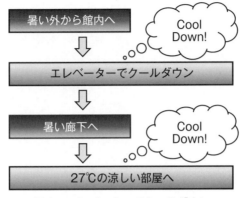

図1　エレベーターでクールダウン

敵を味方につける

　このように発想を変え，ときには大胆にやることも必要です．ただし，大胆にやるとクレームにつながるおそれもあり，その場合はクレームの相手方（敵）を味方につけることが肝要です．

　事務所内の温度が27℃だと，暑い外から帰ってくる営業マンなどはすぐに汗が引かないことがあります．そこで，外から帰ってくる社員のためにクールダウンできる場所をつくろうと考えました．営業部門の管理職に意見を聴くと，大会議室をクールダウン室にしてほしいとの声が上がってきました．しかし，そうすると大きな空間を冷やすことになるため，エネルギーを多く使ってしまいます．

　どうするかとヒントを求めてビル内を歩き回った末，エレベーターを冷やすことを思いつきました．エレベーターは動線上にあるので皆が使います．また，容積が小さいので大きなエネルギーを使わずにすみます．夏，暑い外から帰ってきて，エレベーターでクールダウンします．自分のフロアに着くと廊下はファンコイルが切れているので暑くなっています．その暑い廊下から27℃の室内に入ると涼しく感じ，快適に業務を行うことができます（図1）．

　クレームが減り，省エネにつながる．まさに一石二鳥です．

今ある設備と今いる人で行う運用改善

　クレーム対応をしながら運用改善による省エネを行った事例を紹介しましたが，まずは，口で言うより実践ありきです．現場を歩くと宝の山に出くわします．また，少し見方を変えて考えることも必要です．なによりも人を動かすことが一番大事です．今ある設備と今いる人で行う運用改善による省エネは，まだまだ奥が深そうで，やるべきことも残っていそうです．

第3章
熱源設備

25. ボイラー排水処理の変更でコスト削減 ……………… 90
26. 冷凍機の運転手法改善で省エネ ……………………… 93
27. 多目的空調冷却塔の泡発生対策 ……………………… 96
28. 自然エネルギーを利用した冷却システム …………… 99
29. 中央監視盤データを利用した省エネ ………………… 102
30. 空冷ヒートポンプチラーのハンチング ……………… 105
31. 冷温水系統の水質改善 ………………………………… 108
32. 地冷受入施設の蒸気デマンド対策 …………………… 111
33. ターボ冷凍機更新後の省エネ ………………………… 114
34. 冷房負荷の少ない深夜早朝に温調不良 ……………… 117
35. CGSの排熱利用量低下 ………………………………… 120
36. ボイラーの水質管理のポイント ……………………… 123
37. 蒸気配管系統のトラブル ……………………………… 126
38. 冷却塔を利用した省エネ手法 ………………………… 129
39. 配管圧力線図を活用したポンプのエア噛み対策 …… 135

25 ボイラー排水処理の変更でコスト削減

相談　建物所有者から，「ボイラー排水のpH値が高く，井水で希釈してから下水道へ放流しているため，高額な下水道料金が発生している．2年以内に投資回収が可能な提案をお願いしたい」との要望がありました．
どのような対策があるでしょうか．

下水道料金の削減と環境保全を着眼点とし，安全・安定稼働を目指した，炭酸ガスによる中和処理装置の導入事例を紹介します．

◎ 建物所有者が抱える課題の整理

最初に現場調査を行い，課題を確認しました．

空気調和設備や蒸気滅菌などのため，10台の蒸気ボイラーが24時間年中無休で稼働しています．

ボイラー給水は軟水処理されています．腐食やスケール防止のために薬剤を添加し，ボイラー缶水の水素イオン濃度（pH値）を9〜12の管理値に維持しています．

ボイラー缶水は，濃縮されるため，3時間ごとに間欠排水をしています．このボイラー排水は，高アルカリ性でpH値が高く，下水道法の排水基準「pH値5を超え9未満」を守るためには，そのままでは下水道に放流できません．現状は，濃縮されたボイラー缶水を排水するたびに，井水で希釈してから下水道へ放流しています．そのため，pH希釈用に使用した井水の量が下水の使用量に加算され，下水道料金が高額になっています．

◎ ボイラー排水処理方法の検討

各種処理方法について，処理効果・安全性・安定性・取扱いやすさ・コスト・環境側面などを検討しました．その結果を表1に示します．

以下に表1の①〜④-2の概要を説明します．
①現状の井水による希釈方法
　この方法は，取水制限がなければ効果的で安全に処理でき，取扱いも容易です．その反面，下水の発生量が多く，下水道料金が高くなります．
②炭酸ガスによる中和処理方法
　この方法は，市販の炭酸ガスボンベを使用するので，処理効果・安全性・安定性・取扱いやすさ・コスト・環境側面に優れています．また，反応速度が速く，配管直

90

表1　ボイラー排水処理の方法と特徴

項　目	① 井水希釈〔既存〕	② 炭酸ガス(CO₂)〔新規〕	③ ボイラー排ガス(主にCO₂)	④-1 塩酸(HCl)	④-2 硫酸(H₂SO₄)
処理効果	○	○	△	○	○
安全性（腐食性）	○	○	○	△	△
安定性	△	○	△	○	○
取扱いやすさ	○	○	×	△	△
コスト ※	×	○	○	○	○
環境側面	△	○	○	△	△
総合判定	×	○	×	△	△
備　考	取水制限 下水発生量が多く，コスト大	炭酸ガスボンベを使用．通常の作業環境では酸欠にはならないが，配慮は必要 塩酸・硫酸などの強酸を使用しないため取扱い管理が容易．過剰注入してもpH 5.5～6以下にならない 反応速度が速く，配管直注入や小型の反応槽でよい 中和生成塩（炭酸カルシウム）による閉塞に注意が必要 pHが高すぎて，注入量不足の場合は白濁する	天然ガス，都市ガス以外の燃料の場合は，炭酸ガス以外の不純物が多く含まれる 量と濃度の変動が大きく，中和の安定性の確保が難しい 高温のため，扱いが難しい	特定化学物質作業主任者が必要 発煙性のため，皮膚の保護や周囲設備の腐食対策に注意が必要 過剰注入すると酸性になる 中和生成塩が溶解性で，排水の塩濃度が高くなる 最近の使用実績は少ない	特定化学物質作業主任者が必要・比重1.82以上の濃硫酸(200 kg以上)は危険物取扱者が必要 皮膚の保護や周囲設備の腐食対策に注意が必要 過剰注入すると酸性になる 中和生成塩(CaSO₄)を多量に生じたときは白濁する 濁度が高い場合は，pHの戻り現象が生じる

※　コストは設備費＋運転費

注入や反応槽の小型化が可能なので，ユニット化により，設置スペースがコンパクトになります．さらに，市販の炭酸ガスは化学工場などで副生したCO_2ガスから製造されるので，中和処理への適量の使用は地球温暖化の防止にも貢献できます．
③ボイラー自身の排ガスによる中和処理方法

　ボイラー排ガスの量と濃度の変動が大きく，温度が高く，扱いが難しく，この方法では安定した中和処理ができません．
④-1，④-2塩酸や硫酸による中和処理方法

　強酸である塩酸や硫酸は，特定化学物質に該当し，さらに硫酸はその濃度や量によって消防法による危険物に該当するので，安全性と腐食性が懸念されます．

　以上より総合的に判断し，「②炭酸ガスによる中和処理方法」を選びました．提案

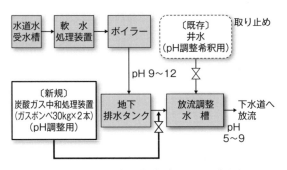

図1 ボイラー排水の炭酸ガスによる中和処理

表2 改善前後の下水発生量と下水道料金の比較

	改善前〔既存〕井水希釈		改善後〔新規〕CO₂中和		削減金額〔円/期〕
	下水発生量〔m³/期〕	下水料金〔円/期〕	下水発生量〔m³/期〕	下水料金〔円/期〕	
第1期	6 015	2 179 113	260	94 185	2 084 928
第2期	6 930	2 510 393	185	67 132	2 443 260
第3期	6 705	2 428 886	175	63 394	2 365 493
第4期	6 715	2 432 509	295	106 864	2 325 645
第5期	6 505	2 356 436	705	255 535	2 100 901
第6期	6 625	2 399 906	675	244 519	2 155 388
期平均	6 583	2 384 541	383	138 605	2 245 936
年間合計	39 495	14 307 243	2 296	831 628	13 475 615
			下水料金削減率	→	94%

注) 1期は2か月分(例:第1期=4〜5月の2か月分)

した中和処理装置を含めた改善前と改善後の処理フローを図1に示します.図中の,〔既存〕は改善前,〔新規〕は新規導入を示します.

導入後の効果もほぼ想定どおりでした.

炭酸ガスによる中和処理装置導入の効果

改善前と改善後の下水発生量と下水道料金を表2に示します.

年間削減金額は,約1 350万円となりました.

炭酸ガス中和処理装置の導入金額の約800万円に,現状のボイラー排水の中和に要する炭酸ガスなどのランニングコストとして年間数十万円程度を加えても,回収年数は1年以内となりました.

26 冷凍機の運転手法改善で省エネ

相談 建物所有者から，「できるだけコストをかけずに冷凍機の省エネ対策を進めたい」という要望を受けました．どのような視点で対策を進めていけばよいでしょうか．

夏期の冷房ピーク時は，冷凍機がフル稼働に近い状態となり，省エネを行うにもリスクを伴います．しかし，中間期や冬期などの部分負荷運転時には，設計条件とかけ離れた非効率な運転となっているケースも多々見られます．

このような部分負荷運転時における，冷凍機周りの各種条件を見直すことで，運転効率を大幅に改善できる場合があります．そこで以下に，比較的簡単な省エネ対策と検証事例を紹介します．

すぐに実行可能な省エネ対策

冷凍機の効率運転を検討する場合，導入機種によって多少の制限はありますが，下記の対策を講じると，省エネ効果が期待できます．

①冷水設定温度を上げる

冷水温度の設定を上げることで，ターボ冷凍機の場合は圧縮機動力，吸収冷凍機の場合は燃料消費量が低減します．ただし，室内温湿度への影響の確認が必要です．

②冷水流量を絞る

冷凍機の冷水出入口温度差が定格仕様値に近づくように冷水流量を絞ることで，冷水ポンプ動力の低減につながります．ただし，冷凍機の変流量対応と最小流量の確認が必要です．

③冷却水温度を下げる

冷却水温度が低いほど，冷凍機の動力が削減できます．ただし，冷凍機の冷却水下限設定の確認が必要です．

④電流制限(デマンド制限)を入れる

ターボ冷凍機の電動機に流れる電流を制限すると，消費電力を抑えられます．ただし，冷凍能力が制限されるため，空調機など二次側の調整が必要となる場合があります．

⑤高効率機の優先運用

新旧の冷凍機が混在する場合は新型機を優先運用し，固定速機と可変速機が混在する場合は部分負荷特性のよい可変速機を優先運用すると，熱源設備全体としての

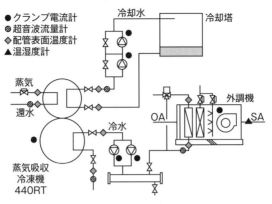

図1　熱源システム概要

動力低減が図れます.

冷水設定温度変更による省エネ効果

蒸気吸収冷凍機の中間期と冬期の冷水出口設定温度を9℃から11℃に上げた場合の省エネ性の検証を行いました.

この検証にあたり，図1に示す各ポイントに設置されたクランプ電流計，超音波流量計，配管表面温度計，温湿度計から得られた実測データを用いるとともに，運転条件を近似させるため，冷凍機負荷率を約20%で制御し，冷却水入口温度が21℃～22℃のデータのみを抽出しました（図2）.

検証結果

一般的には，吸収冷凍機の冷水出口温度を2℃上げた場合，7%程度の効率改善となりますが，この検証では，平均COPが0.57から0.86に上昇し，約50%の効率改善とな

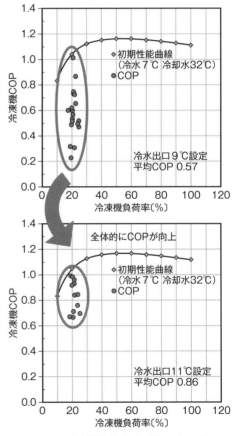

図2　冷凍機負荷率とCOPの分布

26 冷凍機の運転手法改善で省エネ

表1 検証条件と省エネ効果の試算

	冷水9℃設定	冷水11℃設定
検証期間	10/1～翌年5/31	
期間供給冷熱量〔GJ〕	2 430（前年実績値を使用）	
期間平均COP	0.57	0.86
蒸気消費熱量〔GJ〕	4 263	2 826
蒸気削減熱量〔GJ〕	1 437	
燃料削減効果〔m³〕	34 710	
削減金額〔円〕	2 776 812	

注）COP＝冷凍機の生産熱量÷冷凍機の蒸気消費熱量，ボイラー効率0.9，
ガス高位発熱量46MJ/m³，燃料単価80円/m³で計算

りました．また，平均COPから蒸気削減熱量を計算すると，

　4 263〔GJ〕－2 826〔GJ〕＝1 437〔GJ〕

となり，ボイラーの燃料削減効果は，

　1 437 000〔MJ〕/46〔MJ/m³〕/0.9＝34 710〔m³〕

となりました（表1）．

　今回検証を行った吸収冷凍機は，経年による性能劣化の影響もあり，初期性能の約60%で稼働していましたが，負荷率20%前後の部分負荷条件（ON/OFF制御運転）で，冷水出口温度を2℃上げたところ，一般的なCOP向上効果約7%を大きく上回る，約50%の効率改善となりました．

　老朽化の度合いによっては設備の更新も視野に入れる必要がありますが，性能劣化の影響を緩和させるという意味でも，冷水出口温度の変更が有効であると推測できます．

　また，二次側外調機の全数について，検証期間中の給気温湿度を確認した結果，制御上の変化は見られなかったことから，冷水出口温度の変更による空調環境への影響はないと判断しました．

　中間期や冬期の冷凍機の部分負荷運転時には，空調環境に影響の出ない範囲で前述の①〜⑤のような省エネ対策を講じると同時に，熱源設備台数制御の見直しなど，システムの最適運転点を見つけることが重要です．

　この検証データを基に，建物所有者には機器更新計画と省エネ対策によるコスト削減効果を説明して，納得いただいた上で，要望に沿う計画を進めることができました．

第3章　熱源設備

27 多目的空調冷却塔の泡発生対策

相談　冷房期シーズンイン点検後，空調運転を開始したところ，冷却塔下部水槽から多量の泡が発生して周辺に飛散するトラブルが発生しました．冷却塔は清掃し水処理薬剤も投入していたのですが，たびたび再発しています．この発泡を防ぐにはどうしたらよいのでしょうか．

建物管理者から，「冷却塔でたびたび発生している泡が周辺環境や通行人にかかるおそれがあるため，発泡を防ぐ方策に取り組みたい」との相談がありました．
冷却塔の水槽には，目的に応じて各種薬剤が投入されます．この現場では，レジオネラ属菌対策のために冷却水処理薬品の塩素系固形タブレット剤を添加していたところ，シーズンイン点検後，運転開始後や通常運転期間中に**写真1**のような泡がしばしば発生しており，泡発生時には消泡剤を撒いて泡消しをしていました．

泡の発生原因と現状確認・予防対策

冷却塔での発泡の一般的な原因としては，以下の事柄が考えられます．

- **原因①**　冷却塔冷却水の過濃縮
- **原因②**　冷却水処理薬品の過剰添加 ※
- **原因③**　冷却水系内のスライム発生量が多く，系内の汚れが薬剤と反応
- **原因④**　冷却塔の充填材と下部水槽までの間隔が広く，発泡しやすい構造

写真1　泡の発生状況

これら4点について，この現場での現状確認と予防対策を実施しました.

　※　水処理での薬剤投入では，過剰添加が問題視されることが多いが，多く入れすぎでも，逆にうまくいっている場合もあるので，現状把握が重要になる.

対策① 冷却水の過濃縮

表1に示すように，日々の点検における冷却塔冷却水伝導率の数値は860～1 160 µS/cm 程度で安定しており，濃縮の想定範囲内ですので，過濃縮の心配はないと思われました.

対策② 薬品の過剰添加

定期的に投入している固形タブレット剤は，薬剤濃度を均一に管理するのがなかなか難しく，添加直後は濃度が高く泡が発生しやすくなるため，薬剤の投入量を減らして投入間隔を短縮しました. また，間欠投入時はあらかじめシリコン系の消泡剤を用意しておき，薬剤投入時の泡の発生をいち早く発見して，それに即座に対応するため，**表2**のようなチェックシートを使用して，1年間，その効果を確認しました. その結果，泡の発生頻度は少なくなりましたが，完全解決には至りませんでした.

対策③ 系内の汚れが薬剤と反応

冷却水系内におけるスライム発生量が多く，系内のそうした汚れが薬剤と反応することで泡が発生していました. その対策として，シーズンイン点検後，冷却塔水槽の水洗浄を実施していましたが，配管系統が長いため，循環洗浄はしていませんでした.

対策④ 冷却塔周りの構造

冷却塔の充填材と下部水槽までの間隔が広く，泡立ちしやすい構造になっている

第3章 熱源設備

表1　空調設備運転日誌（抜粋）

						5月 日付	1	2	3	4	5	27	28	29	30	31
						曜日	木	金	土	日	月	火	水	木	金	土
						天候	曇	晴	晴	晴	曇	雨	曇	曇	晴	晴
				定格	単位	時間	8:33	8:30	8:20	8:30	11:30	8:48	14:00	14:49	8:30	8:30
冷却塔	冷却塔ファン	CT-1			A		17.0	5.0	6.0	7.0	7.0	18.0	7.0	17.5	17.0	17.5
	冷却塔ファン	CT-2			A		-	-	-	-	-	-	-	-	-	-
	給水量	給水	通算		㎥		4602.251	4615.200	4627.400	4640.239	4653.864	4904.814	4917.961	4936.437	4948.085	4965.855
			今回		㎥		4602.251	12.949	12.200	12.838	13.626	6.948	13.147	18.476	11.648	17.770
	排水量CT-1	排水	通算		㎥		721.832	723.108	724.401	725.374	726.382	756.436	758.957	760.314	761.585	762.896
			今回		㎥		721.832	1.276	1.293	0.973	1.008	1.690	2.521	1.357	1.271	1.311
	排水量CT-2	排水	通算		㎥		180.369	180.377	180.561	180.561	180.583	182.159	182.843	182.877	182.877	182.897
			今回		㎥		180.369	0.008	0.184	0.000	0.022	0.000	0.684	0.034	0.000	0.020
	冷却塔冷却水伝導率	CT-1	盤	1100	µS/cm		860	1010	1000	1020	1030	1160	180	1080	1120	1160
			計測器		µS/cm		620	1000	990	810	600	1016	130	1030	1006	920
		CT-2	盤	1100	µS/cm		420	490	560	610	660	920	200	800	800	1160
			計測器		µS/cm		350	500	560	580	520	880	230	760	780	920
FCU	A		吹出温度		℃		15.2	15.0	15.0	16.0	14.4	15.8	16.8	15.6	15.3	16.0
	B		吹出温度		℃		15.4	15.0	15.0	15.3	23.5	15.8	16.4	15.4	15.4	15.9
各種運転状況の確認		良○　否×					○	○	○	○	○	○	○	○	○	○
		点　検　者														

5/6～26 省略

表2　冷却塔薬剤投入チェックシート(例)

点検日		年　　月　　日	点検者		
チェック項目		チェックポイント		系統状態良否	
分　類	項　目			良	否
外　観	1)仕　様	①固形剤を1日1個投入する			
	2)投入後	①投入位置に問題はないか			
		②運転はされているか			
		③冷却塔内部	泡立ち		
			発泡		
	3)通　水	①薬品の溶解に問題はないか			
在　庫	固形タブレット剤(　　　　　　　ケース)　　　　　消泡剤(　　　　　　本)				
備考:投入した後は，最低でも30分運転状況を確認し，冷却塔内の泡を確認する．発泡する場合は速やかに消泡剤を投入して泡を消す．					

ものの，泡立ちが連続発生ではないため，これに起因するとは考えにくいと結論づけました．

泡発生への本対策

　上記のように簡易的な予防対策を実施して泡の発生頻度は減少しましたが，完全解決には至っていませんでした．そこで，本対策はどのようにしたらよいかを再度検討しました．

　その結果，費用はかかるものの，二つの改善方法が浮上しました．一つは，濃度コントロールが困難な固形タブレット剤に代えて，液体薬剤の連続注入装置を導入する方法です．もう一つは，冷却塔のみならず配管系統も含めて，シーズンインの前に洗浄剤を使ってラインを徹底洗浄し，その後の薬剤投入を休止する方法です．

　この二つの改善方法を建物管理者に提案して議論したところ，費用対効果がよいことから，二つめの方法を実施することになりました．

　そして，この本対策実施によって，冷却塔の水洗浄のみでは取り切れなかった配管内のスライムなどの汚れが除去され，レジオネラ属菌の供給源も断つことになりました．また，固形タブレット剤の添加をやめることで泡の発生源がなくなって冷却塔からあふれることもなくなる，安定した結果が得られました．

　さらに，冷却水処理薬品を使用せずに徹底洗浄することで，維持費は安くなりました．

28 自然エネルギーを利用した冷却システム

相談　コージェネレーションシステム（以下「CGS」と記す）用発電機の更新に際して，出力を増加させることになりました．発電機室内の熱負荷が増加し，室温が40℃に達する見込みですが，冷却用エアコンを室内に増設するスペースと使用電力の余裕がありません．現状に即した冷却能力増強の手法はないでしょうか．

相談のような環境であれば，自然エネルギーを利用した冷却システムの導入を検討できます．このシステムで製造する冷却水は，外気湿球温度以上になりますが，より高温の室内を冷却するには，十分な能力を発揮します．

以下に，発電機室の冷却能力増強に自然エネルギーを利用した事例を紹介します．

発電機室の冷却システム

図1に，発電機の出力増加後の冷却システムを示します．

この建物では，出力500kWの発電機3台を用いたCGSを運用しています．発電機の周囲温度は40℃以下に維持する必要がありますが，発電機運転中のエンクロージャー内部温度は44℃に達するため，冷却能力の増強が必要になります．

従来は，換気設備と冷却用エアコンによって，室内の冷却を行っていました．出

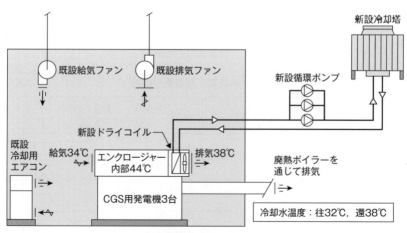

図1　発電機室の冷却システム（夏期）

力増加後は前述の設備に加え,冷却塔(放熱能力338kW)と各発電機のエンクロージャー内部に設置したドライコイル(冷却能力112kW)により,熱負荷の増加に対応しています.

発電機の運転状況

CGS用発電機の運転スケジュールは,平日8:00から18:00を基本としています.電力需要がピークとなる夏期昼間は3台同時,その他の期間は1台または2台の発電機をローテーション運転しています.

発電機の運転時間を図2に示します.

発電機3台の合計運転時間は年間4 415時間でした.そのうち最大運転時間は7月度の709時間,最小運転時間は10月度の105時間です.

熱負荷と冷却量の収支

CGS用発電機運転による年間熱負荷と冷却システムの年間冷却量は表1のとおりです.

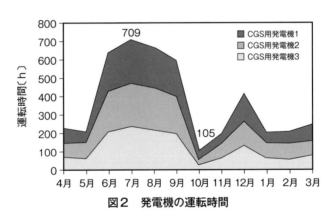

図2　発電機の運転時間

表1　熱負荷と冷却量(年間)

熱負荷・冷却量の合計〔万kW〕		熱負荷・冷却量の内訳〔万kW〕	
熱負荷	58.1	発電機本体	48.1
		発電機補機	10.0
冷却量	82.6	新設した冷却システム	37.3
		換気設備	26.4
		冷却用エアコン	18.9

28 自然エネルギーを利用した冷却システム

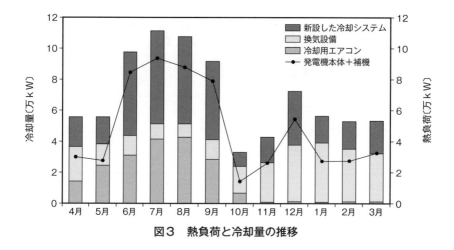

図3 熱負荷と冷却量の推移

　図3に示すように，冷却システムの冷却量は，発電機運転による熱負荷を常に上回っています．この差は，同室内の廃熱ボイラーや他の機器からの廃熱を処理した熱量です．

試算による使用電力比較

　新設した冷却システムの年間冷却量を既設と成績係数が同等の冷却用エアコンで処理した場合，年間使用電力は次のようになります．
　37.3〔万kW〕÷ 成績係数3.05 = 12.2〔万kW〕
　新設した冷却システムが要した電力は，冷却塔と循環ポンプを合わせて，年間2.6万kWです．よって，冷却用エアコンで処理した場合の電力と比べて，年間9.6万kWほど新設した冷却システムの使用電力が少ないという結果になりました．
　自然エネルギーを利用した冷却システムを導入したことで，出力増加後も発電機周囲温度を40℃以下に維持できました．また，冷却用エアコンの増設に比べて少ない電力で運用できました．

29 中央監視盤データを利用した省エネ

 中央監視盤にある数多くのデータを活用して省エネに結び付けるにはどうすればよいか，その方法を教えてください．

　上記の相談者は，オフィステナントビルの管理者です．ビルの特性上，入居テナントの業務に影響を与えないことが第一条件ですが，収集された各種データだけでは把握できない対象施設の運用状況・条件を十分に理解することが，まずは必要となります．そして，建物管理会社からのヒアリングを行った上で，中央監視盤から得られるデータを基にした設備の運用改善を行いました．

対象施設の概要

- 所在地　　：都内某所
- 建物用途　：事務所，ホール，店舗
- 延床面積　：約 80 000 m^2
- 中央監視盤：監視点数約 1 200 点
- 冷熱源　　：蒸気吸収冷凍機 900 USRT
　　　　　　　ターボ冷凍機 600 USRT
　　　　　　　熱回収ターボ冷凍機 600 USRT
　　　　　　　水冷チラー 100 USRT × 7 台

低層系冷水流量の調整

　データ分析の結果，要求冷水流量 30 〜 100 m^3/h に対して，200 〜 300 m^3/h と

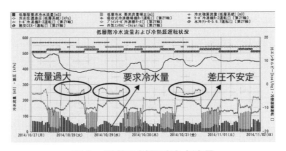

図1　従前の低層系冷水流量

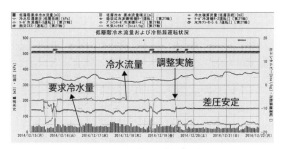

図2　省エネ実施後の低層系冷水流量

表1　流量調整による省エネ効果

	冷水ポンプ出力〔kW〕	年間運転時間〔h〕	年間電力量〔kWh〕	熱量換算計数〔GJ/万kWh〕	熱量換算〔GJ〕
調整前	30.0	6 961	208 830	97.6	2 038
調整後	14.4	6 961	100 238	97.6	978
差引き	—	—	108 592	—	1 060

過大な冷水が流れていました．また，冷水往還の差圧が，設定値の150 kPa に対して 100～200 kPa と安定しない状態となっていました（図1）．

そこで，建物管理会社との共同作業で低層系二次側の冷水流量調整を行い，熱交換器冷水ポンプを2台運転から1台運転とし，冷水流量が 200 m³/h から 50～70 m³/h 程度に減少しました．この結果，冷水往還の差圧は 150 kPa で安定し，熱交換器冷水ポンプのインバータ周波数は 50 Hz から 45 Hz に，電流値は 25 A から 21 A に低下しました（図2）．また，その省エネ効果の試算結果は，表1のようになりました．

冷水送水温度設定変更

水冷チラーの冷水出口温度は，年間を通じて 7 ℃設定となっていました．そこで，夏期に比べて冷房負荷が少ない中間期と冬期の冷水出口温度を見直すことで水冷チラーの運転効率向上を図ることにしました．冷水出口温度を高くすることによって冷媒の蒸発温度が高くなり，冷凍機（圧縮機）の所要電力が低減します（図3）．夏期・中間期・冬期の水冷チラーの運転時間は表2のとおりで，その省エネ効果を以下の式を基に試算したところ，表3の結果が得られました．

削減電力量〔kWh〕＝設備容量〔kW〕× チラー平均負荷率(0.9) × 台数
　　　　　　　　　　　× 運転時間〔h〕× 圧縮機所要動力削減率

- 中間期削減電力量 = 90〔kW〕× 0.9 × 3〔台〕× 732〔h〕× 0.08 ≒ 15800〔kWh〕
- 冬期削減電力量 = 90〔kW〕× 0.9 × 1〔台〕× 363〔h〕× 0.12 ≒ 3500〔kWh〕

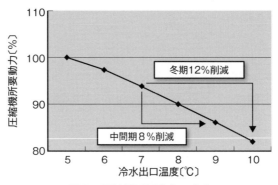

図3 圧縮機所要動力の変化

表2 水冷チラー運転時間

	冷水出口温度設定	冷水チラー運転台数※	年間運転時間※
夏　期 6～9月	7℃	90kWh×5台	8h/日×122日＝976h
中間期 4～5月 10～11月	9℃	90kWh×3台	6h/日×122日＝732h
冬　期 12～3月	10℃	90kWh×1台	3h/日×121日＝363h

※ 各期間の運転台数と運転時間は，過去の運転実績に基づく参考値．

表3 冷水出口温度調整による省エネ効果

	チラー電力量〔kWh〕	熱量換算計数〔GJ/万kWh〕	熱量換算〔GJ〕
中間期	15 800	97.6	154
冬　期	3 500	97.6	34
合　計	19 300	—	188

　省エネチューニングの実施には，建物所有者や建物管理会社への省エネ提案内容の説明とその十分な理解が必要で，相互の情報共有（コミュニケーション）の場を設けて，協力体制を築くことが重要です．

　常駐設備管理スタッフは，建物全般の運用についての取扱い説明を受けていますが，運転する設備機器の選定の際は最大負荷を考慮します．この考え方は原則正しいのですが，テナントの入れ替わりやテクノロジーの発達によって，竣工当初より熱負荷が減少し，結果，過剰となった熱源設備を持て余しながら運用しているケースも少なくありません．

　また，運用ノウハウの引き継ぎがなされないまま建物管理会社が変更となり，効率的な設備運用が継承されないケースもあります．

　中央監視盤から得られるデータを詳細に分析すると，設備機器の運用状況を再点検することができ，同時に省エネルギー・省コストを実現するための課題の発見や改善提案にもつながります．

30 空冷ヒートポンプチラーのハンチング

相談 空冷ヒートポンプチラーのハンチングが発生しています．安定した運転にするにはどうしたらよいでしょうか．

　中間期に空冷ヒートポンプチラー(以下「チラー」と記す)の冷水出口温度を見直して省エネを図ったのですが，ハンチングが発生して安定した運転ができなくなりました．そこで，中央監視盤のデータを活用して最適な設定に調整し，送水温度を安定させる省エネチューニングを行いました．

◎ 対象施設の概要

- 所在地　　：都内某所
- 建物用途：病院(病床数約70床)
- 延床面積：約9 000 m^2
- 冷熱源　　：空冷ヒートポンプチラー※，冷凍能力879 kW，暖房能力450 kW
  　※　このチラーは，9台のユニットで構成され，ユニット単位でユニット1台につき圧縮機を3台内蔵．圧縮機が1台運転することを1段増，1台停止することを1段減と呼ぶ．

◎ データの分析

　温度計測点のデータより往温度がハンチングしているとの指摘を受け，運転データの詳細な分析を行ったところ，低負荷時で安定運転時間帯にチラー圧縮機が短時間に2段増⇔2段減を繰り返していたことが判明しました(図1)．

◎ 原因の分析

　チラー圧縮機は，冷水入口温度と冷水出口温度により圧縮機の増段・減段を行います．今回の圧縮機の運転状況を分析したところ，負荷が増加して出口温度が上昇し，圧縮機が1段増段しても，増段圧縮機の能力が100％出るまでの間にさらに出口温度が上昇し，冷凍機は負荷が増えていると判断して2段目の圧縮機も起動していました．

◎ 対策の実施と効果

　チラーは，出口温度を一定に安定させようとすればするほど細かく発停を繰り返

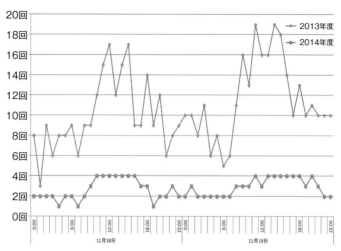

図1　ハンチング減少による圧縮機発停回数

表1　前年との発停回数の比較

2013年	発停回数	2014年	発停回数	比率
11月12日(火)	226回	11月12日(水)	178回	79%
11月13日(水)	216回	11月13日(木)	115回	53%
11月14日(木)	237回	11月14日(金)	147回	62%
11月15日(金)	277回	11月15日(土)	146回	53%
11月16日(土)	288回	11月16日(日)	133回	46%
11月17日(日)	261回	11月17日(月)	149回	57%
11月18日(月)	239回	11月18日(火)	63回	26%
11月19日(火)	280回	11月19日(水)	71回	25%
11月20日(水)	259回	11月20日(木)	48回	19%
11月21日(木)	243回	11月21日(金)	42回	17%
11月22日(金)	233回	11月22日(土)	37回	16%

しています．発停回数が多いと，圧縮機が起動するときの起動電流もその分多くなります．さらに，圧縮機にはインバータが付いていないため，チラー圧縮機が運転開始後，その能力を発揮し始めるまでに2分以上の時間を要していて次段の圧縮機まで起動してしまい，無駄な電力を消費しています．

そこで，冷水出口温度を無理に安定させるのではなくて，発停回数が減少するように運転パラメータを見直しました．具体的には，増減段の発停タイミングに遅延

30 空冷ヒートポンプチラーのハンチング

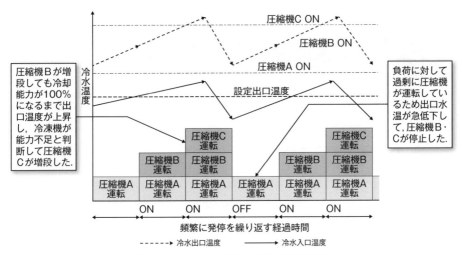

図2 チューニング前の圧縮機運転状況

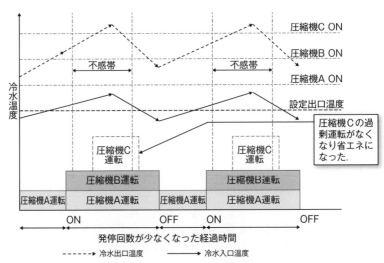

図3 チューニング後の圧縮機運転状況

を設定して(温度を不感にして)ハンチングを減少させ、1日当たりの発停回数を約70%削減して省エネを実現しました(**表1**, **図2・3**).

これにより、冷水配管系の制御の安定化のほか、年間エネルギー削減効果が対前年比▲10.3%の省エネを実現しました.

31 冷温水系統の水質改善

相談 冷温水配管系統の水質が思わしくありません．排水を行わずに水質改善する方法を教えてください．

建物所有者から寄せられた上記の相談を受けて，環境保全と作業効率を勘案し，「排水しないフラッシング方法（凝集沈殿法）」によって冷温水配管系統の水質改善を行った事例を紹介します．

相談事例の概要

相談事例の冷温水配管は4系統あり，合計保有水量は約100 m³で，設置してから約30年が経過していました．

初期フラッシング不足による初期不純物や経年劣化などに伴い，使用中に発生する錆などの不純物の蓄積が冷温水配管内の水質の悪化につながります．そうした水質悪化を防ぐため，一般的には初期の段階から配管系統への固定フィルターの設置や防錆剤の添加がなされます．

ところが，今回の事例では，配管系統に固定のフィルターが設置されておらず，防錆剤も添加されていません．このようなケースで配管内の水質を改善するには，初期フラッシングと同様に，「水抜き排水→水張り→配管内フラッシング→水抜き排水」を数回繰り返して浄化するのが一般的です．しかし，この方法は，水抜き・水張りを数回繰り返すことで溶存酸素が配管系統内に持ち込まれるため，配管内部の腐食が懸念されます．さらに，配管系統の使用を停止しなくてはならない上，わずらわしい作業調整なども使用停止に伴って必要になります．また，この事例では，排水系統に排水できないという事情もありました．

そこで，配管系統の使用停止も排水も行うことなく，既存の冷温水配管のフラッシングができる「排水しないフラッシング方法（凝集沈殿法）」を提案しました．

排水しないフラッシングシステム

このシステムの概略は図1に示すとおりで，フラッシングする配管系統の一部を分岐して，フラッシング水処理装置に接続します．懸濁している配管内の水は，フラッシング水処理装置で連続的に浄化され，処理後のきれいな水が配管内に戻されることで配管系統のフラッシングが行われます．凝集沈殿で除去された懸濁物は，

ろ布でろ過され，産業廃棄物として廃棄します．

その特徴を列挙すると以下のとおりです．
- 排水することなく配管フラッシングが可能
- フラッシング時間の短縮によるコスト削減 ※1
- 環境保全に配慮した技術
- 法令順守（亜鉛濃度が高い配管内の水は排出しない）
- フラッシング結果の見える化（配管内水の濁度を測定しながら水浄化処理を実施）

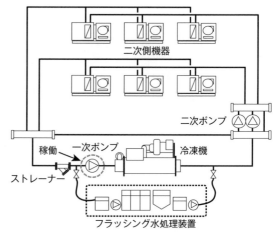

図1　フラッシングシステムの概要

※1　小規模物件で配管保有水量が少ない場合は，搬出入時間のかからないバークフィルターを用いたシステムのほうが，コストメリットが出ることがある．

フラッシング水処理装置の仕様は**表1**のとおりです．

表1　フラッシング水処理装置の仕様

項　　目	仕　　様
電源，定格電流	3相200V，5.7kW，25A
処理能力	最大 3.0 m^3/(h・台)
設置場所	屋内仕様
取出し側配管（耐圧ホース＋ボールタップ）減圧弁取付け	2.0 MPa 以下
処理装置構成	・4ユニット構成 　反応槽　　820×1150×1960 mm 　沈殿槽　　820× 820×1770 mm 　処理水槽　800× 800×1260 mm 　制御盤　　800× 700×1730 mm ・全ユニットキャスター付き ・ユニット間はワンタッチホース接続
フラッシング配管系統の接続タッピング	・25A×2か所(取出し口，戻し口)．ポンプ排水バルブなどのタッピング使用可能 ・本設配管と処理装置は25A耐圧ホース接続
凝集沈殿物 ※2	・配管内の水から除去された懸濁物は，ろ布で脱水処理 ・脱水処理水は配管内に戻す ・脱水された凝集沈殿物は，産業廃棄物として廃棄処分

※2　系内保有水の亜鉛濃度が高い場合，凝集沈殿物は亜鉛濃度が高くなるが，焼却処理の法規制対象成分ではないので，産業廃棄物として焼却処理できる．

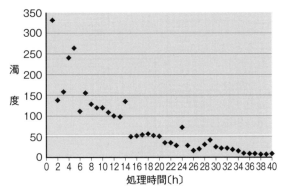

図2　冷温水系統配管内の水質変化

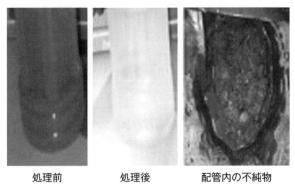

　　処理前　　　　処理後　　　配管内の不純物

写真1　配管内の水の色変化など

　なお，フラッシングの効果は，濁度計で計測して確認しますが，目標値は以下の理由から処理水の濁度20度以下としています．
- 工業用水の供給標準水質の濁度は20mg/L(≒20度)以下
- 従来方法によるフラッシング完了時の配管内の濁度平均値が20度程度

冷温水配管系統の水質改善結果

　排水しないフラッシング方法（凝集沈殿法）により，冷温水配管系統の水（約100m³）を排水せずに，水質の改善ができました．その結果を図2・写真1に示します．処理前濁度は350度弱でしたが，処理後には10度程度になりました．
　今回の排水しないフラッシング方法（凝集沈殿法）の採用により，冷温水配管系統の使用停止をしないで，他の設備との調整負荷を軽減するとともに，排水しないことによる環境負荷低減も達成できました．

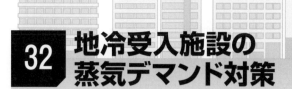

32 地冷受入施設の蒸気デマンド対策

 地域冷暖房から蒸気を受け入れて,冬期の暖房を行っています.そのエネルギーコストを削減するのに,よい方法はないでしょうか.

ここでは,地域冷暖房受入施設における蒸気デマンド対策事例を紹介します.

地域冷暖房受入施設と契約熱量

地域冷暖房受入施設では,熱種別ごとに契約熱量が定められます.複数年にわたりデマンド熱量が契約熱量を大幅に下回る場合,地域冷暖房側と需要家側との協議の上,契約熱量の見直しができます.契約熱量の低減は,需要家のエネルギーコスト削減に大きく寄与します.

今回の事例(対象施設)は,寒冷地にある大型商業施設で,運用開始からの継続的な省エネ活動によってエネルギー原単位の削減が順調に進んでいました.しかし,冬期の蒸気消費量が非常に多いことから,エネルギーコスト削減の手段として,蒸気デマンド抑制対策に着目しました.

対象施設の概要

- 所 在 地:寒冷地某所
- 建物用途:商業施設,オフィス,ホテルほか
- 営業時間:10時〜21時(商業系統1),11時〜23時(商業系統2)

蒸気デマンド対策の着眼点

運用の実態を把握するため,中央監視装置データに基づいて,運用変更しやすい商業系統1・2の蒸気デマンド発生パターンを分析しました.

分析の結果,施設全体の蒸気デマンドのピークは,毎年1月某日の商業施設開店直後(11時頃)の時間帯でした.空調機起動直後の蒸気流量の急激な変動防止と,空調機の順次起動によるデマンド発生時刻の変更に着目して調査しました.

調査項目

○空調機起動直後の温度降下の有無

空調機は,天井内レターンチャンバー方式による還気温度制御で,起動直後に還

気温度が急激に降下する空調機に着目しました.

○代表空調機の冬期挙動調査

還気温度降下の影響を受けて,起動直後の数分間だけ蒸気バルブが全開となり,その後は終日,中間開度で運転する空調機に着目しました.

○起動時刻と外気の影響

各空調機は,開店30分前を基準に順次起動をしていました.外気の影響を受けやすい空調機で,開店時に制御が安定しているかを確認しました.

○安定運転に至るまでの到達時間

大半の空調機の還気温度制御の到達時間は,15分以内でした.ただし,一部の空調機で,還気温度制御のオーバーシュートや外気の影響による還気温度制御の遅延が確認されました.

実施した対策

対策として,以下の見直しを行いました.

○起動時刻の見直し

対象施設の全空調機の起動時刻をリスト化し,現場を熟知する運転管理員にヒアリングを行い,双方合意の上,最終的な起動時刻を決定しました.

外気の影響を受けやすい空調機は,従来よりも早い起動時刻に変更しました.その他の空調機は,到達時刻に合わせ,商業施設全体のピークデマンド発生時刻が10時台になるよう起動時刻を変更するとともに,管理面を考慮して,エリア単位でグループ分けした段階起動を行いました(表1).

表1 空調機起動時刻と制御パラメータの変更(一部)

機械番号	起動時刻		比例帯	最大開度	起動直後温度降下
	変更前	変更後			
AHU-6F-1 (6F 店舗)	8：29	8：29	3 → 5	80	○
AHU-2F-6 (2F 店舗)	9：32	9：20		80	○
AHU-1F-1 (1F 店舗)	9：28	9：28	3 → 5		
AHU-2F-4 (2F 店舗)	9：40	9：30		80	
AHU-2F-5 (2F 店舗)	9：40	9：30		80	○
AHU-2F-1 (2F 店舗)	9：30	9：35	3 → 5	80	
AHU-2F-2 (2F 店舗)	9：30	9：35	3 → 5	80	○
AHU-2F-3 (2F 店舗)	9：30	9：35	3 → 5	80	○
AHU-3F-6 (3F 店舗)	9：34	9：40		80	
AHU-3F-7 (3F 店舗)	9：40	9：40		80	
AHU-3F-8 (3F 店舗)	9：40	9：40		80	
AHU-4F-3 (4F 店舗)	9：40	9：45		80	

○蒸気バルブ制御パラメータの見直し

起動直後，数分間だけ蒸気バルブが全開になる空調機は，蒸気バルブ制御パラメータの最大開度設定を80％とし，比例帯を3℃→5℃へと変更しました．また，オーバーシュートが発生する空調機は，比例帯のみ3℃→5℃へと設定変更しました．

調整後の効果

全空調機（45台）のうち，運転時刻の見直しは40台，比例帯の変更は5台，最大開度の変更は11台の空調機を対象に実施しました．

調整前後の商業系統1と商業系統2の蒸気流量とその他系統を含めた全蒸気流量のデマンド発生状況について，比較検討しました（外気条件がほぼ同じ日で対策前後のデマンド発生に関する比較を行いました）．

対策後，商業系統1のデマンド発生時刻は11時のままでしたが，10時と11時の蒸気流量差は減少しました．商業系統2のデマンド発生時刻は10時にシフトしました．

その結果，全蒸気流量のデマンド発生時刻は11時から10時にシフトし，デマンド値は前年比で100 kg/h減少しました（図1）．

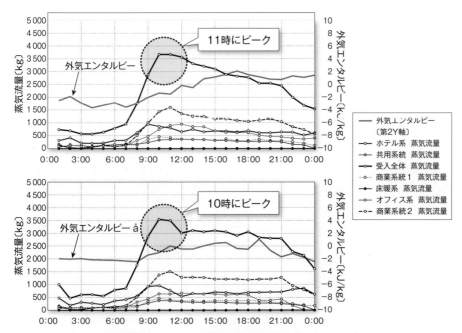

図1　起動時刻とパラメータ調整前後の蒸気流量（上：調整前，下：調整後）

33 ターボ冷凍機更新後の省エネ

相談 2年前にターボ冷凍機などの熱源機器を更新したのですが，当初想定していた大幅な省エネルギー効果が発揮できていないようです．よりよい運用事例があったら教えてください．

地下階が工場，地上階がテナントの複合ビルオーナーからの相談です．

竣工時やリニューアル後の試運転調整は，設計上の最大負荷でも供給支障を起こさないことに重点を置いて設定してしまったため，エネルギーを無駄に消費している場合があります．ここで紹介する事業所でも，エネルギーの見える化により，同様の無駄が見つかりました．そこで実施した運用改善を紹介します．

🔍 紹介する事業所施設の概要

- 所 在 地：都内某所
- 建物用途：事務所，工場
- 延床面積：約 32 000 m^2
- 冷熱源機：インバータターボ冷凍機 ×1（R-3）
  熱回収ターボ冷凍機 ×2（R-1，R-2）
- 蓄 熱 槽：夏期 冷水 1 000 m^3
  冬期 冷水 600 m^3，温水 400 m^3

🔍 冷凍機スケジュール変更

○調整前の運転状況

調整前は年間を通して，定速の熱回収ターボ冷凍機1号機（以下「R-1」と記す）と2号機（以下「R-2」と記す）がメインで運転しており，最も効率のよいインバータターボ冷凍機3号機（以下「R-3」と記す）は冷房期のサブ機としてのみ運用されていました（図1・2）．

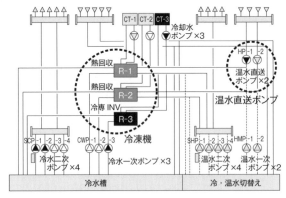

図1　熱源フロー図

114

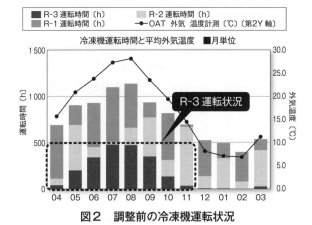

図2　調整前の冷凍機運転状況

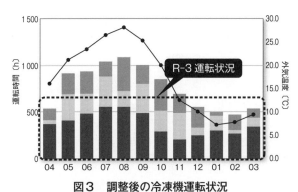

図3　調整後の冷凍機運転状況

表1　冷凍機運転時間と電力量

	R-1 〔h/年〕	R-2 〔h/年〕	R-3 〔h/年〕	電力量 〔kWh/年〕
調整前	3 615	3 485	2 067	2 448 270
調整後	2 409	2 194	4 607	2 128 371
差　異	▲1 206	▲1 291	2 540	▲319 899

○調整内容

　冷水・温水の切替えができる蓄熱槽を冷水専用に切り替える夏期を除いて，R-3をベース機として運用するよう，スケジュール変更を行いました（**図3**）．

○調整結果

　年間の冷凍機の電力量は，R-3は増加しましたが，R-1とR-2は運転時間が減少し，その結果，冷凍機の総電力量は約32万kWh減少しました（**表1**）．

温水直送ポンプの スケジュール変更

○調整前の運転状況

夜間から早朝にかけては除湿再熱の温水が必要ないにもかかわらず，R-1あるいはR-2を熱回収モードで運転し，冷水蓄熱とともに，温水直送ポンプを運転していました(図4)．

○調整内容

夜間の冷水蓄熱にはR-3を運転し，温水直送ポンプを停止するスケジュールに変更しました(図5)．

○調整結果

年間の温水直送ポンプの電力量は表2のとおりで，2年前と比較して31 567 kWh，1年前と比較して31 441 kWh削減しました．

対策による 省エネ効果

運用改善による省エネ効果の合計は，表3のとおりで，年間の電力量は約35万kWh，熱量換算では3 430 GJ，CO_2換算では187 t-CO_2を削減し，設備更新時に想定していた以上の省エネルギーを達成しました．

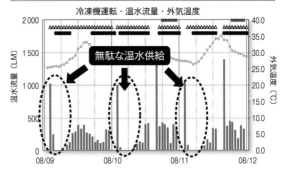

図4　調整前の温水供給状況

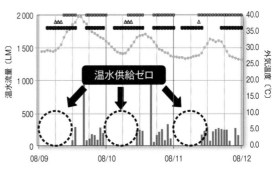

図5　調整後の温水供給状況

表2　温水直送ポンプの年間累計電力量比較

	2年前 〔kWh/年〕	1年前 〔kWh/年〕	当年 〔kWh/年〕
電力量	95 014	94 888	63 447
当年比	▲ 31 567	▲ 31 441	―

表3　省エネ効果総括

項　目	削減量		
	kWh/年	GJ/年	t-CO_2/年
冷凍機電力量の削減	319 899	3 122	170
温水直送ポンプ電力量の削減	31 567	308	17
合　　計	351 466	3 430	187

34 冷房負荷の少ない深夜早朝に温調不良

相談 日中は問題なく温調している空調システムが，負荷の少ない深夜早朝に冷房の効きが悪くなります．どうしてでしょうか．

上記のような問題が発生し，調査と対策を行った事例を紹介します．

この建物は事務所ビルで，ガス焚冷温水機984 kW（280 RT）×1台（R-1）と氷蓄熱ユニット233 kW×2台（R-2，R-3）により冷暖房を行っています（図1）．

熱源機の冷房能力が低下したためか，夏期ピーク負荷時間帯には温調不良がときどき発生しましたが，中間期は問題なく運転していました．しかし，冷房負荷が少ないはずの深夜早朝に温調不良になることがありました．そこで，熱負荷や熱源システムの運転状況を調査し，対策を検討しました．

現状の確認

建物の空調は，8時に運転を開始（熱源・二次側空調機ON）して，18時にいったん空調運転を停止（熱源・二次側空調機OFF）します．テナントから残業時間中の空調運転申請があった場合は30分後に運転を再開します．氷蓄熱ユニットは補助

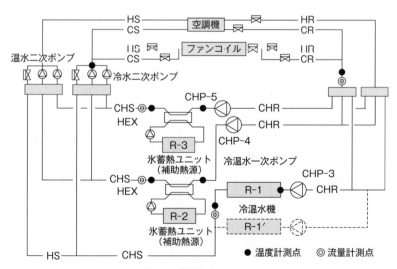

図1　空調システム図

熱源として，手動でピーク負荷時間帯に追掛け運転をします．
　この空調システムの熱源機・冷温水往還ヘッダーの出入口配管に温度センサー，超音波流量計を取り付け，熱源機・冷温水ポンプに電流計を設置して，負荷熱量と冷水往還温度を確認しました．

● 測定結果

　1日の測定結果は図2のようになりました．
　運転機器は，氷蓄熱ユニットの実冷房能力の都合で午前中はR-1 + R-2，午後はR-1 + R-3となっています．システムの合計冷房能力1 217 kWに対して最大出力は882 kW（R-1 + R-3の72％負荷），最小出力は116 kW（R-1の12％負荷）でした．
　冷水往温度は，設定温度7℃に対して午前中は13℃，午後は11℃，負荷の減少した残業時間に入るとようやく7～8℃に下がり，早朝に冷温水機は発停を繰り返して9℃まで上昇していました．
　日中の室内温度は午前中27～28℃，午後は26℃で推移していました．

● 不具合の原因

　この建物は，日中のみ使用する想定で設計されていましたが，一部テナントが入れ替わり，深夜早朝（22時から翌朝8時）の空調運転を要求されました．そのため，

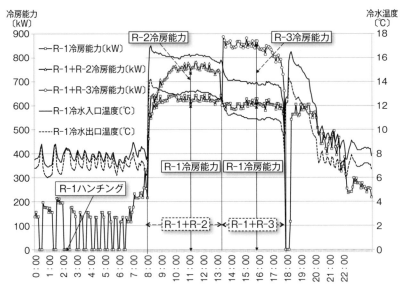

図2　24時間運転状況（8月8日）

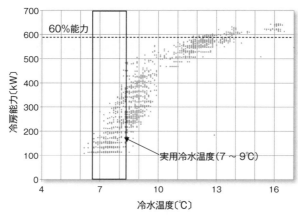

図3　冷房能力と冷水温度

実能力に対して非常に少ない冷房負荷運転がこの時間帯に発生しました.

冷温水機は，負荷が定格能力の約20％以下ではON/OFF運転となり，さらに運転空調機にのみ冷水が循環するシステムのため，空調機の運転台数が少ないと保有水量が少なくなって，冷温水機OFF時に冷水温度が急激に上昇し，空調機からの風が生暖かくなって，冷房の効きが悪いとのクレームが発生しました.

冷温水機の標準的な耐用年数は，15～20年と言われています．しかし，この機器は運転開始からまだ11年しか経過していないにもかかわらず，実運転時間が標準の2倍以上になり，能力が60％以下に低下していました(図3).

このため，始業時から所定の室温に下がらなくなりました．当初，蓄熱ユニットはピーク負荷時間帯(13時半～16時)に2台運転をしていましたが，午前中に氷蓄熱ユニットR-2(やや冷房能力が落ちている)，ピーク負荷の午後にR-3(ほぼ定格能力が出ている)各1台の追掛け運転をするようになりました.

対策

冷暖房負荷に対する機器容量には問題がありませんでした．しかし，R-1は1台運転で故障時やメンテナンス時のバックアップがなかったため，信頼性の向上と低負荷に対応できるよう，50％能力の冷温水機2台(R-1 + R-1′)を設置し，氷蓄熱ユニット(更新)と併用する改善案を提案しました.

その結果，熱源システムの全面更新につながりました．これにより温調不良もなくなって，快適な執務環境を提供することができるようになりました.

35 CGSの排熱利用量低下

相談 コージェネレーションシステム（以下「CGS」と記す）の排熱利用量が低下してきました．どのような原因が考えられますか．

　CGSは，エンジンやタービンなどの発電機を運転し，その排熱を利用することで電力と熱を供給するシステムです．燃料価格の高騰で一時普及が停滞しましたが，東日本大震災後は事業継続計画（BCP）用の電源として見直され，再び導入件数が増加してきました．以下に，CGS排熱利用量低下を解決した事例を紹介します．

◎ 建物の概要

　この事例の建物は，出力400kVAの発電機を1日14時間運転しています（日曜祝日を除く）．CGSのフロー図は，**図1**のとおりです．都市ガスを燃料としたガスエンジンで発電する一方，生じた排熱を利用して給湯予熱槽とボイラー還水槽の昇温を行っています．発電機運転中は，給湯負荷の大部分を排熱でまかなうため，ボイラーの蒸気で貯湯槽（設定60℃）を昇温する熱量はわずかで済みます．
　CGS排熱を利用することによって，ボイラーの負荷が低減し，その燃料消費量も削減されます．反面，利用しきれなかった排熱は，冷却塔から大気中へ放熱されることになるため，システム上の損失となります．よって，CGSを効率的に運転するためには，排熱利用量の低下に注意を払う必要があります．

◎ 排熱利用量の現状確認

　排熱利用量は，図1Ⓐで計測しており，その結果は中央監視盤に記録されます．この記録されたデータは建物管理者によってグラフ化されて，建物所有者と定期的に実施している設備運用検討会の報告に用いられます．
　排熱利用量の低下は，報告書を作成していた建物管理者が気づきました．9月のデータを比較すると，前年の145GJ/月に対して，その年は89GJ/月しかCGS排熱を利用していませんでした．発電機の運転時間は例年と変わらないため，CGSの排熱利用状況に原因があることが予想されました．

◎ 排熱利用量低下の原因調査

　原因を調査するため，中央監視盤に記録された排熱利用量以外のデータも確認し

35 CGSの排熱利用量低下

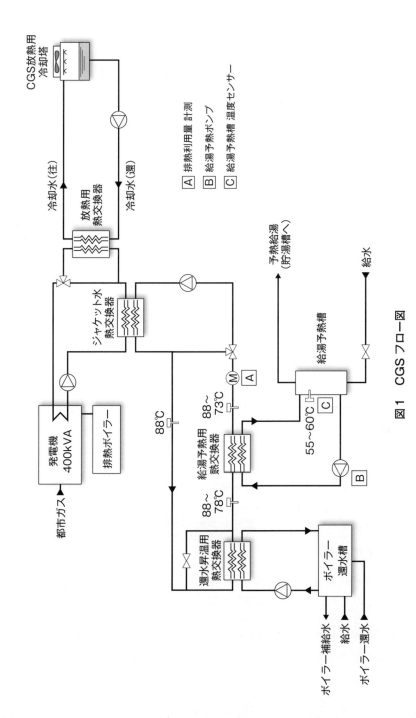

図1 CGSフロー図

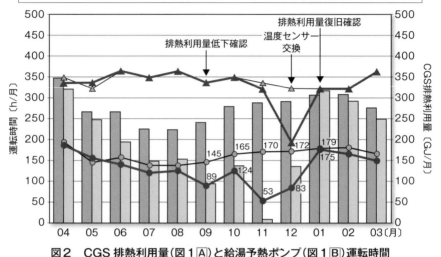

図2　CGS排熱利用量(図1 A)と給湯予熱ポンプ(図1 B)運転時間

ました．確認の結果，給湯予熱ポンプ(図1 B)の運転時間が大きく減少していることがわかりました．

　発電機運転中の給湯予熱ポンプは，給湯予熱槽の温度と連動して自動で発停します．発停に係る温度は55〜60℃で，槽内温度が60℃以上であれば，給湯負荷なしと判断して予熱ポンプを停止させます．予熱槽の温度は，給湯使用に伴う給水と設置環境への放熱によって低下しますが，それらの影響を前年と比べても大きな変化は見られませんでした．

　続いて，給湯予熱槽の温度推移を確認したところ，温度センサー(図1 C)の誤検出により，たびたび60℃以上を指示していることがわかりました．この誤検出が排熱利用量低下の原因と考え，温度センサーの交換計画を進めました．

解決策の実施

　給湯予熱槽の温度センサー交換は，12月に予定していた発電機のメーカー点検(実施期間10日)に合わせて実施しました．交換によって給湯予熱ポンプは正常に運転するようになり，低下していた排熱利用量も復旧しました(図2)．

　設備運用検討会で一連の対応を報告するにあたり，設備の問題解決にはデータの収集や分析が不可欠であることを改めて認識しました．

36 ボイラーの水質管理のポイント

 ボイラーに使用する水処理剤の種類と防食効果を教えてください．

昨今，蒸気設備の設置が少なくなり，必然的にその経験者も減ってきています．そこでここでは，蒸気設備の防食のポイントを概説します．

結論から言うと，ボイラー，蒸気・還水配管系の防食の鍵は，ボイラー伝熱管の保護と還水管の炭酸腐食の防止にあります．

蒸気ボイラーと蒸気配管系

補給水中に含まれるシリカ（Si）と軟水装置を通過するわずかな硬度成分（Ca^{2+}など），遊離炭酸（CO_2）や炭酸水素イオン（HCO_3^-）はボイラーに供給され，内面のスケール（硬度分が析出・固着したもの）形成と系全体の腐食に関わります．シリカはpHが高く，高温のボイラー内部では水溶性になり，スケール化し難くなります．

蒸気ボイラー本体の防食

ボイラーは，その構造により以下の2種類に大別できます．
- 炉筒煙管ボイラー：缶胴側にボイラー水があり，伝熱チューブ（煙管）内を燃焼ガスが流れる構造．保有水が多く均一化され，薬注管理が比較的容易．
- 水管・小型貫流ボイラー：伝熱面積が相対的に小さく，有資格者が不要なものも多いため，近年多数普及．構造は湯沸し器とほぼ同じで，保有水が少なく，立型の伝熱管の外部に燃焼ガスが流れ，伝熱管内の水面で蒸気を発生させる．管内の汚れ・腐食を防止するための水位管理と薬注濃度管理が重要．

ボイラー本体の防食の基本は，スケールの形成と本体の腐食を清缶剤で防止することです．

清缶剤は3種類の薬剤，すなわち，①pH調整剤，②リン酸上昇剤（pHを11程度に高め，鋼管表面に酸化被膜を生成させて不働態化），③分散剤（スケール成分を分散化）からなります．併せて，腐食の元となる溶存酸素を排除するため，脱酸素剤を添加します．

通常，清缶剤に脱酸素剤も配合された一液型製剤が使われますが，加湿用途などで復水率が小さい場合は，脱酸素剤を別途注入したり，安全を考慮して薬剤を「入

れ過ぎない」ようにしたりするなど，適正かつ経済的な濃度管理が必要です．

蒸気配管系でのスケールの防止

補給水（上水）の硬度成分（Ca^{2+}，Mg^{2+}）が石灰（$CaCO_3$）などにスケール化すると，伝熱管に付着して熱効率が著しく低下します．その防止には補給水系統に軟水装置を設置し，Ca^{2+}，Mg^{2+}を溶解度が高くスケール化し難い Na^+ に置換します．

軟水装置は，定期的に再生（Ca^{2+}，Mg^{2+}を工業用食塩 NaCl で再置換）が必要で，一般に 2 台設置して交互運転します．また，手動による缶底ブローだけでは缶水の濃度管理は不十分で，とりわけ伝熱管の管理が重要になる小型貫流ボイラーでは，連続ブロー装置の使用が推奨されます．この場合，蒸発量の 5 〜 10%の高温のブロー水を排出するため，給水を予熱して熱回収（省エネ）を行うことも推奨されます．ブロー量が 15 〜 20%超と多過ぎる事例も散見され，無駄にブローさせない流量管理も重要です．

還水配管系

図1に蒸気ボイラー周りシステム構成図を示します．

給水中の遊離炭酸（CO_2）は，炭酸ガスとして蒸気配管内に存在します．また，ボイラー内にも炭酸水素イオン（HCO_3^-）が分解し，炭酸ガスとして蒸気系に入り込みます．還水配管内で還水に炭酸ガスが溶解して炭酸（H_2CO_3）となり，pH が 4 〜 5 まで低下します．これにより，鋼管を激しく腐食させ，溶解鉄は還水槽内で赤錆（Fe_2O_3）や黒錆（Fe_3O_4）として沈殿・ヘドロ化して，還水管からの漏水や配管内での閉塞といった重大事故につながる可能性があります．

こうした炭酸腐食を防止するには，還水管を SUS304 などのステンレス鋼管とするか，復水腐食抑制剤を用いて炭酸を中和させるか，あるいは管内被膜の形成を図る必要があります．

また，還水系統に鋼管を使用する場合は，炭酸腐食の発生を前提とした施工計画が必要です．小口径配管の接続にニップルを使用したため，竣工後 2 年程度で漏水に至った事例も多くあります．そのため，圧力配管用炭素鋼鋼管 STPG370 厚肉の Sch.40 を使用し，かつ，接続には，ねじ込みを使用せず，差込み溶接とする必要があります．

蒸気を利用したシステムは，近年減少しているとはいえ，セントラル熱源方式で燃焼の伴わない 100℃を超える加熱・加温プロセスでは必須のシステムです．

36 冷房負荷の少ない深夜早朝に温調不良

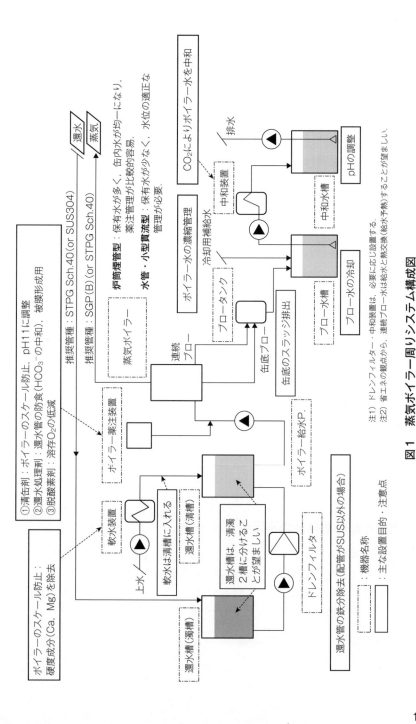

図1 蒸気ボイラー周りシステム構成図

37 蒸気配管系統のトラブル

相談　蒸気配管系統で発生したトラブルとその対策で，設備管理者が知っておくとよい事例があったら教えてください．

◎ 輻射熱によるインバータ盤の基板故障

　高圧蒸気ヘッダー（0.8 MPa）の真向かい4 mの位置に冷却ファン付きのポンプ用インバータ盤を設置したところ，竣工半年後にインバータ基板が故障しました．原因は，ヘッダーからの輻射熱でした．そのため，扉裏面にグラスウールで断熱を施し，冷却ファンを1台増設しました．

◎ 小型貫流ボイラーの安全弁が頻繁に作動

　換算蒸発量2 t/hのボイラー10台を連結して，蒸気吸収冷凍機へ0.8 MPaの蒸気を供給していたところ，頻繁に安全弁が作動しました．台数制御に電子式圧力指示調節計を用いていたのですが，蒸気圧が高くなって，減段に入る直前にボイラー本体付属の高圧停止用圧力スイッチ（0.93 MPa設定）が作動せず，オーバーシュートして設計圧力の0.98 MPaに達し，安全弁が作動していました．原因は，圧力スイッチが自力式（ばね）で，制御の動作すきまの小ささとその設定の難しさにあり，解決策としてスイッチを電子式に変更しました．
　このように，ボイラー本体の設計圧力と運転圧力が近接し，かつ，圧力変動が大きい場合には，すべて電子式制御とするなどの配慮が必要です．

◎ 蒸気コイルの加熱能力不足や凍結

　外気処理空調機の蒸気コイルで，加熱能力不足，寒冷地では凍結が発生しました．これらの原因は，機器出口のトラップ取付け位置が高かったため，コイル出口〜トラップ間の高低差分の還水がコイル内部に滞留して有効な伝熱面積が得られなくなったことと，蒸留水が凍結したためでした（図1）．

◎ 蒸気配管フランジからの漏気

　蒸気配管のフランジは，通気後の熱膨張に伴う漏れ防止のために増し締めをします．ただし，通常のガスケットとボルト・ナットでは，ガスケットの焼付けやボル

126

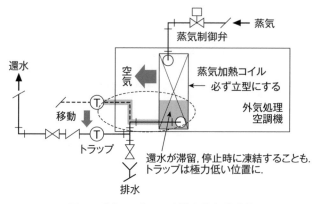

図1　蒸気コイルの凍結事故と防止策

トの「伸び切り」により，漏気が止まらない事態がしばしば発生します．そのため，渦巻き型で，かつ，金属製内外輪付きガスケットにし，ボルトには高張力型(ハイテンション型)の採用がお薦めです．なお，還水管に絶縁フランジを使用する場合は，増し締めの都度，絶縁の確認を行うことが必要です．

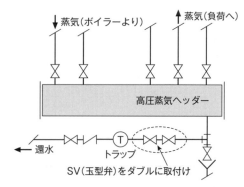

図2　重要系統のバルブ二重化の例

重要系統の還水トラップ周りのバルブ二重化

高圧系統の蒸気・還水系のバルブは，高温による弁座の焼付けや異物の挟まりにより，しばしば開閉ができなくなります．そのため，重要系統では，バルブの二重化がお薦めです(図2)．

横引きの長い蒸気管の管末トラップ配管

地域導管蒸気主管の管末トラップなどのように，還水槽までの距離が長い場合には，インラインミキサーを設置すると，騒音・振動がなく，スムーズに還水主管に接続することができます(図3)．

還水管の寿命延長対策

「36．ボイラーの水質管理のポイント」で述べたように，還水管は溶存 CO_2 由来の遊離炭酸による炭酸腐食のため，漏水事故が発生しやすい系統です．これをいか

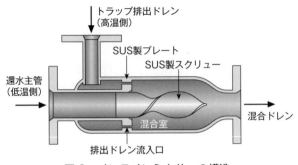

図3 インラインミキサーの構造

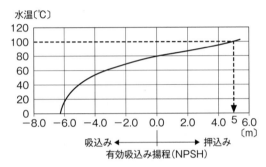

図4 片吸込みポンプの水温と吸上げ高さの関係

に防止し寿命を延長するかが，設備保全の命題です．現実的には難しい面もありますが，根本的対策としては，①復水率を上げる，②還水槽の温度を上げる，の2点があります．

①は，負荷条件によって復水率が決まってしまうため，設備保全の立場からは，新築時や更新時に，配管系統を加熱専用の復水完全回収系と加湿・滅菌専用の復水非回収系の2系統に分離することをお薦めします．

②は，還水管の寿命は，基本的には遊離炭酸濃度に比例しますが，復水率と還水槽水温によっても大きく変化し，復水率・水温ともに高いほど延命化が図れます．

水温は，100℃に近いほど，管の寿命が飛躍的に延びます．省エネには逆行しますが，蒸気を還水槽に吹き込んで99℃まで昇温すると，常温（一般に70～80℃）の場合の2倍程度の延命が可能です．ただし，還水槽を通常より大幅に高く設置し，還水槽の低水位面からポンプまでの高さを6m以上（押込み）にして，給水ポンプの有効吸込み揚程を確保する必要があります（図4）．

蒸気配管系統は，高温・高圧で，かつ，腐食対策などが必要であり，通常の水配管系統とは取扱いが大幅に異なります．

38 冷却塔を利用した省エネ手法

 冷却塔を利用した省エネルギー手法について教えてください．

◉ 冷却塔の原理・種類と出口温度

　冷却塔は，ビルや工場などで冷凍機や水冷パッケージエアコンの冷却水を冷却（放熱）し，再循環利用をするための設備です．具体的には，冷却塔は冷却水と外気を接触させ，一部の冷却水が蒸発することで残りの冷却水を冷やします．

　常温では，水の蒸発潜熱は約 2 500 kJ/kg，比熱は約 4.2 kJ/（kg・K）なので，1％の水の蒸発によって，残りの水の温度は約6℃下がります．

　冷却塔出口温度は，冷却水が蒸発するときの外気温度に左右され，湿球温度（以下「WB」と記す）に合わせて変化します．一般的な設計条件は，27℃ WB のときに，アプローチ 5℃ deg を加えて，出口温度が 32℃ となるように選定されます．冷却塔のファン風量と冷却水流量が一定の条件では，出口温度は常に外気 WB ＋アプローチ 5℃ deg で変化します．

◉ 冷却塔による省エネルギー

① 年間の外気湿球温度

　図1は，東京の年間外気 WB の変化を累積頻度で示したものです．

　年平均 WB は 12.8℃ で，WB27℃ はわずかに年間 10 時間前後しか出現しません．

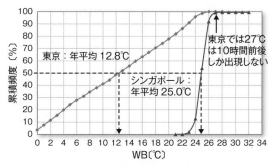

図1　東京の年間WB累積頻度

そのため，出口温度の運用設定値を32℃固定ではなく，たとえば通年20℃に設定すると，ほとんどの時間帯に低温の冷却水を得ることができます．図中にはシンガポールのWBも記載しましたが，WBは国や地域によって大きく異なります．

②ターボ冷凍機のモリエル線図

図2に，冷凍機内の冷媒の動きを表すモリエル線図を示します．

冷却塔出口温度が低めで運用した場合，冷媒の凝縮温度と凝縮圧力が低下し，圧縮機仕事を削減することができます．図中にCOP（成績係数）の計算式を示しましたが，冷却塔出口温度が低めの運用は，冷凍機COPを上げることに直結します．さらに，蒸発器の交換熱量が少し増加し，能力が若干アップします．

③冷凍機のCOPと冷却水温度の関係

図3に，ターボ冷凍機の冷却水入口温度とCOPの関係の例を示します．

図より，冷却水入口温度を1℃deg下げると，効率が2.5％程度上昇することが読み取れます．また，吸収冷凍機（直焚き機を含む）でも同様に，効率が1.0〜1.5％/℃deg程度上昇します．

このように，年間を通して冷却塔出口温度が32℃一定の運用ではなく，外気WBの日変化・季節変化を利用して積極的に出口温度を下げる運用をすると，大幅

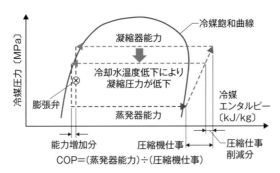

図2　ターボ冷凍機のモリエル線図上の動き（例）

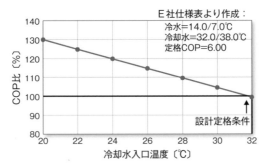

図3　冷却水入口温度とCOP比の関係（例）

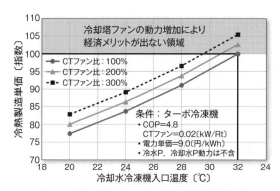

図4 冷却水入口温度と冷熱製造単価（例）

な省エネを実現することができます．東京では，年間運転時には年平均18℃前後で運用することも可能です．

図4に冷凍機の冷却水入口温度と冷熱製造単価（＝冷凍機本体消費エネルギー＋冷却塔ファン消費動力の合計を指数化）の例を示します．

図中のCTファン比は，定格冷却塔ファン運転台数を100％とし，冷却水温度を下げる目的で2倍・3倍など，それ以上のファン台数を運転した場合を200％・300％として示しています．

この図は，冷却水温度を下げる目的で必要以上にファン運転を行った場合，ファン動力の増加のため，逆に省エネにならない場合があることを示しています．吸収冷凍機の場合，相対的に放熱量が大きくファン動力も大きいため，経済メリットが出ない領域が広がるので注意が必要です．

運用上の留意事項

以上，この省エネ手法のメリットを述べましたが，実施には以下のような留意事項があります．

①冷却水下限温度

冷凍機には冷却水入口下限温度があり，これを下回らない制御が必要です．ターボ冷凍機では，圧縮機モータの冷却に一定の冷媒差圧が必要で，冷媒蒸発温度＋15℃ deg前後＝冷却水入口温度17〜18℃前後，吸収冷凍機では吸収液結晶化防止のため冷却水入口温度21〜22℃前後が下限となるので，それぞれ確認が必要です．

②水質管理上の注意点

冷却水中のシリカ成分は，運転水温の低下に伴って溶解度が低下するため，析出（スケール化）しやすい環境となります．そのため，冬期などには冷却水の濃縮倍率（補給水と冷却水の電気伝導度の比）を夏期より下げるとともに，分散剤濃度が高めの運用にする必要があります．

冷却塔出口温度が低めの運用は，簡便な方法で大幅な省エネを達成できる数少ない技術です。

🔵 冷水塔で冷水をつくる？

冷却塔の設計条件として，たとえば湿球温度 WB27℃ は，通常，年間 10 時間程度しか出現しないため，WB＜27℃ の条件では，出口温度が設計温度（たとえば 32℃）より低くなります。これを応用し，低温の冷却水をつくる技術を説明します。

中間期〜冬期は除湿が不要なことが多く，室内温度 26℃，空調機の給気温度 16℃ の場合，冷水送水温度は 11 〜 13℃ で済みます。この温度程度の冷水は冷却塔で直接製造でき，この技術を「フリークーリング」（以下「FC」と記す）と呼びます。

🔵 FC の原理

冷却水は冷却塔内で空気と接触し，図5の矢印のような熱移動によって冷却されます。このとき，設計出口水温 32℃ と設計 WB27℃ の差を「アプローチ」と呼び，一般に 5℃ deg 程度を採用します。他方，冷却水流量 L〔kg/h〕を空気流量（ファン風量）G〔kg/h〕で除したものを「L/G（エルバイジー）」と呼び，空調用冷却塔では一

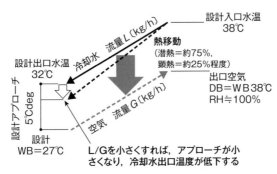

図5　冷却塔内の熱移動の一例

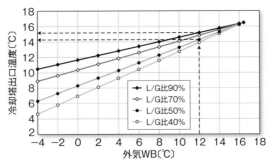

図6　冷却塔入口温度 16.5℃時の出口温度（例）

般に 1.2 〜 1.5 前後の値となります.

　この数値を「小さくする」には，L は変えずにファン運転台数を増やして分母の G を大きくする方法が一般的です．設計条件 L/G を 100％としたとき，G を大きくして数値が 90％である場合を「L/G 比 90％」などと表記します．このとき，塔内で水に接触する空気量が相対的に増え，より冷却が進んで，出口温度が WB に近づいて(アプローチが小さくなり)，出口水温が低下します.

　図6より，入口温度 16.5℃の冷却水は，外気 WB12℃のとき，L/G 比 90％の場合は出口温度が 15.1℃，50％の場合は 14.2℃となります.

◉ FC の実施例

　図7は FC の実施フロー例です．冷凍機冷却水流量の半分程度の流量（88 m³/h）の FC 専用ポンプを選定し，5℃ deg を計画温度差として，11.5℃の冷却水により，熱交換器を介して 13℃の冷水を供給します．FC 専用ポンプの流量は，冷却塔の均一散水が可能な下限流量が定格比の 30 〜 50％のため，50％としています（下限 L/G 比 = 50％）．

　なお，冷却水系と冷水系では配管システムが異なるため，図7のように，一般には熱交換器を設置します．また，冷凍機と冷却塔が1対1ではなく複数台の冷凍機

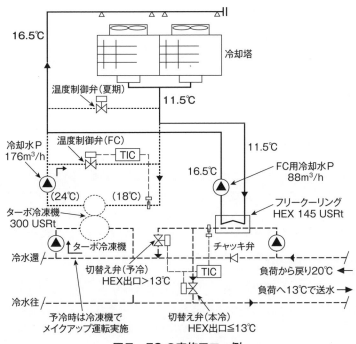

図7　FC の実施フロー例

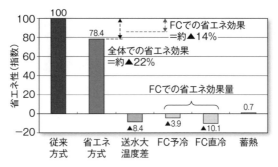

図8　FCによる省エネ効果検証の実施例

と冷却塔があり，冷却塔が統合されている場合は，停止中の冷凍機の冷却塔ファンを運転することができ，1対1と比べL/G比を小さくするのが可能なため，いっそう効果的です．

● FCの応用・活用法

FCは，効率が高い反面，中間期など，WBがFC可能条件前後で変動する場合にはその運用が難しい側面があります．これを解決するには，図7のように，予冷／本冷モードを設け，FC冷水が負荷への送水温度（たとえば13℃）まで下がらないWB条件では，予冷モードで冷凍機入口側に戻し，冷凍機で13℃まで冷却する方法がお薦めです．予冷で1℃deg程度しか下がらない条件でも，総合効率は冷凍機単体の場合より高効率を得ることが可能です．

ただし，予冷モードでの運転は，稼働冷凍機の冷却水温度が機器下限値以下にならないように温度制御を行うか（図7），FC運転と別系統の冷却塔を使用するなどの配慮が必要です．

● FCによる省エネルギーの実施例

関東南部に位置する半導体工場の年間省エネルギー効果を図8に示します．施設全体で約▲22%の省エネを達成しており，そのうち▲14%（約▲1 700万円／年）が，予冷運転を含むFC全体の省エネ効果です．このように，FCは，データセンターや半導体工場のドライコイルなど，除湿の不要なプロセス冷却にきわめて有効です．

● 水質管理上の注意点

FC運転では，水温の低下に伴い，冷却水中のシリカ成分は溶解度が低下して，非常に析出（スケール化）しやすい環境となります．そのため，FC運転時には冷却水の濃縮倍率（補給水と冷却水の電気伝導度の比）を夏期より下げ，かつ，分散剤濃度が高めの運用にする必要があります．

39 配管圧力線図を活用したポンプのエア噛み対策

相談 屋上の空冷モジュールチラーの内蔵ポンプが頻繁に「エア噛み」を起こして停止します．その原因と解決方法を教えてください．

　ポンプがエア噛みを起こすのは，配管内の圧力が大気圧より低くなり，そこから空気を吸い込んでいる可能性があります．配管圧力線図を作図して検討してみましょう．

配管の圧力線図

　この事例は，屋上にポンプ内蔵の空冷モジュールチラーが設置されていて，膨張配管が地下機械室のヘッダーから位置高さ 33 m の膨張タンクまで接続されています（図1）．

　圧力線図は，横軸に配管内圧力，縦軸に位置高さをとります．位置高さ 10 m で 1 kg/cm² の静水頭が掛かります（厳密には 1 kg/cm² = 98 kPa．ここでは簡略化して 100 kPa と表現）．横軸と縦軸の縮尺を合わせることで，斜め 45°の静水頭線を基準に簡単に作図ができます．膨張配管の接続点①の位置高さ 0 m，圧力 330 kPa

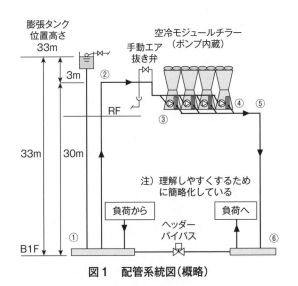

図1　配管系統図（概略）

135

表1　圧力線図上の表現

パターン	要素	圧力線図上の表現	高さの変化	圧力の変化
Ⓐ	ポンプ	ポンプ揚程H	0	$+H$
Ⓑ	機器・弁類 横引配管	損失抵抗P	0	$-P$
Ⓒ	立上り管	圧力損失P　高低差h　静水頭線に平行	$+h$	$-h-P$
Ⓓ	立下り管	高低差h　静水頭線に平行　圧力損失P	$-h$	$+h-P$

注）矢印「→」は水の流れ方向を表す.

を起点に，ポンプの揚程計算の抵抗（圧力変化）と高さ変化をもとに，**表1**の要領で作図します.

🔵 エア噛みの原因と対策

　図2の配管圧力線図からわかるとおり，立管の圧力損失があるため，③のポンプ吸込み部の圧力（ポンプ背圧）が大気圧より低い圧力（負圧）になっています．担当者は，チラー運転中に配管内が負圧になっているのに気づかずに手動エア抜き弁を開けてしまい，逆に空気を吸い込んでいました．ポンプ停止中なら圧力分布は静水頭線と同じで，エア抜き部は正圧（＋30kPa）なのでエアを抜くことは可能です．しかし，運転中は，基準点①〜戻り立管②〜ポンプ吸込み③までの圧損が掛かり，ポンプ吸込み側が部分的に負圧になります（**図3**）．このような状況は中長期的には好ましくありません.

　解決策は，ポンプ吸込み側を常に正圧にするために，❶膨張タンクの高さをさらに1m程度上げて①部分を340kPaにするか，❷膨張管接続箇所を屋上のポンプ吸込み側直近に変更します（**図4**）.

　ここでは開放式膨張タンクで説明しましたが，密閉式膨張タンクでは，設定圧力（最低圧力）が位置高さになるようにします．管内が負圧になる場合は，密閉式タンクの給水圧力を高く設定し直せば解決できます．外部設置のポンプの場合，通常，吸込み側に連成計（負圧も表示できる圧力計）が設置されますが，この事例は機器内蔵ポンプのためこれがなく，配管内負圧箇所の発見が遅れまし

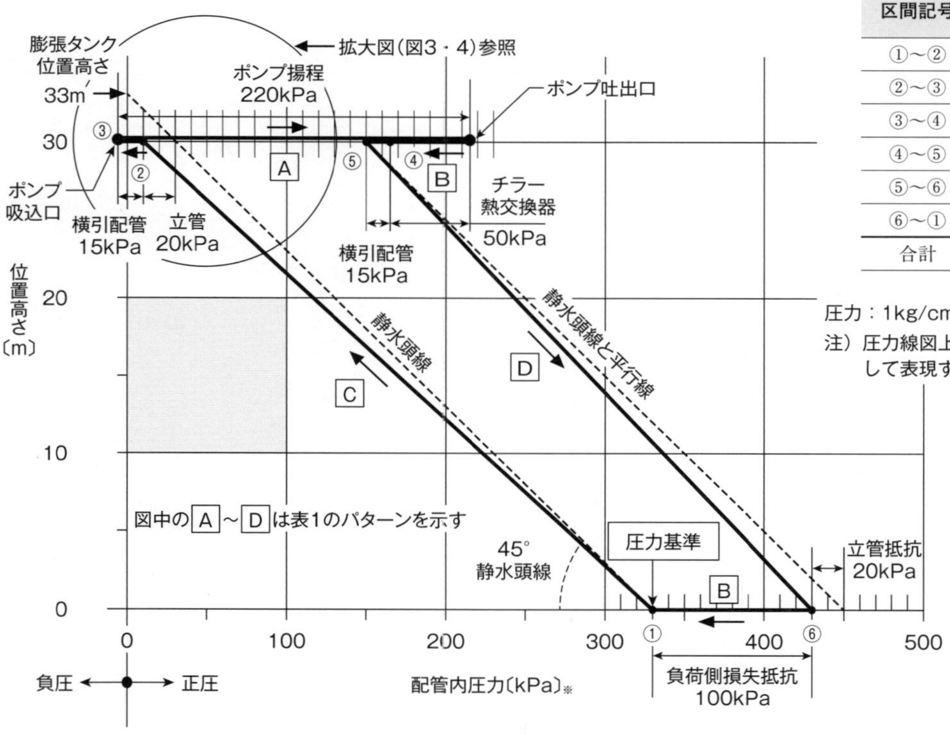

39 配管圧力線図を活用したポンプのエア噛み対策

ポンプの概略揚程計算

区間記号	区間	機器配管抵抗 [kPa]
①〜②	立管（還）	20
②〜③	屋上横引配管	15
③〜④	チラー熱交換器	50
④〜⑤	屋上横引配管	15
⑤〜⑥	立管（往）	20
⑥〜①	負荷側損失抵抗	100
合計	ポンプ揚程	220kPa

圧力：1kg/cm²=98kPa（≒100kPa）
注）圧力線図上は簡略化して位置高さ10m=100kPaとして表現することが多い

第3章 熱源設備

図2 配管圧力線図

立管抵抗 20kPa
負荷側損失抵抗 100kPa
圧力基準
静水頭線と平行線
45° 静水頭線
配管内圧力〔kPa〕※
正圧
負圧

膨張タンク位置高さ 33m
ポンプ吸込口
位置高さ〔m〕
ポンプ揚程 220kPa
横引配管 15kPa
立管 20kPa
チラー熱交換器 50kPa
横引配管 15kPa
ポンプ吐出口
拡大図（図3・4）参照
静水頭線

図中の A 〜 D は表1のパターンを示す

137

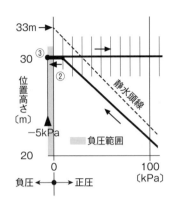 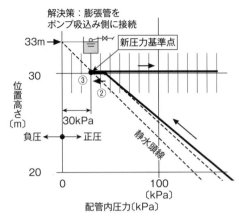

図3　管内圧力が負圧の部分　　図4　膨張管の接続位置変更

た．圧力が最も低くなりそうな箇所に，連成計を当初から設置しておき，本来は，設計施工時に配管圧力線図で検討すべきでした．

圧力線図の活用

ポンプ位置や膨張タンク型式，設定条件などでさまざまなバリエーションがありますが，ここでは，きわめて基本的な条件の圧力線図で解説しました．機器や配管類の耐圧の検討でも圧力線図は非常に有効です．

第4章
給排水衛生設備

40. 井水使用の給湯設備で赤水発生 …………………… 140
41. 配管劣化診断の実施要領 …………………………… 143
42. 内視鏡による排水主管検査 ………………………… 146
43. 内視鏡による排水管閉塞状況の確認 ……………… 149
44. 落雷で給水設備のリレー故障 ……………………… 152
45. 給湯用銅管の腐食対策 ……………………………… 155
46. レジオネラ症の防止対策 …………………………… 158
47. BCP対策を考慮した給水設備の改修 ……………… 161
48. フラッシュバルブの止水不良 ……………………… 164
49. 落ち葉と管理者の戦い ……………………………… 167
50. 排水処理の処理能力向上 …………………………… 170

40 井水使用の給湯設備で赤水発生

相談 ある宿泊施設で，給湯系統の赤水対策で苦慮しています．水は水道水と井水の混合水です．現状は利用者に迷惑がかからないよう，日常運用で対処しているのですが，根本的な対策はありませんか．

某宿泊施設（竣工後40年経過）を例にとり，給湯設備（表1）での赤水発生の解決事例を説明します．

● 赤水の発生

数年前から，客室稼働率が上昇すると，いくつかの客室でお湯を使う際に赤水が出る現象が発生し始めました．

その原因は，炭素鋼鋼管部分の錆の発生が以前より増え，その状況で給湯使用量が増加すると，流速の上昇や急激な補給水流入による貯湯槽内の撹拌などによって給湯配管内部に堆積した錆が剥離し，お湯に混入したためだと考えました．

● 運用変更

対策として，まず貯湯槽の運用変更を試みました．

この宿泊施設の貯湯槽は，客室系と一般系に分かれていますが，連通管で接続されており，通常はバルブを閉止して，系統を分けています．

そこで，客室稼働率が高いときの貯湯槽の温度・水位変動を緩和する措置として，閉止していた連通管のバルブを開放し，すべての貯湯槽が客室系統に対応できるようにして，使用量増大による影響を低減させました．概略は図1のとおりです．

この対策は一定の効果を発揮しましたが，デメリットとしては，系統ごとの給湯使用量の把握ができなくなることが挙げられます．

また，この対策だけでは十分ではなく，浴室使用中の宿泊客からの「色のついた

表1 給湯設備の概要

補 給 水	水道水と井水の混合
給湯方式	中央式．貯湯槽×4台
給湯配管材料	・主に銅管（一部炭素鋼鋼管使用の系統が残存している） ・最近の更新箇所はステンレス鋼管に
薬品添加	防錆剤を投入

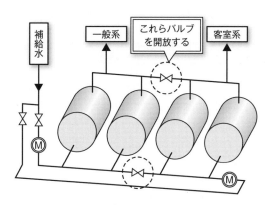

図1　貯湯槽配管周りの概略

お湯が出た」というクレームは完全にはなくなりませんでした．

　錆は粒状なので，配管内の湯の動きが落ち着くと系統内の低い所に溜まるはずです．そこで，客室稼働率が高くなる予定の日は，チェックイン前に，給湯配管の各系統の末端で排水をして，堆積した錆成分を排出することにしました．この作業は，設備員と客室係の数名で行う恒例の作業となり，通称「赤水出し」と呼ばれるようになりました．

　しばらくはこのような日常的な対応でしのいできましたが，毎回2時間程度かかる作業のための人的負担は相当なものであり，また，赤水を発生させて宿泊客に迷惑をかけるリスクを完全に取り除けるわけでもありません．さらに，相当量のお湯を使用せずに排水してしまうのも見逃せないロスといえます．

　そこで，中期の修繕計画の項目として改善策を具体化することとしました．

原因究明

　給湯配管は，竣工当初は炭素鋼鋼管で構成されていましたが，現在は大部分が銅管に変更され，さらに劣化した銅管の系統はステンレス鋼鋼管に更新されており，配管による影響は減少しています．現在もその更新が継続中です．

　配管に起因する以外では井水を混合させた水を使用していることが錆の発生に影響していることが考えられます（表2）．

　改めて定期の水質検査結果を確認したところ，使用している井水は，基準値内に収まっているものの，水道水よりも鉄分とマンガンの値が高く，鉄分が赤水の原因になっていることが判明しました．

対策の検討

　この結果を受けての対策として考えられるのは，①井水の使用を止めるまたは減

表2　建物における井水の使用事例（委員会調べ）

建物用途 （井水使用量）	井水の使用状況や現在に至る経緯
宿泊施設 （140m³/日）	当初は水道水のみ使用していたが，水道コスト削減のため，RO膜ろ過装置などを導入し，井水の使用をメインとした
宿泊施設 （350m³/日）	雑用水として井水を使用していたが，後に除鉄・除マンガン装置を導入し，飲料水としての使用も開始
病　院 （20m³/日）	当初より雨水と混合し，トイレなどの雑用水として使用．塩素消毒で水質を維持
工　場 （300m³/日）	食品加工工場で，ろ過装置を設置し，井水を使用

らす，②除鉄装置を導入する，の2点が挙げられます．

　もちろん，設備に変更を加えず現状の運用方法を維持するという選択肢もありますが，宿泊施設としては根本的な水質改善が望まれます．

　井水を使用するメリットが，水道料金の低減であることは言うまでもありません．この建物では1日230 m³，1か月7 000 m³前後の井水を汲み上げて使用していますので，これを水道水に置き換えた場合のコスト増は膨大なものです．

$$230〔m³/日〕× 365〔日/年〕× 404〔円/m³〕≒ 3 400〔万円/年〕$$

　　※　404円/m³は当該地域の上水道料金単価

　一方，除鉄装置を導入する場合は，機器設置の初期費用と，薬剤などの消耗品購入や保守管理に係る維持費用が発生します．そこで，この建物の衛生設備施工会社などの協力を得て，某社の除鉄・除マンガン装置の見積りをしたところ，概算費用は以下のとおりでした．

- 設置費用：2 000万円
- 保守費用（定期点検）：年間24万円
- 保守費用（薬品・消耗品）：年間12万円

　装置の設置費用は水道料金の1年分に満たない額であり，毎年の維持費用も許容できる額であることが確認できました．

除鉄・除マンガン装置の設置とその効果

　除鉄・除マンガン装置の設置を予算化し，着工が承認され，「赤水防止対策工事」の名目で工事が実現しました．

　その結果，装置の運転開始後しばらくは，赤水の発生が見られたものの，徐々に頻度が少なくなり，現在ではほとんど発生しなくなりました．

41 配管劣化診断の実施要領

冷温水管が使用開始から20年となり，腐食などによる劣化が懸念されています．配管の状態を確認するにはどのような方法がありますか．

SGPなどの鋼管の耐用（使用可能）年数は15～20年，樹脂ライニング管やステンレス管は30～40年といわれています（管理状況によっても大きく年数が変わります）．特に鋼管は，使用年数が長くなると腐食・詰まりなどが進行し，トラブルが発生しやすくなります．そのため，15年程度経過時または何らかの異常（漏水，通水不良）が発生した場合は，配管の健全性を診断する必要があります．

配管劣化診断実施要領

配管の劣化診断を行う前に，設備の資料を収集します．対象となるのは主に以下の図書・図面で，これらを基に，流体・管種ごとに最適な調査方法と調査箇所を検討します．
- 工事仕様書（流体ごとの管種や保温などの仕様）
- 配管システム図（機器表，系統図など）
- 配管平面図（配管の設置位置やサイズがわかる図面）

調査は，配管のすべての部位の劣化状況を調べるものではありません．調査する配管の特性をよく理解し，性状が近似している区間から代表箇所を選んで実施します．その調査データを基に全体の劣化状況を推測し，効率的で精度の高い診断を行います．

調査部位

調査する部位は，大きく以下の3か所に分けられます．
- 主管部：熱源機器，ポンプ周りなど
- 中間部：シャフト内立て管
- 端　部：機器・器具周り

主管部は，一般的に配管サイズが大きく，肉厚もあるので，問題が比較的少ない部位です．

端部は，負荷が多い機器や器具周り配管を選びます．この部位は流量が多く，腐食・閉塞が進行しやすい状況にあるためです．

調査方法

調査方法には破壊調査と非破壊調査の2種類があります．おのおのの特徴があるので，診断目的と診断費用に合った調査方法を選択します．

①破壊調査：サンプリング調査

調査部位を切り出し，配管を半割りに切断して内部を目視で調査します(**写真1**)．錆があれば薬品洗浄して原管部を露出させ，腐食部の肉厚をポイントマイクロメーターなどで測定します．

- 配管内の様子を直接見ることができる
- 精度の高い肉厚測定ができる
- 配管の切出しに水損などのリスクを伴う
- 費用が高い
- 適用管種：ほぼすべての配管

②非破壊調査1：エックス線撮影

配管にエックス線を照射し，内部の様子を観察する方法です．配管の肉厚の違いで写真に濃淡が生じ，腐食の状況が判断できます(**写真2**)．濃度により簡易的に肉厚の測定も行えます．

- 腐食状況が感覚的に理解できる
- 精度の高い肉厚計測はできない
- 継手部の構造が複雑な部位も状況が把握できる
- エックス線照射時の安全確保が必要になる
- 適用管種：ほぼすべての配管

③非破壊調査2：超音波肉厚測定

配管表面に超音波探触子を当て，発振した超音波エコーの時間を測定して肉厚を測定する方法で，精度の高い測定ができます(**図1**)．

- 平滑な直管部の厚さ測定に向いている

写真1 サンプリング調査の事例（管端が腐食欠損したライニング鋼管）

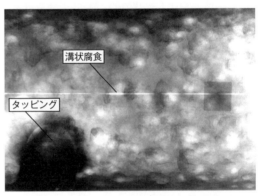

写真2 エックス線撮影の事例（溝状腐食）

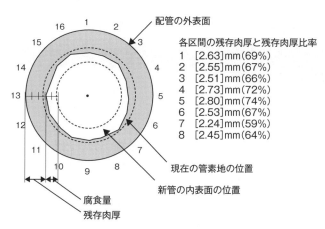

図1 超音波肉厚測定の事例

- 精度が非常に高い
- ピンホールなどの局部浸食部位は測定不能
- ネジ，継手部の測定はできない
- 適用管種：鋼管

④非破壊調査3：内視鏡調査

　カメラケーブルを管内に挿入し，先端のカメラで管表面を撮影して，モニターで状況を確認します（**写真3**）．カメラケーブルが挿入できる開口（排水トラップやエア抜きバルブなど）があれば，比較的簡単に管内の観察ができます．

写真3　内視鏡調査の事例（冷温水配管内部）

- 排水管の閉塞状況などの確認に向いている
- カメラケーブルの届く範囲の調査となる
- 適用管種：ほぼすべての配管

　以上のほかにもいろいろな調査方法がありますが，調査に際しては各調査方法の特徴をよく理解し，建物の機能や第三者に対するトラブルが発生しないよう綿密な作業計画を立てることが重要です．

42 内視鏡による排水主管検査

相談 「レストラン厨房のグリストラップから逆流した」との連絡を受けて，現場を確認後，グリストラップ清掃と高圧洗浄を行いました．しかし，それでも頻繁に排水管が詰まるので，内部に障害物や残留物あるのではないかと思うのですが…．

上記の相談を受けて，内視鏡による排水管内部検査と厨房日常業務の改善を行った事例を紹介します．

グリストラップと床排水溝から逆流現象

この建物のレストランのグリストラップは，バイオ分解による油脂処理が行われ，排水水質については十分に配慮されていました．

ところが，レストランの繁忙時（食器具洗浄時）に敷地排水管と小口径枡の詰まりにより排水が逆流し，排水主管の排水不良現象（写真1）を起こすので，グリストラップ清掃と排水管高圧洗浄を実施しました．

内視鏡検査

高圧洗浄で詰まりを除去したVP200Aの排水管が半年後に再度詰まったので，内部に障害物や残留物があると判断して，高圧洗浄後に内視鏡検査を実施しました※．その内視鏡検査では配管内部に障害物を確認できなかったのですが，内視鏡が水没した状況が見られたので，逆勾配の可能性があると判断し，配管レベルの調査を実施しました．

※ 100Aの配管の場合，曲がり部や継手部の直管端部に照明付きカメラ（直径30mm）が引っかかるので，先端可動式の内視鏡をお薦めする．

写真1 排水の逆流現象（左：高圧洗浄前，右：厨房繁忙期の水面上昇）

146

42 内視鏡による排水主管検査

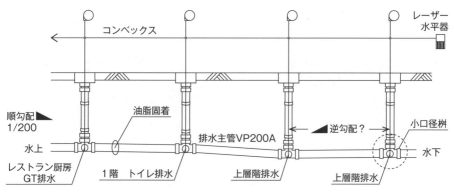

図1 配管レベル調査の作業要領

写真2 レーザー水平器とコンベックスによる管底深さ調査

配管レベル調査

　図1・写真2の要領で，レーザー水平器をセットして基準高さからコンベックスで各小口径桝の管底深さを記録し，順次レベル差を割り出しました．その結果，一部に陥没などによる逆勾配での水溜まりがあるものの，全体では1/200の順勾配であることを確認しました．

原因と日常業務の改善

　内視鏡検査とレベル調査で配管内に大きな問題がないことが確認できたため，排水不良の原因は，食物の残渣や油脂が大量に流れて管壁に固着したためと判断しました．
　そこで，油脂類が下水道施設に及ぼす影響を考慮して，以下のことを順守することで油脂の固着を減少させることにしました．
• 調理で残った油は回収する．

147

写真3　ナイロンパッド(左)によって掻き出されたスカム(右)

写真4　固着油脂の除去治具

- 調理器具や食器などに付着した汚れは，布や紙などでできるだけふき取る．
- ラーメンのスープなどはできるだけ回収する．

　また，以下の付着物清掃作業を定期的に行うこととしました．

①敷地排水主管の付着物清掃(**写真3**)

　煙突掃除の応用で，床掃除用のナイロンパッドを円形鉄板で挟み，両端にステンレスワイヤーを10 m取り付け，水上の桝と水下の桝の両方からワイヤーを綱引きして，配管内の汚れを掻き出します．なお，ステンレスワイヤーの配管内への引込みには，スネークワイヤーの併用をお薦めします．

②固着油脂の削ぎ(**写真4**)

　固着油脂をワイヤーキャップ(75ϕ)と木板($150^\square$)で荒削ぎします．

　これにより，配管内の詰まりを早期に除去することができて高圧洗浄作業を行う必要がなくなったため，排水設備を損傷させずに済み，グリストラップ清掃と高圧洗浄作業費が削減できました．

43 内視鏡による排水管閉塞状況の確認

相談 建物管理会社から業務を引き継ぐ際に,「二重壁内の湧水槽への排水管に詰まりがあるので,十分留意してほしい」との説明を受けました.詰まりの原因と詰まりをなくす方法を教えてください.

湧水槽への排水パイプで,白華現象※による閉塞物を除去した事例を紹介します.

※ 白華:コンクリートに含まれるセメントの成分(石灰分など)が外部から浸透してきた地下水(湧水)に溶け出し,室内側にしみ出して固まったもの.これが浮き上がる現象を白華現象(efflorescence／エフロレッセンス)という.

建物管理会社が抱えていたトラブル

前任の管理会社から,排水トラブルに以下のように対処していたと説明を受けました.

① 地下2階の高圧受変電室の外壁から湧水が室内に流れ出ている.毎日3回程度,灯油用ポンプとビニールホースで二重壁内の湧水を機械室床排水桝に流し込んでおり,その都度,高圧受変電室の防火扉を開閉し,ビニールホースの着脱をしている.

② ①のように人海戦術で対応しているのは,床と排水パイプ内の堆積物の斫りを行うと,二重壁内の防水層(図1)を損傷させるおそれがあるためである.

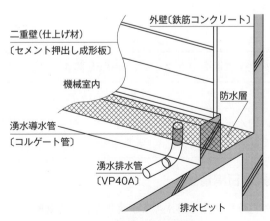

図1 二重壁排水管の構造

③ 機械室床排水桝にフロート付き水中ポンプをセットするが，そのままのポンプアップでは放流先の桝から床に排水があふれてしまうので，バルブを付けて流量調整をしている(**写真1**).

④ 機械式駐車場のマシンピットへ湧水が流入していると専門点検業者から毎月指摘があったので確認したところ，揚重装置の鉄骨ベースプレートに錆があることを発見し，早急な措置が必要になっていた.

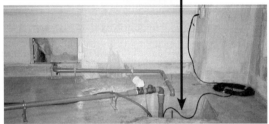

写真1　二重壁内の湧水排水処置(ポンプアップ配管)

🔍 堆積・閉塞物の除去作業と内視鏡による閉塞状況の確認

現場の状況を確認して白華による閉塞と判断し，以下の手順で配管の詰まりを除去しました.

竣工図より，白華でふさがれてしまった湧水床排水口(**写真2**)を探し出した.

⬇

タガネ，電気ドリル，スネークワイヤーを用いて床排水口に接続している排水管内の白華を除去(**写真3**).

⬇

内視鏡で白華が完全に除去できたことを確認(**写真4**).

⬇

続けて機械室の排水桝も，ワイヤー洗浄機やワイヤーブラシなどを用いて，排水管内の白華を除去(**写真5**).

🔍 処置後の効果と日常管理

各所排水管内の白華除去後は排水障害が改善され，定期的に行っていた排水作業は必要なくなりました（二重壁内の湧水を排水する排水管は機能しているものの，

43 内視鏡による排水管閉塞状況の確認

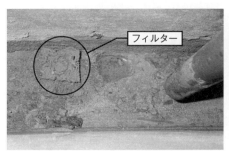

写真2　白華が堆積した排水溝

写真3　排水管の掘り起こしと管内白華の除去

写真4　内視鏡による管内状況の確認

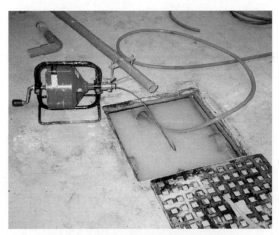

写真5　排水桝・排水管内の白華除去

仮設の水中ポンプは万一のため現状のままとしています).

　なお，日常管理として白華を除去するためのフィルターの洗浄と交換を定期的に実施しています.

151

44 落雷で給水設備のリレー故障

相談 避雷設備がない共同住宅を賃貸経営しているのですが，落雷による設備の故障にはどのような事例がありますか．また，住宅に有効な落雷対策があったら教えてください．

　共同住宅で発生した落雷によるリレーの故障とその対応事例を題材に，需要家側で可能な対策を紹介します．

◎ 柱上変圧器落雷焼損の影響

　夏の夕方，東京都内で落雷があり，電力会社の柱上変圧器（**写真1**）が焼損しました．変圧器の焼損によって送電地域一帯の動力系統が停電しましたが，その共同住宅の管理者が停電に気づいて各所に連絡を取り始めたのは，深夜になってからのことでした．

　管理者が深夜まで停電に気づかなかった理由の一つは，動力系統のみの停電であり，共同住宅の電灯やコンセントには影響がなかったためです．もう一つは，屋上の高置水槽に残水があり，動力系統の揚水ポンプが起動しなくてもすぐに断水とはならず，深夜に高置水槽の水を使い切ってはじめて断水となって，動力系統の停電が判明したからです（**図1**）．

写真1　柱上変圧器の設置例

152

44 落雷で給水設備のリレー故障

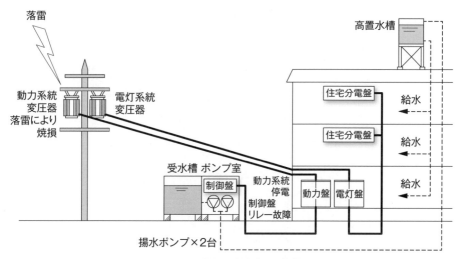

図1　落雷と共同住宅の概要

◉ 電力会社による復電と揚水ポンプ起動

　管理者から連絡を受け，共同住宅に到着して上記の状況を聞き取り，電力会社に連絡を取りました．深夜，電力会社によって焼損した柱上変圧器が交換（**写真2**）された後，動力系統の復電が確認できたので給水設備の復旧を試みました．

　給水設備が正常であれば，高置水槽の水位が一定レベルまで下がると揚水ポンプが自動運転し，受水槽から高置水槽に水が補給されます．また，水位がさらに低いレベルになると減水警報が作動し，管理者に異常を知らせます．

　ところが，高置水槽にはほとんど水が残っていない状態で復電したにもかかわらず，減水警報は作動せず，揚水ポンプは自動起動しませんでした．さらに，手動運転で満水状態にしても警報が作動しないことから計装系リレー関係の故障と特定し，復旧作業に当たりました．

　しかしながら，この共同住宅には予備のリレーがなく，すぐに完全復旧させるのは困難でした．深夜とはいえ断水したままにはできず，ポンプ室と高置水槽に作業員を配置して，連絡を取り合いながら手動運転で高置水槽に揚水しました．その間に最寄りの事業所でリレーを調達し，交換作業と動作試験を行いました．夜を徹しての対応になりましたが，朝までに給水設備を完全復旧させました．

◉ 共同住宅の落雷対策

　高圧配電線路には架空地線の避雷設備が設置されていますが，柱上変圧器が落雷焼損した場合，この事例のように誘導雷が配電系統に波及することで，リレーなど

153

写真2　バケット車による高圧線工事例

が故障するおそれがあります．

そこで，この事例の共同住宅ではそうした誘導雷対策として電源用SPD（サージ保護デバイス）を設置しました．直接被雷しなくても近くに雷の大電流が流れた場合，電磁誘導で発生するサージなどでPCや電子精密機器が破損する可能性もあるため，SPD設置やシールド対策は有効と考えられます．また，一般的には，20m以下の建物では建築基準法による避雷設備（避雷針）設置義務はありませんが，多雷地域では設置を検討するとよいと思われます．

さらに，共同住宅の設備などを早急に復旧するために，日頃から緊急対応できる専門業者（電気・設備・建築）とのホットラインを構築しておくことをお薦めします．

45 給湯用銅管の腐食対策

相談 給湯用銅管の腐食により，天井からの漏水が頻発しています．有効な対策があったら教えてください．

銅管は，施工性がよく，優れた抗菌作用があるため，給湯配管として広く用いられています．しかし，使用環境によっては腐食が発生することも知られています．

ここでは，漏水した銅管と水質の分析結果を基に，腐食対策を提案した事例を紹介します．

漏水原因の調査依頼

この事例の建物は，竣工後10年を経過した頃から給湯用銅管の漏水が頻発する

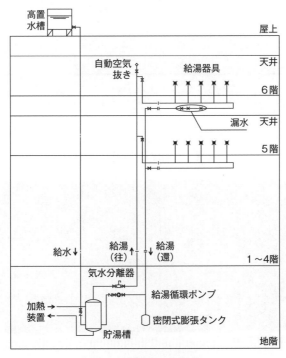

図1　事例の給湯設備

ようになりました．給湯方式は，**図1**のような循環密閉式給湯システムが採用されており，漏水の多くは最上階にあたる6階系統の給湯（5階天井内）で発生していました．

このような背景から，漏水原因の究明のため，金属材料の研究機関に調査を依頼しました．

漏水した銅管の分析結果

その結果，銅管内面の腐食による漏水だとわかりました（**写真1**）．

また，腐食が内面上部に集中していることから，管内で気水分離した溶存ガス（溶存酸素や残留塩素）によるエア溜まりが存在している可能性を指摘されました（**写真2**）．腐食した部分には緑青スケールの盛り上がりが確認され，漏水部分の形状とスケールの分析結果から，銅管のⅡ型孔食であると判定されました．

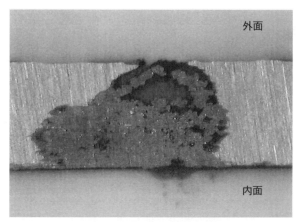

写真1　漏水した銅管の断面

写真2　銅管の内面上部の状況

⬤ Ⅱ型孔食の発生要因

孔食には種類があり，Ⅰ型孔食が主に給水や冷水，冷却水系統の銅管に発生するのに対して，Ⅱ型孔食は主に循環式の給湯用銅管に発生します．

Ⅱ型孔食が発生しやすい水質の特徴は，

- マトソン比（硫酸イオン／重炭酸イオン）が1より大きいこと
- 残留塩素濃度が高いこと
- 流速が遅いこと

の3点です．これらの要因が相互に作用し，孔食の発生を助長しています．加えて近年では，溶存ガスの過飽和も発生要因の一つであると言われています．

⬤ 水質の分析結果

この事例の給湯水質は，硫酸イオン（SO_4^{2-}）32mg/L に対し重炭酸イオン（HCO_3^-）50mg/L であったことから，マトソン比は0.64と小さく，この点ではⅡ型孔食発生傾向の水質とは言えませんでした．しかし，給水中の残留塩素濃度は0.5ppmを超えており，一般的な管理値より高い濃度が検出されました．

マトソン比が小さくても残留塩素濃度が高い場合には，Ⅱ型孔食が発生するおそれがあります．塩素は高い酸化力によって水を滅菌していますが，金属に対しては強い腐食作用をもたらします．レジオネラ属菌などによる汚染防止の観点から，建築物環境衛生管理基準では，末端栓における残留塩素濃度を0.1ppm以上とするよう定められていますが，金属腐食を防止する上では，過剰な塩素注入を見直す必要があります．

⬤ 腐食対策の提案

孔食発生のリスクは，溶存ガスの除去と残留塩素濃度の管理によって低減することができます．現在，地下に設置されている気水分離器では溶存ガスを低減するのが困難なので，新たに開放式脱気装置を設置するなど，管内の溶存ガスを大気に放出する方法を建物所有者に提案しました．

新築や増築で新たに銅管の使用を検討する場合は，脱気装置の導入に加えて，エア溜まりができない配管施工と腐食対策された銅管（STC銅管）の選定をお薦めします．

漏水が発生した場合は，補修クランプなどを用いて応急対応を行い，後日，配管の盛り替え工事を実施する事例が多く見られます．しかし，水損を未然に防ぎ，配管全体の寿命を延ばすには，原因を追究して対策を講じることが非常に重要になります．

46 レジオネラ症の防止対策

相談 最近，レジオネラ症の発生やレジオネラ属菌の検出による施設営業停止などのニュースを耳にします．給湯設備や浴場施設などでのレジオネラ属菌の防止対策を教えてください．

● レジオネラ症とは

　レジオネラ症は，レジオネラ属菌による感染症で，レジオネラ属菌を含んだエアロゾル（微粒子状の水）を吸い込むことにより感染し発症します（図1）．レジオネラ症の感染源には中央循環式給湯設備，浴槽，冷却塔，水景（人工池や噴水など），加湿器などがあります．

　レジオネラ症は，「レジオネラ肺炎」と「ポンティアック熱」に大別されます．ポンティアック熱は熱性疾患で比較的軽症ですが，レジオネラ肺炎は高熱，悪寒，筋肉痛，意識障害などを起こし，治療が遅れると死に至ることもあります．レジオネラ症の

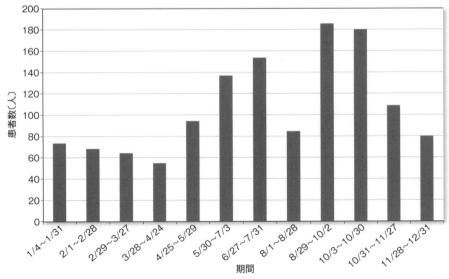

データ出典：国立感染症研究所感染症疫学センター「感染症発生動向調査週報」2016年通巻第18巻
第1号～第52号

図1　2016年の国内のレジオネラ症患者報告数

発症者は男性が多く，年齢別では50歳以上が90%近い割合を占めています．高齢者や乳幼児，病気などによって免疫力が低下している人は，レジオネラ症を発症しやすい傾向があります．

レジオネラ属菌

レジオネラ属菌は湖沼や土壌などに広く分布している細菌です．一般に20～40℃で繁殖し，繁殖に最も適した温度は36℃前後と言われています．また，アメーバなどの微生物の細胞内に寄生して増殖する性質があります．粉塵や人体に付着したレジオネラ属菌が浴槽水などの人工水系に侵入し，配管内壁などに付着しているアメーバなどの微生物の細胞内で増殖します．そして，増殖した菌が再び大量に水中に放出されます．この菌が水系で発生したエアロゾルに含まれ，肺に吸い込まれてレジオネラ症を発症します．

レジオネラ症防止対策

レジオネラ症防止対策の要点は「殺菌」と「清掃」です．レジオネラ属菌が寄生する微生物はヌルヌルした生物膜（バイオフィルム）を生成し，これが保護膜となって，薬剤の殺菌作用から宿主の微生物とレジオネラ属菌を守ります．

そこで，薬剤や加熱などによる「殺菌」でレジオネラ属菌と微生物の定着と繁殖を抑え，また繁殖の温床となる微生物や生物膜を物理的・化学的な作用で「清掃」除去し，さらに定期的な菌検査によって菌の有無を確認する（水質基準：不検出，10 CFU/100 mL 未満）という管理体制やルールを構築します．細菌検査の実施回数は，各自治体の条例や，「レジオネラ症防止指針」（（公財）日本建築環境衛生教育センター刊）に感染危険因子の点数により推奨される回数が示されているので参照してください．

以下に，主要な設備の対策の概要を記します．

○中央循環式給湯設備

給湯設備は，加熱によって殺菌塩素剤が消失しやすいので，高温殺菌が主要な対策になりますが，高温による熱傷事故防止に留意が必要です．

• 給湯水温度の維持：貯湯槽で60℃以上，給湯栓出口で55℃以上
• 貯湯槽，膨張水槽の定期的な清掃・殺菌の実施
• 水の滞留箇所(低温域)の解消，排除

○浴場施設

浴場施設での菌検出が多く報告されています．シャワーや気泡浴など，エアロゾルを発生する箇所が多いので注意を要します．

• 浴槽水への塩素剤注入：頻繁な遊離残留塩素濃度の測定による適切な濃度管理
• ろ過器入口への塩素剤注入：ろ材の殺菌も併せて実施

- 浴槽(循環系配管を含む)の毎日完全換水・清掃実施．循環式の場合でも週1回以上の完全換水・殺菌・清掃実施
- ろ過器逆洗洗浄と洗浄後のろ材殺菌実施(週1回以上)
- 薬剤による浴槽循環配管付着バイオフィルム除去(年1回以上)
- 殺菌剤注入装置の作動状況確認
- シャワーホースやシャワーヘッド内部の定期的な分解清掃・殺菌実施

○冷却塔・冷却水配管

　冷却塔は構造上，感染源になりやすいため，居住域や換気用外気取入口から十分離して設置することが望まれます．

- 運転開始時(シーズンイン)と運転終了時(シーズンオフ)に塔内と配管の殺菌・洗浄実施
- 運転期間中の殺菌剤注入と薬剤濃度管理
- 微生物や藻類付着状況の点検と清掃実施（清掃時の排水は循環配管内に混入させない）

　レジオネラ症防止対策の詳細は，厚生労働省告示や各自治体の条例，厚生労働省の「循環式浴槽におけるレジオネラ症防止対策マニュアル」を参照してください．

　レジオネラ症発生により施設の利用者も所有者・管理者も甚大な被害・損害を受けることになりますので，日常の衛生管理を確実に実施することが重要です．また，レジオネラ属菌が検出された場合の対応を，管轄保健所に確認しておくことも必要です．

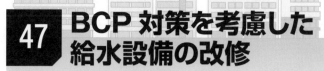

47 BCP対策を考慮した給水設備の改修

毎年実施している給水設備点検の際，受水槽と揚水ポンプの劣化を指摘されました．改修工事を検討する上でBCP対策も考慮に入れたいのですが，災害時にも断水が生じにくい給水方式があったら教えてください．

受水槽を更新する場合，既存水槽の解体や架台などの据付け部分の補修に費用がかかります．また，受水槽更新後にも，定期清掃や保守点検などの費用は変わらず発生します．

ここでは，ランニングコストを低減した上で，BCP（事業継続計画）対策を考慮した給水方式に改修した事例を紹介します．

建物と給水設備の概要

［建物概要］
- 所　在　地　　　：東京都内
- 規　　　模　　　：地上6階建て
- 建 物 用 途　　　：事務所ビル
- 延 床 面 積　　　：1 000 m²

［既存給水設備概要］
- 経　　　年　　　：36年（改修履歴なし）
- 受水槽設置状況　：半地下の受水槽室に設置
- 受水槽容量　　　：2.5 m³，六面体
- 受水槽の給水方式：定水位弁（FMバルブ）
- 揚水ポンプ　　　：2.2 kW×2台
- 高置水槽設置状況：屋上
- 高置水槽容量　　：1.0 m³，六面体（補修済み）

［給水設備点検時の指摘事項］
- 受水槽架台の腐食，破損
- 揚水ポンプの漏水

給水方式の検討

既存と同様の給水方式を採用した場合，現状の受水槽設置スペースが不十分なことが問題です．というのも，通常の更新工事では，受水槽を新設した後，既存の水

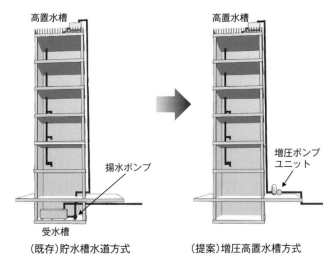

図1 給水方式の変更

槽と切り替えることで断水期間を最小にします．しかし，既存の水槽を完全に撤去しないと新たな水槽を設置できない現状では，数日間，断水することになります．

このような問題があったため，当初，建物所有者には「直接給水方式」を提案しました．その後，検討を進める中で，補修した高置水槽はBCP対策の観点から残したほうがよいとの案が挙がったため，「増圧高置水槽方式」を採用することになりました（図1）．

改修工事の実施

既存給水方式から増圧高置水槽方式へ変更するにあたり，増圧ポンプユニットの設置が必要で，その設置場所は取引用水道メーター近くが望ましいため，屋外に設置スペースを確保しました．

増圧ポンプユニットの設置と盛替え配管の施工は，受水槽を活かした状態で実施することができました．また，既存配管切替え工事などの断水を伴う作業は，事務所ビルの休業日に実施しました．作業は10時間程度で完了し，テナントの業務に影響を与えることなく，10日間で改修工事を終えることができました．

工事の際の注意点

東京都水道局では，浄水場でつくった「安全でおいしい水」をそのまま蛇口まで提供するために，「貯水槽水道の適正管理」や「直結給水化の普及・促進」などの取組みを推進しています．

貯水槽水道方式からの切替えに際して，配水管分岐部から水道メーターまでの増

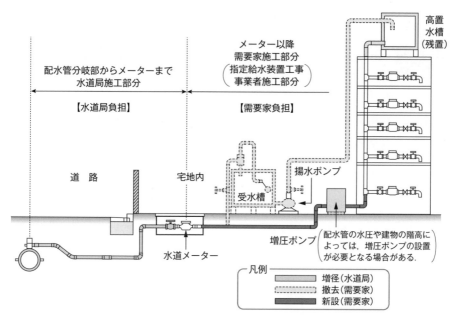

図2 水道局と需要家の施工範囲

径工事が必要な場合がありますが，この工事は水道局の施工範囲となります（**図2**）．

今回の工事では増径工事は不要でしたが，東京都指定の給水装置工事業者に調査を依頼する必要があります．

改修工事の効果

既存と同様の給水方式を採用した場合と工事金額を比較すると，数日間の断水を伴うリプレイスが360万円であるのに対して，本工事は270万円でした．加えて，受水槽を廃止したことで，水槽の検査や清掃にかかる年間10万円程度の費用を削減できました（残置する高置水槽の検査と清掃は，再契約で年間4万円となりました）．

また，半地下の受水槽室跡地は，飲料水などのBCP備蓄品が収納できるよう，倉庫への改修工事を提案しました．

BCP発動時でも安全性の高い水質を確保できる上，予定された工事金額を抑えることができ，さらに受水槽の維持にかかる費用も削減できました．

48 フラッシュバルブの止水不良

相談 雑用水利用トイレの大便器でフラッシュバルブの止水不良により水使用量が増加し，事後対応のための部品交換が頻発しています．どのような対策があるのでしょうか．

　この相談は病院管理担当者からのもので，水使用量が急増した原因を調査した結果，器具ではなく，雑用水供給システムに原因があった事例です．

建物の概要，不具合の概要

　事例の建物は，開院後7年が経過した，病床数約800床の総合病院です．トイレ用水は，排水処理水を利用した雑用水を使用しており，設備の運用管理を行う中で，使用水量が突然急激に上昇する現象が発生しました．

　流量計などをチェックしましたが異常はなく，設備の調査をした結果，トイレの大便器で使用しているフラッシュバルブの止水不具合が多数発生し，その影響で使用水量が増加していることが判明しました．

不具合状況の調査

　通常であれば，止水不具合となったフラッシュバルブやパッキンの部品交換という事後保全となります．

　しかし，今回は7年間と使用期間が短いにもかかわらず，交換部品の費用が発生していることから，腐食・劣化の原因の調査・報告をするよう，病院関係者から求められました．

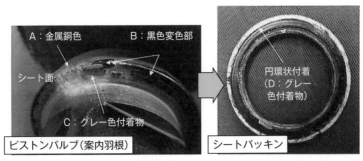

写真1　案内羽根とシートパッキンの状況

164

写真2　案内羽根シート部の削れの状況

　そこで，メーカーに当該品の調査を依頼しました．その結果，青銅製（BC6※1）バルブ（内面アクリル樹脂電着塗装）の案内羽根シート部の一部が削れて素地が露出し，シートパッキン（EPDM※2＋補強網 SUS304）は劣化してシート面が凹み，白い付着物が見られるとの外観観察による所見でした（**写真1**）．

※1　BC6：青銅鋳物．旧 JIS BC-6CB，新 JIS CAC406CB
※2　EPDM：エチレンプロピレンジエンゴム

　この白い付着物は使用水中の有機物が付着・堆積したと考えられ，案内羽根シート部の黒色変色部分は母材が酸化腐食したとの見解でした．また，削れ部は，該当箇所に筋状のラインが見られることから，通常使用動作の中で，有機物がパッキンと案内羽根シート部の間にはさまり，水質や水流の影響を受けて削られるように腐食・潰食したとの見解でした（**写真2**）．

　そして，構造上や材質上の不具合が直接の原因ではないので，運用上で定期的（4～5年程度）にパッキンとフラッシュバルブの交換対応を要するというのがメーカーの結論でした．

　一方，雑用水供給システムの調査によると，雑用水製造施設でミジンコ（カイミジンコ）が周期的に発生しており，それが衛生器具に運ばれて付着有機物となり，腐食・潰食の原因となっていました（**図1**）．

🔍 原因の分析と今後の対策

　原因は，雑用水製造施設で，後生動物（ミジンコ）発生とその越流・拡散の管理が

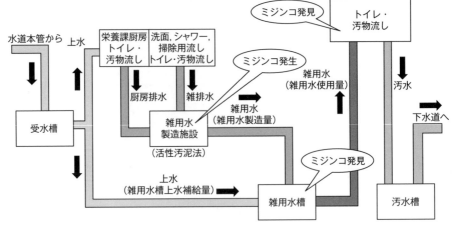

図1 雑用水製造フロー

できなかったことでした．その結果，発生したミジンコを含む汚泥が雑用水配管系統に流出し，通常の雑用水環境を悪化させ，雑用水仕様の弁締切り機能部分での腐食・潰食を発生させて，弁寿命を縮めることになり，締切り不良の弁が短期間に頻出しました．

その対策として，以下の汚泥管理，越流管理，ばっ気管理を行いました．

○汚泥管理

越流対策として，（バルキング汚泥解体対応）最終沈殿槽からの汚泥の越流を防ぐため，次亜塩素酸の注入，汚泥負荷調整，返送汚泥とばっ気槽DO（溶存酸素）管理を行いました．

○越流管理

雑用水配管系統への流入対応として，雑用水移送ポンプ水槽流入口にフィルターを設置しました．

○ばっ気管理

後生動物発生量管理として，ばっ気管理（継続対応）と薬品投入（緊急対応）を実施しました．

こうした対策の結果，現状は，弁不良の頻出は解消に向かっており，通常の雑用水仕様の使用環境に戻りつつあります．

49 落ち葉と管理者の戦い

相談　当学校は森の中にあるキャンパスで，秋は紅葉がきれいな名所です．しかし，その落ち葉が排水溝に詰まり，雨が降ると屋上が水浸しになってしまって困っています．何かよい対策法はないでしょうか．

　この相談のように，植栽が豊かな場合には，その落ち葉の影響が問題になることがあります．

　季節ごとの落ち葉の量は樹木の種類などで差異がありますが，一般的には，落葉広葉樹の葉が全部一度に落ち，常緑針葉樹は冬季もいつも葉があるように見えます．これは，常緑針葉樹の葉が落ちないのではなく，一枚一枚の葉の寿命が長く，また，葉の全体量も多く，一本の木に余命の異なる葉が付いているので，全部が同時に落葉しないためと考えられています．

　ちなみに，照葉樹の落葉量の季節変化は 5 月が一番多いことが報告されています[12]．また，季節ごとのばらつきと同様に，台風などの影響で落ち葉の量が変化することも報告されています．

　相談の敷地は学校で，地方自治体の貴重木に指定されるようなクスノキの巨木やケヤキ，スズカケ，スギ類などの大木が多くあります．これらの落葉樹・針葉樹・照葉樹が，芽吹き時期・落葉時期に多量の葉を校舎屋上のルーフドレン・雨樋に落として詰まらせ，屋上をプール状態にして，漏水などの問題を起こしていました．そのため，落葉時期には頻繁に清掃を行い，負担になっていました．

問題点の整理と対策方法の検討

　植栽と排水設備の配置を変更することや，落ち葉を防ぐことは困難です．そこで，ある程度の落ち葉が堆積しても，ルーフドレンが排水不良にならない対策を模索検討する中，ルーフドレンに金網製のフィルターをかぶせて排水面積を増やし，落ち葉の影響を低減させることを考えました．

　しかし，ルーフドレン設置場所には，さまざまな条件があり，既製品の金網があるわけでもありません．そのため，加工しやすい材料を用いて，各ルーフドレン金物に合わせて加工した金網が必要となり，材質と加工性，コストなどを比較検討しました（**表 1**）．

　その結果，ビニール被覆金網を使って加工することになりました（**写真 1**）．

表1 金網の材料比較

	ステンレス金網 （SUS304，2.5メッシュ）	工作用鉄製金網 （網目5mm）	ビニール被覆金網 （10mm角，黒被覆）
材料コスト※	8〜9	3	1
耐久性	最高	1か月程度で錆が目立ち陳腐化	良．2年間使用で問題なし
加工性	硬く，加工しづらい	とても加工しやすい	良

※ 1か所当たりの単価（ビニール被覆金網を1としたときの比率）

①資材：ビニール被覆金網，カラー鉄線，金切ばさみ

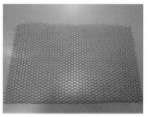
②金網を切断

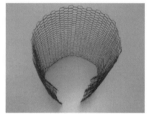
③金網を丸める

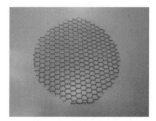
④ふた用金網を切断

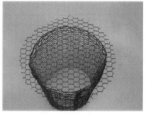
⑤円柱状に組み合わせ

⑥完成

写真1 金網の制作手順

対策の結果

それぞれのルーフドレンの形状と設置状況に応じた金網を製作して取り付けた前後の状況（対策前と対策後）は，**写真2**のとおりです．

オーダーメイドのルーフドレン金網フィルターを設置することにより，落ち葉の季節だけでなく一年中，屋上がプール状態になることはなくなり，また，清掃回数を減らすこともできました．

都市の環境において緑を増やす試みが増えています．緑が増えると，落葉樹に限らず，ルーフドレンが詰まるリスクが増えます．この事例での対策は，同様な悩みを抱えるほかの現場からも，参考になるとの評価を得ています．

49 落ち葉と管理者の戦い

金網取付け前	金網取付け後

①すぐに落ち葉で詰まる	①' 清掃頻度を減らしても排水機能に支障なし

②ドレンが詰まってプール状態	②' 清掃頻度を減らしてもプール状態にならない

③落ち葉で詰まっている状況Ⅰ	③' プール状態にならなくなった状況Ⅰ

④落ち葉で詰まっている状況Ⅱ	④' プール状態にならなくなった状況Ⅱ

⑤落ち葉で詰まっている状況Ⅲ	⑤' プール状態にならなくなった状況Ⅲ

写真2　金網取付け前と取付け後の比較

50 排水処理の処理能力向上

相談 工場の増産に伴って排水負荷が増加したため，排水処理が困難な状態になってしまいました．排水処理設備を増設する以外に，何か対策はないでしょうか．排水は，活性汚泥処理法で処理しています．

● 活性汚泥処理法を用いた排水処理

排水中の有機物を処理する方法として，最も一般的なのが活性汚泥処理法です（図1）．活性汚泥槽内の活性汚泥（微生物）が，排水中の有機物を餌として捕食することで排水が処理されます．捕食処理された排水と活性汚泥は，沈殿槽で固液分離され，上澄み水が処理水として放流されます．

活性汚泥処理法は非常に安価な排水処理方法ですが，以下の課題があります．

- 処理速度が遅く不安定

微生物の捕食活動を利用しているため処理速度が遅く，排水負荷や水温などの影響を受けやすく，処理が不安定です．

- 糸状性バルキング[※1]の発生

排水負荷が高くなると糸状菌が繁殖してバルキングが発生し，沈殿槽での固液分離が困難となり，処理水中に活性汚泥が流出するなど，処理水が悪化します．

　※1　糸状性バルキング：糸状菌の異常増殖により活性汚泥の沈降が進みにくく，上澄み水が得られなくなり，処理水が悪化する障害．

- 余剰汚泥の発生

沈殿槽で固液分離された活性汚泥は余剰汚泥となり，産業廃棄物として処分するため処理コストが掛かります．さらに，国内における総産業廃棄物量に占める汚泥

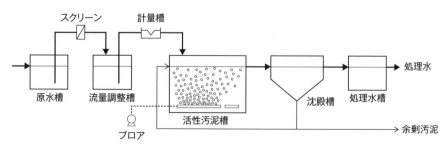

図1　活性汚泥処理法の排水処理設備

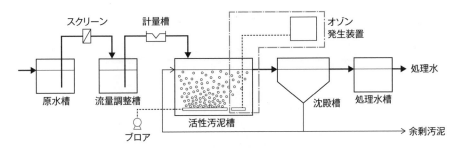

図2　オゾン利用排水処理システム

の割合は，無機性汚泥なども含めると43%（平成28年度実績）もあり，大きな環境問題になっています．

オゾン利用排水処理システム

活性汚泥処理法の処理能力向上技術として，オゾンを利用した「オゾン利用排水処理システム」があります（図2）．

活性汚泥槽に適正量のオゾンを供給することで，オゾンに耐性のある微生物群が形成されて活性汚泥の活性が向上するため，排水処理の能力と安定性が向上します．

このシステムの導入効果は以下のとおりです．

- 処理可能水量の増量

同じ処理設備であれば，排水量が15〜30%増量しても良好な処理が可能です．100%増量（＝2倍）した排水を処理した実績もあります．

- 処理水質の改善

BOD，SS，色度，臭気が大幅に改善します．通常の活性汚泥処理では150 mg/L程度以上は処理困難と言われているn-Hex[※2]も，数百mg/Lであれば十分処理が可能です．

　　※2　n-Hex（ノルマルヘキサン抽出物質）：水中に含まれる動植物油脂や鉱物油のほか，界面活性剤，石鹸，アルコールなども含まれる．

- 糸状性バルキングの発生防止

オゾンの酸化力によって表面積の広い糸状菌が優先的に死滅していくため，糸状性バルキングの発生を防止します．発生防止率の実績値は100%です．

- 余剰汚泥の削減

余剰汚泥の締まりがよくなって脱水効率が向上するため，脱水汚泥の15〜30%減量化が期待できます．

食品製品製造工場への導入事例

生産品目の変更があって排水負荷が高くなった食品製造工場の排水処理設備に，

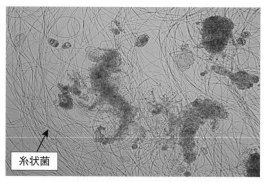

写真1　活性汚泥150倍（オゾンなし）

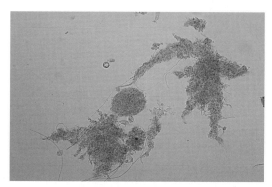

写真2　活性汚泥150倍（オゾンあり）

　このシステムを導入した事例を紹介します．

　その排水処理設備では，排水量120m³/日，排水BOD1 000～2 000mg/Lの排水を処理していましたが，生産品目の変更により，さらにBOD20 000～30 000mg/Lの高負荷排水を処理するようになったため，糸状性バルキングが常時発生する状態となりました．

　そこで，このシステムを導入して活性汚泥槽に適正量のオゾンの供給を開始したところ，1週間後には糸状菌が死滅して活性汚泥の沈降性が大きく向上し，沈殿槽からの活性汚泥の流出がなくなりました（**写真1・2**）．また，黄土色であった処理水がオゾンの酸化力によってほぼ無色透明になりました．これは，処理水にオゾンガスを添加して色度除去する高度処理とほぼ同等の脱色性能でした．

　排水負荷が増加して処理が困難な状態であった排水処理設備に「オゾン利用排水処理システム」を導入することで，安定的に良好な処理が行えるようになりました．

第5章
電気設備

51. 電力需要増加への対応 …………………………………… 174
52. 原因不明の瞬時漏電 ……………………………………… 177
53. 漏電と電気火災を防ぐ取組み …………………………… 180
54. 活線状態での漏れ電流測定 ……………………………… 183
55. 非常用自家発電設備の点検方法 ………………………… 186
56. トップランナーモーターへの交換 ……………………… 189
57. エレベーターのリニューアル工事 ……………………… 192
58. 水銀条約による蛍光ランプの販売規制 ………………… 195
59. 蛍光灯からLEDへの改善提案 …………………………… 198
60. 照明システムのソリューション ………………………… 201

51 電力需要増加への対応

相談 　小規模複合用途ビルで飲食チェーン店舗の入居希望がありました．要望仕様を見ると電気容量が大きく，このままでは変圧器の増設工事が必要になります．何とか工事を回避する方法はないでしょうか．

🔍 建物所有者の困りごと

あるテナントビルで新たに営業飲食店2店舗が入居予定となり，その新規要求電力容量は以下のとおりでした．
- 飲食チェーン店A：電灯35kW＋動力45kW
- 夜間営業飲食店B：電灯45kW＋動力60kW

これに伴い，テナントビルの所有者が電気主任技術者に確認したところ，図1に示すように既存受変電設備に，以下の工事が必要とのことでした．
① 75kVA動力変圧器の増設工事
② VCB（高圧真空遮断器）[※1]への変更改修工事（上位の既存LBS（高圧交流負荷開閉器）[※2]は変圧器設備容量300kVAを超えるため）

テナントが新たに2店舗入居となるのは大変喜ばしいことなのですが，それに対応するのに，このままでは工期と高額な更新改修費用が掛かることになってしまい

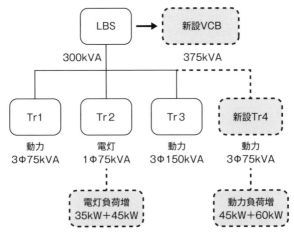

図1　電気主任技術者が提案した幹線系統図

ます．そのため，これを何とか回避しつつ，新規テナントの要望に応えたいというのが，建物所有者の希望です．

> ※1　VCB：電気は，入り切りしたときに火花が飛ぶことは多くの人が経験上知っているが，その火花が6 600Vや22 000Vの高圧となると，相当危険である．高圧の場合の火花は「アーク」と呼ばれる放電現象で，遮断器はこのアークを消弧することができる．原理によって油遮断器（OCB），真空遮断器（VCB），ガス遮断器（GCB），磁気遮断器（MBB），空気遮断器（ABB）などの種類がある．
>
> ※2　LBS：通常使用している電流の開閉ができる機器で，気中開閉器，油入開閉器，真空開閉器，ガス開閉器などの種類がある．LBSに電力フューズを取り付けることにより，遮断器の設置を省略することができる．

対象テナントビルの概要

- 所　在　地：東京都23区内
- 階　　　数：地下1階地上9階建て
- 延床面積：1 656 m²
- 建物用途：複合用途ビル

電気設備の使用現状調査

建物所有者が希望しているとおりに増設改修工事を回避する方法としては，一般的に，既存の電気系統からの分岐や配線の盛り替えが考えられます．その場合，単純に切り替えてしまうと，入居後に大きなトラブルを抱えることにつながりかねないので，一時的に高負荷になる回路を見極めるなど，慎重に検討する必要があります．

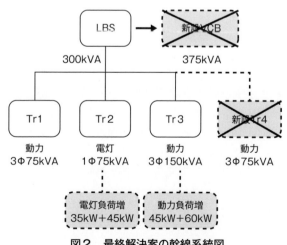

図2　最終解決案の幹線系統図

そこで，まず電力会社から発行されている過去1年間のデマンド値と使用量のデータを収集するとともに，電気主任技術者が保管している5年分の記録を提供してもらい，分析を行いました．

その結果，変圧器設備容量300kVAに対してデマンド契約容量が157kWで，デマンド値は変圧器の設備容量の50～75%に設定することが多いことからすると，全体的には余裕があることがわかりました．

また，2月25日（暖房時期）から1か月間，各変圧器に電力測定器を設置しピーク電力を測定して，現状の各変圧器負荷が以下のとおりであることが把握できました．

- Tr1（3φ75kVA）：最大電力55kW，稼働率73%
- Tr2（1φ75kVA）：最大電力30kW，稼働率40%
- Tr3（3φ150kVA）：最大電力50kW，稼働率33%

ちなみに，現在の幹線系統は図1のとおり，動力用変圧器150kVAと75kVAが各1台，電灯用変圧器75kVAが1台という編成なのですが，電気月報と単線結線図を見て負荷を確認したところ，動力75kVAで1階を除くビル全体をまかない，動力150kVAで1階の飲食店をまかなうというバランスの悪い状況でした．

この点について電力設備機器リストを調べてみると，1階の飲食店で使用している44kWのガス給湯器2台・88kWが後から加えられて157.3kWと記載されていました．このことから，以前に75kVAの動力変圧器を増設した際に，既存の150kVA動力変圧器で1階動力をまかない，75kVA動力変圧器で他の動力をまかなうよう，電気主任技術者が変更したことが判明しました．

◯ 解決策の実施

上記調査の結果を踏まえると，今回入居を計画している夜間営業飲食店Bが必要とする電力量は電灯45kW＋動力60kWですが，17：00開店であることからピークシフトが可能であり，盛夏の冷房負荷にも余裕をもって対処できることがわかりました．

そこで，図2に示すように，VCBや変圧器の新規導入は行わず，動力変圧器75kVAと動力変圧器150kVAからの盛り替え工事のみで対応することにし，これを建物所有者に提案して承認をもらい，工事を施工しました．

現場の調査測定と分析によって，入居者の要望する電力量の確保と賃貸料の増収はもちろんのこと，工期の短縮や工事費の削減に貢献できました．

52 原因不明の瞬時漏電

 ある病院で漏電警報が頻発していますが，数秒で復帰してしまい原因特定ができません．
漏電遮断器を用いずに漏電監視装置を設置し，漏電時の回路遮断を行わせない仕様の場合，原因特定のよい方法はありませんか．

この相談のような設備仕様は，病院ではよく見られ，漏電監視装置の受持ち範囲が広いほど，漏電発生時の調査範囲も広くなります．さらに漏電が瞬時となると，原因特定の作業は，根気よく進めていくしかありません．
同様のケースの漏電発生から解決までの事例を以下に紹介します．

漏電の発生経緯

某病院（昭和56年竣工）での出来事です．ある日，防災センターの中央監視装置で警報が鳴り，漏電の発生を知らせるランプが点灯しました．しかし，すぐに消灯してしまいました．
電気室の継電器盤内に設置されている漏電警報装置の表示を確認したところ，配電盤の一つ（非常電灯盤 No.3）で発報があったことが確認できました．その後，何事もなく数日が過ぎましたが，再度同様の警報が発報しました．以後，不定期な発報が継続するという状況となり，非常電源系統ということもあって，問題解決に着手することにしました．
事例の電力系統の略図と作業内容は，図1のとおりです．
調査1で配電盤内での漏電回路を特定し，調査2で電灯分電盤内の漏電回路の特定と問題解決を行いました．

調査1　配電盤内での漏電回路の特定

この建物の漏電警報装置が漏れ電流を検出するのは配電盤ごとです．今回発報した配電盤の回路は十数回路あり，その中から漏電回路を人の手で特定しなければなりません．
作業に必要な測定器は，ピークホールド機能付きの漏電クランプメーターです．これを回路に設置し，漏電警報が発報するのを待ちました．
作業手順は図2のとおりで，この作業を繰り返した結果，ある病棟の4階の電灯分電盤で漏電が発生していることが特定できました．

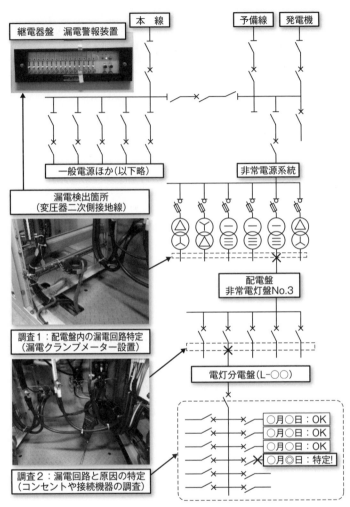

図1　電力系統の概略図と今回の作業内容

調査2　電灯分電盤の漏電回路と原因の特定

　問題の電灯分電盤は，主に個室の病室向けでしたので，一室ずつ点検する必要がありました．

　分電盤内には照明回路とコンセント回路がありましたが，瞬時の漏電ですので，コンセントや接続機器の何かに問題がある可能性が高いと考え，コンセント回路から調べることにしました．

　患者が入院している病室は点検ができないので，対象となる病室のチェック表を

作り，実施のつど記録を残し，次の作業者に容易に引き継げるようにして作業を進めました．

病室内での作業は，コンセント周りの目視点検，接続されている機器の点検と動作確認です．主な使用機器は電動ベッドでしたので，ベッドを操作する際に，漏電警報が発報するか否かを確認しました．警報が発報したら，防災センターから作業者に連絡し，直ちにベッド操作を止める手順ですので，双方の連絡を密にすることが肝心です．

1日に点検できる室数は限られますので，根気よく作業を進めていき，ある日，病室のベッドを操作したところ，防災センターから「漏電警報発報！」との連絡が入りました．

コンセント側に異常は見当たらず，ベッドに問題があると判断し，メーカーに修理を依頼しました．

なお，今回の確認作業の途中で，ある病室のベッド下のコンセントプラグにほこりが堆積しているのを発

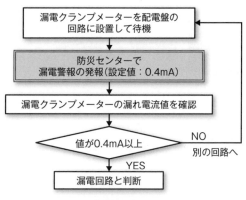

図2　漏電回路特定の作業フロー

写真1　ほこりを被っているコンセントプラグ

見しました（**写真1**）．当初，「これが原因では？」と疑いましたが，調べた結果，漏電とは関係ありませんでした．

ただし，放置しておくと，付着したほこりと湿気によってプラグの両極間で火花放電・発火するトラッキング現象のおそれがある状態でしたので，トラブル発生前に発見できたのは幸運でした．

漏電の原因は先のベッド1台とは限らず，また，コンセントの外観点検も必要と判断し，病院側に残りの全室も点検する提案をしました．

点検を継続した結果，他の病室では特に問題は見られず，警報発報もなくなりました．

漏電発生から作業終了まで1か月以上要しましたが，懸案が解決しました．

53 漏電と電気火災を防ぐ取組み

相談 電気設備で怖いのは漏電による感電事故と電気による火災の発生ですが，漏電事故の対策と電気火災の防止策を教えてください．

漏電対策がされていないと，人的被害として感電災害が発生する可能性が高くなります．また，われわれの暮らしに欠かせない電気製品は，誤った使用方法により，電気火災の原因になることもあります．

漏電事故の対策

○漏電遮断器の設置

現在では，漏電遮断器の設置が，低圧電気（交流 600 V 以下，直流 750 V 以下）の感電災害の防止対策として最も優れた方法と考えられています．感電災害の多い電路や人が容易に触れやすい電路には，労働安全衛生規則第 333 条（漏電による感電

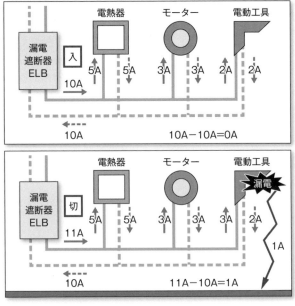

図 1 漏電遮断器の仕組み（上：正常時，下：異常時）

53 漏電と電気火災を防ぐ取組み

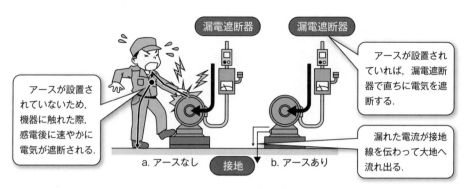

図2　電気設備の接地

防止）や電気設備技術基準の解釈第36条で設置を義務づけています．
　漏電遮断器は，回路や電気機器で漏電が生じた場合，漏電を自動的に検出して，電源ラインを瞬時に遮断して事故を防ぎます（図1）．
○アースの設置
　漏電遮断器は，いざというときに動作しないと，設置しても意味がありません．また，アース（接地線）を付けていない電気機器が漏電している場合は，往路と復路に差異が生じにくいので漏電遮断器は働きません．絶縁不良などによって電気機器に漏電が生じると，電気機器の金属ケースには大地との間に電圧が生じます．人がこれに触れると，人体を通して電流が大地へ流れることで感電します．このとき初めて漏電遮断器が働くため，感電事故の対策になりません．
　そこで，図2に示すように電気機器の金属ケースを接地することで，万一漏電した場合でも，人体より抵抗値の低いアースを通じて，大地へ電流を流すことができます．結果，金属ケースに生じる電圧を人体に危険のない程度に低く抑えることができます．
　感電事故の対策には，漏電遮断器と電気機器のアースを併せて設置することが必要不可欠です．
○漏電遮断器の動作確認
　回路で漏電が発生した異常時は，図1下に示すとおり，電流の差が生じます．この差を検知することで，漏電遮断器は電源を遮断し，感電を防ぎます．
　竣工前の試運転時や，改修工事で既設の動力盤を再利用する場合など，漏電遮断器が確実に機能するかを確認する必要があります．図3のようにテストボタンを操作することで，電源の遮断や警報の出力を確認できます．

電気火災の防止策

　東京消防庁の資料によれば，全火災の約20％が電気火災とされています．新聞

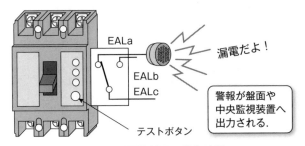

図3　漏電遮断器の動作確認

やテレビで,「この火災の原因は漏電によるものと思われる」といった報道がありますが,漏電遮断器が付いていれば,漏電による火災は起こり難いのが現状です.電気火災は,コンセントや電線の接続箇所での発熱(ジュール熱,アーク熱)やトラッキング現象,各種のショート(短絡)が主な原因と考えられます.

東京消防庁管内の電気火災の発生原因は,2014年度1020件中,電気ストーブが78件,差込みプラグが59件,コンセントが45件,コードが45件,蛍光灯42件,屋内線が40件などとなっています.電気ストーブは,見た目には直火がなくて安全に見えますが,暖房器具であり,高熱を発することに変わりはありません.燃えやすいものから距離をとるなど,十分な注意が必要です.

コードは,見えない「半断線」があると発火します.電気配線を曲げ伸ばしたときなどに,スイッチを入切した状態になる電気製品の配線は,半断線の可能性があります.また,コンセントの抜き差しで,プラグ本体を持たずコードを引っ張ったり,ねじったりすると半断線の原因になることがあります.

差込みプラグが原因の火災59件のうち,トラッキング現象による火災は,6割弱となっています.トラッキング現象とは,コンセントに差し込んだプラグの露出電極の間に付着してたまった綿ぼこりなどが,湿気を帯びて微小なスパークを繰り返し,やがて電極間に電気回路が形成されて出火する現象です.トラッキング現象による火災は,家具の裏などの隠れた部分で発生するので,発見が遅れて思わぬ被害につながる場合があります.

トラッキング現象による火災を防ぐため,差込みプラグは,可能であれば使用時以外はコンセントから抜くようにします.長時間差したままのプラグは,定期的に点検し,乾いた布などで清掃して,発熱などの異常がある場合は交換します.特に,ほこりや湿気の多い環境にあるものや,家具などの陰に隠れているものには,注意が必要です.

その他のポイントについては,各年の消防庁広報テーマ8月号を参考にしてください(毎年8月は電気使用安全月間です.).

54 活線状態での漏れ電流測定

相談 総合病院で動力用変圧器のB種接地線に流れる漏れ電流を測定したところ，異常に多いことがわかりました．病院では部分停電にするのは難しいので，活線状態で原因を調査する方法を教えてください．

病院は24時間稼働で，停電させるのが困難な場合があります．そこで，電気を止めずに活線で絶縁状態を診断した事例を紹介します．

測定基準を知る

電気設備技術基準・同解釈に定められた「低圧電路の絶縁性能」の基準は表1のとおりです．ここで，100〔V〕÷1〔mA〕= 0.1〔MΩ〕ですから，絶縁抵抗の測定が困難な場合（＝活線点検による診断）は，電路を停電して行う絶縁抵抗測定と同義であると言えます．

病院では，医療従事者をはじめとして，患者が医療機器に接する機会が多く，1mAの漏れ電流も見逃すことができません．

表1 低圧電路の絶縁性能

電路の使用電圧		絶縁抵抗値
300V以下	対地電圧150V以下	0.1MΩ以上
	対地電圧150V超	0.2MΩ以上
300V超		0.4MΩ以上
絶縁抵抗測定が困難な場合		漏えい電流1mA以下

漏れ電流の測定方法

この事例で問題になったのは空調負荷でした．測定する負荷の結線図を図1に，負荷の構成と漏れ電流の帰還ルートを図2に，測定結果の一部を表2に示します．

動力用変圧器のB種接地線に流れる漏れ電流が異常に多いため，同じ変圧器系統負荷の漏れ電流をくまなく測定し

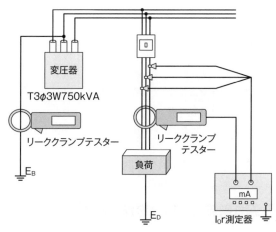

図1 測定する負荷の結線図

183

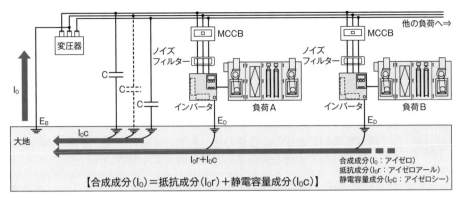

図2　負荷の構成と漏れ電流の帰還ルート

表2　漏れ電流測定結果（一部抜粋）

機器名称	定格〔kW〕	インバータ	I_0〔mA〕	良否	$I_0 \cdot F$〔mA〕	良否	$I_0 r$〔mA〕	良否
変圧器B種接地線の漏れ電流	—	—	170.1	—	48.5	—	29.4	—
5F　分娩-LD空調機　（送風機・排風機）	5.9	INV	18.20	×	1.20	×	0.18	○
4F　透析室空調機　（送風機）	5.5		2.10	×	2.10	×	0.32	○
4F　透析室空調機　（排風機）	1.5		0.72	○	0.69	○	0.10	○
4F　透析室空調機　（全熱交換器）	0.1		0.10	○	0.10	○	0.02	○
4F　病理検査室空調機　（全外気・送風機）	3.7	INV	17.49	×	0.49	○	0.01	○
4F　MEセンター空調機　（送風機）	1.5		1.03	×	1.03	×	0.08	○
4F　MEセンター空調機　（排風機）	0.75		0.28	○	0.28	○	0.08	○
4F　MEセンター空調機　（全熱交換器）	0.1		0.28	○	0.26	○	0.02	○
3F　ICU室空調機　（送風機・排風機）	7.4	INV	19.37	×	16.00	×	0.12	○
3F　ICU室空調機　（全熱交換器）	0.1		0.01	○	0.01	○	0.01	○
2F　検体検査室空調機　（全外気・送風機）	15.0	INV	25.48	×	5.17	×	0.11	○
2F　内視鏡室空調機　（送風機）	3.7		0.24	○	0.24	○	0.15	○
1F　放射線診断空調機　（送風機・排風機）	17.0	INV	36.74	×	2.53	×	0.17	○
1F　放射線診断空調機　（全熱交換器）	0.1		0.12	○	0.07	○	0.01	○
B1F　核医学室空調機　（全外気・送風機）	7.5	INV	23.80	×	1.56	×	0.02	○

ました．汎用品のリーククランプテスターと活線メガー（$I_0 r$ 測定器）でそれぞれ測定し，比較を行いました．

漏れ電流には厄介者が潜んでいる

　変圧器B種接地線の漏れ電流が異常に多かったのは，合成成分「I_0」を計測してい

たことが原因でした．本当に知りたい漏れ電流は，電気火災や感電に直結する抵抗成分「I_0r」です．しかし，静電容量成分「I_0c」の増加により，見かけ上の漏れ電流値が増加していました．

静電容量による漏れ電流は，感電事故が少なく，火災に直結しないとされていますが，漏電遮断器の不要動作などの思わぬ悪影響を及ぼすことがあるので，正しく測定して対策を講じたいところです．

測定結果（表2）の考察

漏れ電流が1 mA以上の不良点数は，I_0が8点，$I_0 \cdot F$（アイゼロフィルターモード）が7点，I_0rが0点で，絶縁性能は問題ありませんでした．ただし，精度が求められる活線診断では，結果に大きな差が生まれ，本来ならば不良ではない回路も不良と判断してしまうので注意が必要です．事例の測定では，火災や感電のリスクとなる抵抗成分の漏れ電流は少なく，インバータから発生する高調波やケーブル長による静電容量成分が多い傾向が，顕著に現れる結果となりました．

汎用品のリーククランプテスターの多くに高調波をカットするフィルターモードがあり，表2の測定結果のように有効ではあるものの，知りたい真の値とはまだ乖離があります．

事例では，抵抗成分「I_0r」のみを正しく計測しましたが，変圧器B種接地線には分電盤16面，400回路から漏れ電流が帰還し，漏れ電流はおのずと多くなります．変圧器B種接地線に流れる平常時の漏れ電流と，負荷の漏れ電流を相対的に診断することが重要です．

55 非常用自家発電設備の点検方法

相談 非常用自家発電設備に係る消防法が改正され，負荷運転に代わる運転性能確認方法が追加されたとのことですが，どのような内容でしょうか．

　非常用自家発電設備は，火災時に商用電源が停止した場合にも消防用設備へ電力を供給しなければなりません．この設備を確実に稼働させるには適切な維持管理が必要なため，消防法で点検基準が定められています．
　ここでは，2018年6月に改正された「非常用自家発電設備の点検方法」の内容を紹介します．

改正の背景と要点

　消防法で定められた非常用自家発電設備の点検には，6か月ごとの機器点検と1年ごとの総合点検があります．以前は，総合点検時に負荷運転を行わなければならないとされていましたが，実負荷点検に伴う商用電源の停電や疑似負荷装置の配置が困難という問題がありました．
　このような背景から消防庁で検討を続けた結果，自家発電設備の負荷試験規定が改正されました．
　改正によって，総合点検時，ガスタービンを除く内燃機関を原動力とする非常用発電設備（ガスエンジンやディーゼルエンジンなど）について負荷運転または内部観察等を実施し，運転性能確認を行うことになりました．
　改正の要点は，次の四つになります．
①運転性能確認方法の追加
　総合点検における運転性能確認方法は，改正前は負荷運転のみでしたが，改正後は負荷運転による点検または「内部観察等」による点検のいずれかを選択できるようになりました．
　内部観察等については，後述します．
②運転性能確認の実施期間延長
　運転性能の維持に係る「予防的な保全策」が講じられている場合，負荷運転または内部観察等による運転性能確認の実施期間を，最長6年まで延長することが可能になりました（**表1**）．
　予防的な保全策についても後述します．

55 非常用自家発電設備の点検方法

表1　負荷試験または内部観察等の実施期間延長

	2016年	2017年	2018年 （1年）	2019年 （2年）	2020年 （3年）	2021年 （4年）	2022年 （5年）	2023年 （6年）	2024年 （1年）
総合点検 （1年ごと）	○	○	○	○	○	○	○	○	○
機器点検 （6か月ごと）	○	○	○	○	○	○	○	○	○
内部観察等 （1年ごと）	－	－	－	－	－	－	－	○ ※1	－
負荷試験 （1年ごと）	○	○ ※2	－	－	－	－	－	○ ※1	－
予防的な 保全策 （1年ごと）	－	－	○	○	○	○	○	○ ※3	○

改正前 ◄――► 改正後

※1　内部観察等または負荷試験のいずれかを実施する.
※2　2017年6月以降に負荷運転を実施した場合.
※3　運転性能確認を実施した年でも予防的な保全策を講じることが望ましい.

③ガスタービンの負荷運転不要

　原動機にガスタービンを用いる自家発電設備は，負荷運転による運転性能の確認が不要になりました．これは，ガスタービンの無負荷運転時の機械的な負荷と熱的な負荷がディーゼルエンジンの負荷運転と同程度なので，運転性能を確認するには無負荷運転でも問題ないとされたことによります．

④換気性能点検は無負荷運転時等に実施

　換気性能点検は，負荷運転時ではなく，無負荷運転時等に実施するよう変更されました．

　また，改正前の換気性能の確認は，室内の発電機周囲温度の上昇で行っていました．しかし，発電機に十分な負荷をかけられない場合の温度上昇はわずかであり，加えて，外気温度に大きく依存するため，換気装置等の異常検出が困難でした．

　このため，改正後は温度による確認に代わって，自家発電設備を始動させて，機械換気設備や換気口が適正に作動することを点検することになりました．

🔍 改正の要点解説

○内部観察等

　内部観察等は，「機器内部の観察，潤滑油や冷却水の成分分析を実施し，腐食，劣化等がないことを確認すること」とされています．項目は次のとおりです．

・過給器コンプレッサー翼，タービン翼，排気管等の内部観察
・燃料噴出弁等の確認

第5章　電気設備

- シリンダー摺動面の内部観察
- 潤滑油，冷却水の成分分析

　シリンダー摺動面の内部観察については，燃料噴出弁の取付け孔から内視鏡を使用して，損傷を確認することができます．

　自家発電設備の不具合は，内部確認等の点検によっても検出が可能です．これらはすべて，2018年の改正によって加えられた項目です．

○予防的な保全策

　予防的な保全策を講じることで点検の実施期間を延長することができるのは先に述べたとおりですが，この場合，当該保全が講じられていることを示す書類を報告に際して添付することとされています．消防庁通知の例示では，それぞれの部品のメーカーの交換（点検）周期と前回実施した交換（点検）年月を記載するようになっています．なお，予防的な保全策として確認すべき項目と交換すべき部品は次のとおりです．

- 確認すべき項目

　予熱栓，点火栓，冷却水ヒーター，潤滑油プライミングポンプがそれぞれ設けられている場合は，1年ごとに確認が必要です．

- 交換すべき項目

　潤滑油，冷却水，燃料フィルター，潤滑油フィルター，ファン駆動用Vベルト，冷却水用等のゴムホース，パーツごとに用いられるシール材，始動用の蓄電池等は，メーカーが指定する推奨交換年内に交換が必要です．

　従前の点検方法を科学的に検証した結果，消防法における非常用自家発電設備の負荷試験規定が改正されました．

　火災による停電時に自家発電設備から給電できなければ，スプリンクラーや消火栓，排煙設備が使用できなくなり，人命に危険を生じるおそれもあります．非常時に必要な設備こそ，日頃のメンテナンスが重要です．

56 トップランナーモーターへの交換

 ポンプを改修するにあたり、トップランナーモーターを利用したいのですが、その際の注意点を教えてください.

　わが国の家庭用、ビルなどの業務用、工場などの産業用を合わせたモーターによる年間消費電力は全消費電力量の約55%を占めると推計されており、多量のエネルギーを消費する機器となっています. 2015年時点で、これらのモーターの97%がIE1(標準効率)レベルです[14].

　こうした背景の中、日本でも、2015年度から国際標準であるIEC規格のIE3(プレミアム効率)レベルをトップランナー基準とし、「省エネ法」の特定機器に追加されました. トップランナー化により、これらのモーターがすべてIE3に置き換えられると、電力削減量は全消費電力量の約1.5%, 155億kWh/年と試算されており、100万kWの原子力発電所1.5基分に相当します(図1).

省エネ法の対象範囲

　省エネ法の対象となる三相誘導電動機は、JIS C 4034-30「回転電気機械-第30部:単一速度三相かご形誘導電動機の効率クラス(IEコード)」で規定される適応範囲を基に、次の①から⑦までの条件をすべて満たすものです.

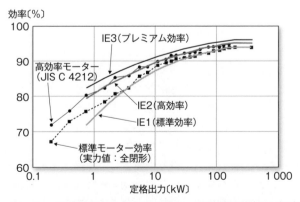

図1　モーター効率値の比較(IE1～IE3, 標準効率と高効率の比較.
　　　4極 200V 50Hz IP4X)

① 定格周波数または基底周波数が，50 Hz±5%のもの，60 Hz±5%のもの，または50 Hz±5%および60 Hz±5%共用のもの
② 単一速度のもの
③ 定格電圧が1 000 V以下のもの
④ 定格出力が0.75 kW以上375 kW以下
⑤ 極数が2極，4極または6極のもの
⑥ 使用の種類が以下のアまたはイの条件に該当するもの
　ア　電動機が熱的な平衡に達する時間以上に一定負荷で連続して運転する連続使用(記号：S1)のもの
　イ　電動機が熱的平衡に達する時間より短く，かつ，一定な負荷の運転期間および停止期間を一周期として，反復する使用（記号：S3）で，一周期の運転期間が80%以上の負荷時間率を持つもの
⑦ 商用電源で駆動するもの

トップランナーモーターに交換する際の注意点

　トップランナーモーターは，従来モーターとは異なる点があり，既設モーターをトップランナーモーターに交換する際は，以下のような注意が必要です[15]．
○取り合い寸法が合わないサイズがある
　特に開放型の18.5 kW以上は，汎用モーターと比べて寸法が大きくなるので，取り合い寸法の確認が必要です．
　取替えの際には，カップリングやプーリーの交換，モーターベースの改造が必要になります．
○汎用モーターと比べて回転速度が速くなる
　定格回転速度が，汎用モーターと比べて20〜30回転程度速くなります．ポンプやコンプレッサー，ファン，ルーツブロア，クーリングタワーなどで使用する際，回転速度が上がることで仕事量が増え，モーターの出力が増加することにより電流値が大きくなります．定格電流値ぎりぎりで使用している場合は，定格を超えてオーバーロードとなる場合もあります．
　定格電流を超える場合，ファンならばダンパー調整で，ポンプならばバルブ調整で，仕事量を減らす必要があります．インバータが設置されている場合は，周波数を下げることで対応が可能ですが，トルク不足にならないよう注意が必要です．
○始動電流が大きくなる傾向がある
　効率が高くなった分，モーターの滑りが減少し，始動電流・突入電流が大きくなる傾向があります．図2に示すように，始動電流や突入電流が増加して，配線用遮断器やサーマルリレーが作動する可能性があります．また，最悪の場合，モーターコントロールセンター(MCC)内の機器やモーターなどが破損・焼損し，重大な電

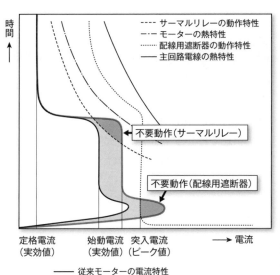
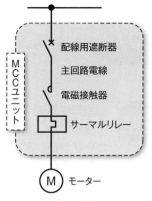

図2　一般的なモーターの保護協調

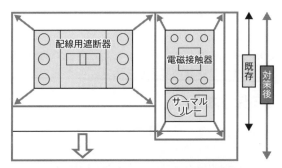

図3　MCCユニットサイズの影響例

気事故につながる可能性もあります．このため，トップランナーモーターの特性に合わせた適正な保護協調が必要です．

　省エネルギーへの潮流から，モーターのトップランナーへの変更は避けて通れない話です．ただし，既存の設備でモーターだけを異なるものに取り換えるというのはあり得ない話で，MCCユニットサイズへの影響のほか，外形サイズの変更，ベース架台の変更が必要になります（**図3**）．

　これらの事柄に注意を払ってはじめて，トップランナーモーターを設置することにより，建物設備の省エネルギー，CO_2削減に大きな貢献をすることができるのです．

57 エレベーターのリニューアル工事

相談 当院は築後 25 年目の病院です．先ごろ，「製造終了から 20 年経過した機種について保守部品の供給を停止する」旨の連絡がエレベーターメーカーからありました．エレベーターを早急にリニューアルしたほうがよいでしょうか．

◯ エレベーターの保守契約の種類

　エレベーターの保守契約には，POG (Parts Oil and Grease) 契約とフルメンテナンス契約があります．
　POG 契約には，日常の定期点検，劣化・摩耗・汚損が発生する機器の維持（清掃，注油・給油，測定，調整など），経年により劣化が進行する機器の劣化状況診断と，ヒューズ類や白熱表示灯など，一部の消耗部品の交換が含まれます．
　一方，フルメンテナンス契約は，文字どおり全部をカバーする契約で，上記に加えて，電動機の整備と部品交換，ロープの交換など，安全・機能・性能を維持するための部品交換が契約内に含まれます．しかし，電動機の交換，制御・運転方式の変更，かご内装品・乗降ロビー側の扉枠などの意匠的な部分は含まれません．

◯ 遠隔監視による保守体制

　最近の新設エレベーターの多くは，遠隔監視・診断装置が付置されています（既存のエレベーターへの取付けも進んでいます）．遠隔監視・診断装置によって，エレベーターごとの運転状況や運転履歴データを保守会社のセンターに集めることができ，予防保全のための部品交換をする時期の把握なども可能になっています．

◯ エレベーターの耐用年数

　エレベーターの法定耐用年数は，17 年と定められています．しかし，実際の平均耐用年数は 25 〜 30 年といわれており，（公社）ロングライフビル推進協会 (BELCA) 発行の『建築物のライフサイクルマネジメント用データ集』では，更新周期 30 年を LCC 算定の根拠として挙げています．ただ，実状はそのとおりではないことが多く，ある施設では運転時間の長いエレベーターは設置から 33 年で更新しましたが，運転時間が短いものは延命により設置 40 年まで更新しないものもあります．

メーカーとしては，保証期間を過ぎると老朽化や保守部品の欠品などにより，安全性を保障できないという話もあります．その一方で，リニューアル工事を行った建物の中古部品を集めて整備し，ストック補充するなどの努力をして，部品在庫の減少に対応しているメーカーもあります．実際，筆者の経験でも，在庫切れの部品を近隣都道府県で探したり，他地域のサービスセンターから取り寄せるのに時間がかかったケースがありました．

エレベーターの更新の種類

エレベーターが設置された後，初期故障期，安定稼動期を過ぎて摩耗故障期に入ると，部分的な原因による故障が発生し，また全体の機能低下が見られるようになります．

エレベーターの所有者には，建築基準法第12条に基づき，1年に1回の定期検査・報告の義務があります．しかしながら，更新を義務づける法的な規制は存在しません．リニューアル（更新）は別の理由から，たとえば，故障が多発する場合は安全上や使用便宜上から，デザインが陳腐化した場合は美観上の理由から，種々行われます（表1）．

要素技術の革新事例

エレベーターの技術革新に伴って，最新の機能を導入することもリニューアル時に行われます．そうした要素技術の一つに，1998年に登場したマシンルームレス化があります．

ちなみに，2016年時点の既設・新設のエレベーターは約74万台で，そのうち機械室なしのエレベーターは約25万台と割合を増す一方，機械室ありは約29万台，油圧式は約8万台と，新設での採用が減少しています．

既存不適格の問題

近年の挟まれ事故や震災などを契機に，法改正がなされてきました．したがって，表1に示す確認申請を提出するリニューアル時には，それら最新の法規に適合した状態にすることが義務づけられます．一方，確認申請を出さない工事では，たとえば，現行法令では既存不適格になっていても建築基準法は遡及適用されないため，20年前の法令に基づいて設置されたエレベーターを引き続き使用することができます．しかし，安全性などの点で問題がないかどうかは別問題です．

エレベーターに求められる機能や安全基準などの社会的要求も年々変化しています．また，利用状況やメンテナンスの契約状況によって，物理的劣化の度合いが異なり，最適なリニューアル時期も変わってきます．現場での管理の状況，メーカーの部品の在庫や供給状況を日頃から確認しておき，リニューアルの時期や内容を判

表1　エレベーターリニューアルの種類と特徴

	全撤去新設	準撤去新設	制御リニューアル
特　徴	すべての機器を取り外して取り替える	躯体に取り付いている機器を外すことなく作業	機械室内機器の取替え，多少の意匠関係の取替え
建築工事	• 機械室の床はつり，穴あけ，埋め戻し • 電気配線の延長 • 各階壁仕上げ • 各階床仕上げ • 行政指導による付帯工事	• 機械室の床はつり，穴あけ，埋め戻し • 電気配線の延長 • 行政指導による付帯工事	• 機械室の床はつり，穴あけ，埋め戻し • 行政指導による付帯工事
工期(目安)	45 日／1 台	25 日／1 台	4 日／1 台
金　額	本体：安い，建築工事：高い	本体：高い，建築工事：安い	本体：安い，建築工事：安い
主な採用例	建物のリニューアルに合わせて	テナントビル，自社ビル，エレベーターが2台あるビル・マンション	低階床・小規模ビル，個人オーナーのビル・マンション，エレベーターが1台のビル
行政への届出	建築確認申請	建築確認申請	建築基準法12条報告
メリット	すべての機器が新しくなる	• 建築関連工事費が安い • 停止期間が短い	• 建築関連工事費が安い • 停止期間が短い • 価格が安い • 確認申請が不要
デメリット	• 停止期間が長い • 建築関連工事費が高い • 確認申請が必要	• オーダー品となるため本体が高い • 確認申請が必要	• 既存の機器が多数残る • 意匠面で代わり映えしない

断する必要があることは言うまでもありません.

58 水銀条約による蛍光ランプの販売規制

　水銀条約により蛍光灯の販売が中止になると聞きました．今後どのような展開になると予想されるかを教えてください．

　水銀使用製品に対する規制によって蛍光ランプが使用できなくなるのではないか，という相談がありました．
　ここでは，照明を取り巻く現状と予想される今後の展開を紹介します．

照明器具の歴史と性能

　照明の歴史をたどると，1879年に白熱電球が誕生して以来，約60年ごとに大きな発展が見られます．蛍光ランプは1938年，白色LEDは1996年に誕生して，急激に省エネ性能が向上しています（表1）．こうした背景のもと，国内メーカーは2012年に白熱電球の生産を終了しました．また，経済産業省は2013年，LEDランプをトップランナー規制の対象に加え，2017年度目標基準値を出しました．

水銀条約

　世界の水銀需要は年間3 000～3 900tといわれており，さまざまな分野で使用されています（表2）．そのうち，照明器具に用いられる水銀は150～350tで，製品に一定量以上の水銀を含有する蛍光ランプなどが水銀条約（正式名称「水銀に関する水俣条約」）の規制対象になります．熊本で採択されたこの条約は，人の健康や環境に対して水銀が与えるリスクを低減するため，包括的な規制が定められています．施行スケジュールは製品ごとに異なり，蛍光ランプは2018年1月1日から，高圧

表1　各種ランプ比較[16]

	白熱電球	電球型蛍光ランプ	白色LED[※1]	白色LED[※2]
効率〔lm/W〕	15	68	90	110
電球価格〔円〕	62～100	280～1 000	1 000～3 000	―
白熱電球を基準とした電気料金	1	1/5	1/5～1/7	1/7～1/8
寿命〔時間〕	1 000	6 000～10 000	20 000～40 000	40 000

※1：2013年　　※2：2017年度目標基準値

表2　世界の分野別水銀需要[16]

分　野	需要量〔t〕
小規模金採掘（ASGM）	650 〜 1 000
塩化ビニル製造	600 〜 800
塩素-アルカリ電池	450 〜 550
電　池	300 〜 600
歯科用材料	240 〜 300
工業計測機器	150 〜 350
電子部品	100 〜 150
照明器具	150 〜 350
その他	30 〜 60
合　計	3 000 〜 3 900

出典：UNEP 11.2006　Summary of Supply, Trade and Demand Information on Mercury

水銀ランプは2020年12月31日から規制開始になりました．

そのほか，国内の動きとして，2017年10月に廃棄物処理法施行令が改正され，水銀使用製品の産業廃棄物への規制が強化されました．照明器具を廃棄する際も，今後の動向に注意が必要です[17]．

規制対象となる国内市場ランプ

（一社）日本照明工業会では，水銀条約の規制対象となるランプの種類を放電ランプのみ（図1）としており．国内市場ランプへの影響は以下のとおりです．

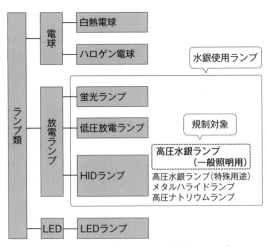

図1　規制対象となる国内市場ランプ

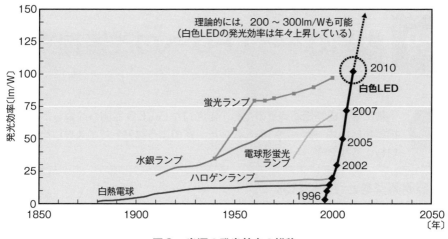

図2　光源の発光効率の推移

- 一般照明用の高圧水銀ランプを除き，現在市販されている蛍光ランプやHIDランプなどの水銀使用ランプは，すでに水銀含有量の基準をクリアするなど，規制対象の製品が存在しないので，製造・輸出入禁止の規制を受けない．
- 一般照明用の高圧水銀ランプは，水銀含有量に関係なく，2020年12月31日以降，製造・輸出入が禁止となったので，メタルハライドランプ，高圧ナトリウムランプ，LED照明などへの計画的な切替えが必要である．

照度を確保するための一般照明が対象なので，紫外線ランプやプロジェクターランプなどの特殊用途の高圧水銀ランプは規制対象外です．

水銀条約と照明器具の更新

蛍光ランプの水銀含有量は水銀条約で定める規制値以下のため，製造販売が継続される見込みです．ただし，国内メーカーは，省エネ効果の高い白色LEDへの切替えを進めており，今後は照明の高効率化がますます加速すると予想されます．

図2のように，白色LEDの効率向上は目を見張るものがあります．さらに，国や地方自治体では，高効率照明への更新を後押しするため，省エネ法に基づくトップランナー規制のほか，各種省エネ補助金制度を設けています．

高効率照明への更新は，水銀による環境汚染を防止するだけでなく，省エネによる温室効果ガスの削減にもつながります．水銀条約の施行を機に，既存照明の見直しを検討すべきかもしれません．

59　蛍光灯からLEDへの改善提案

　省エネと建物価値向上のため，蛍光灯からLED照明へ改修したいとの相談がビルオーナーからありました．どのようなアドバイスをしたらよいでしょうか？

照明器具をとりまく状況

　政府は，SDGs（持続可能な開発目標）の取組みの中で，気候変動対策や循環型社会を目指し，徹底した省エネを推進しています．併せて，水銀ランプの製造・輸出・輸入を2021年以降は禁止するとともに，2030年には出荷される施設照明器具を100%，LEDにする目標を発表しています．また，各メーカーからも，蛍光灯ランプの生産終了が発表されています．
　その一方で，蛍光灯などの従来型照明器具を「まだしばらく使用できる」というビルオーナーの意識が，既存建築物の照明器具改修の足かせとなっています．

現状把握と分析

　改修工事を行うのに当たって，まず現状の把握が重要です．ここでは，ある建物に導入されている依頼作業履歴管理ツールのサンプルデータを例に考察します．
［建物の概要］
- 建物用途：医療施設
- 建物構成：本館・南館
- 延床面積：75 000 m^2

　最初に，管理データを抽出して分析ツールで各年度の傾向分析を行い，どの照明を優先的に交換するのがよいかを検討します．
　次に，本館と南館の年度別管球交換推移を表す図を作成します．
　まず，**図1**を見ると，本館は下降トレンドであり，ランプ交換はおおむね済んでいる状況にあると推測できます．また，南館は上昇トレンドにあり，ランプ交換が今後増えると推測できます．
　次に，**図2**を見ると，各年度の統計でも南館が増えているのが確認できます．
　以上のことから，先に交換するのは南館からが望ましいと判断できます．
　この二つの分析を基に，以下のとおり具体的な内容を検討し，ビルオーナーに提案しました．

59 蛍光灯からLEDへの改善提案

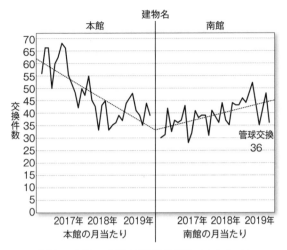

図1　本館・南館の管球交換数のトレンド

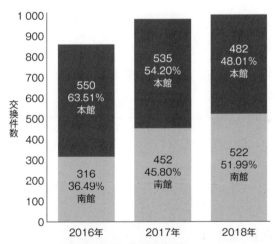

図2　管球交換数の年度別比較

🔍 ビルオーナーへの提案内容

①器具交換か器具改修か
- 器具交換：新品器具に交換(ランプ種類：ライトバータイプ)
- 器具改修：安定器切り離し電源つなぎ込み(ランプ種類：直管タイプ)

②メーカー選定の際のポイント
- 基本性能の確認

- 省エネ性能の確認
- 保証期間の確認，初期不良対応（初期不良があった場合の処理方法と対応期限を文書化し，取り交わしておく）
- 施工のしやすさ(≒工事費の削減)
- 調光装置の有無

③オーナーや利用者からの要求事項
- 今後の施設の用途
- ワークプレイスに合った照明レイアウト
- 利用者の声の反映

④省エネ計算書，CO_2 削減量

⑤見積書，各種図面，器具一覧，数量表

　なお，注意事項として，PCB 使用の既存照明器具の有無の確認があります．1957 年 1 月〜 1972 年 8 月に製造された蛍光灯器具・水銀灯器具・低圧ナトリウム器具の安定器に PCB が使用されている場合があり，詳しくは各メーカーへの確認が必要です．

```
┌──────────┐
│  現状把握  │
└──────────┘
      ↓
┌──────────┐
│   分析   │
└──────────┘
      ↓
┌──────────┐
│   提案   │
└──────────┘
      ↓
┌──────────┐
│  効果検証  │
└──────────┘
```

図3　改修工事の提案作業のフロー

照明器具改修後の完了時評価

　改修後のポイントは，データを取って効果測定を行い，計画どおりの効果が得られているかを確認することです．

①要求条件が満たされているか．
- 初期不良の有無
- 削減量の確認

②利用者の声・利用者満足度の確認

　これらの項目の完了時評価を行って，ビルオーナーへの説明を行いました．

　以上の内容をまとめると，**図3**のフローになります．

導入の成果と留意点

　LED を導入した結果，CO_2 が大幅に削減され，利用者からも評価され，建物価値向上に大きく寄与することができました．

　導入の際の留意点は，蛍光灯と LED を比較すると LED の発熱量のほうが小さいので，冬季は寒くなる可能性があることです．事務所の空調機の設定温度や風量の見直しなど，運用面でのルールの適正化と改善も検討する必要があります．

60 照明システムのソリューション

 照明のLED化やレイアウト変更などに伴う照明工事の際に、さらに付加価値を加えることはできないでしょうか．

　照明をLED化すると，管球交換の頻度が非常に少なくなるという効果がありますが，それに加えて，従来方式からデジタル式の機器や制御システムに変更することによって，LCC（ライフサイクルコスト）削減などの付加価値を持たせることも可能です．
　ここでは，そうした大規模な工場での導入事例を紹介します．

経緯とニーズ

　その工場では，スマートファクトリー実現に向けたモデル現場としてIoTシステムの導入が求められており，一方で弊社にとっては，頻繁な管球交換のための広い敷地内での移動が大きな負担になっていました．
　そんな折，両社を交えた改善委員会で照明システムの変更を検討することになり，そこで議題に上った新たな照明システムを導入できないかという相談を受けました（図1）．

照明制御システムの構築

　新しいシステムは，図2に示すようにDALIと無線端末（EnOcean）を使ってさまざまな制御を行うことができるようにするもので，導入するには汎用PLC（Programmable Logic Controller）を用いてプログラムを組む必要がありました．

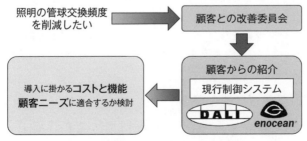

図1　照明システム導入までの経緯

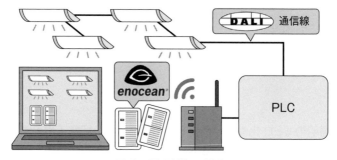

図2　照明制御の概略

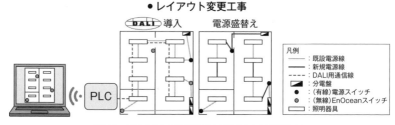

図3　DALI対応照明の導入による相違点

　DALIとは，照明器具をインテリジェント化する通信規格で，照明器具とPLCが双方向通信をします．

　EnOcean（エンオーシャン）無線規格は，国際標準ISO/IEC 14543-3-1Xとなっており，LPWA※通信を行い，その通信範囲は30 mです．

　　※　Low Power Wide Area．低消費電力で長距離データ通信を可能とする無線通信技術．

　PLCは，主要な通信規格に対応し，WEBサーバー機能を持っています．

　実際に照明のデジタル制御を新たに導入した場合としない場合の相違を，天井伏図（平面配線図）で示したのが図3です．

　その工場では，レイアウト変更が発生すると，従来は図3の右側の天井伏図のように，間仕切壁に合わせて配線工事が発生していました．しかし，DALI対応の照明を用いる場合は，既設の配線が流用できるので，無線スイッチの取付け位置を変え，PLCのプログラムを変えるだけで，レイアウト変更が可能です．そのため，レイアウト変更が多いこの工場の場合は，変更に要する費用の削減に効果がありました．

制御用プログラム作成の概要

　新たな照明制御で使用できるコマンドを表1に示します．照明パターン（シーン）を区画ごとに最大で16種類登録することができるため，レイアウト変更の際の選

択肢の幅が広がりました.

導入の効果

DALI 照明制御を導入したことによる顧客側のメリットとして,以下が挙げられます.
- レイアウト変更に合わせ,工事なしで,居室の照明を調整できるようになった.
- サーカディアンリズム(昼夜のサイクルに合わせた人間の生理現象)に対応した制御が可能になり,快適性が向上した.
- レイアウト変更に伴って測定位置が適切ではなくなった温湿度監視点を,無線規格(EnOcean)で補完できるようになった.

また,施設のメンテナンスを行う上では,
- 照明の死活監視が一括で可能となり,灯具の不点灯クレームを低減できた.
- 温湿度監視点を追加できたため,居室の環境調査に割かれていた人員を他の点検作業へ割り振ることができた.
- 収集したデータをデータ分析装置(GODA クラウド)と連携して分析することで,照明分野だけにとどまらない LCC の削減が可能となった(図4).

などの付加価値を顧客に提供することができました.

照明を LED に更新する際,デジタル通信方式の照明制御を導入すると,オートメーション化をはじめとするさまざまな付加価値を照明に付与できます.

ここで紹介したような照明制御システムは,ヨーロッパを中心に本格的に普及し始めており,今後ますます開発が進むものと予想されます.

表1 照明制御のコマンド一覧

コマンド	照明器具の動作
OFF	消灯
UP	照度を1段階上昇
DOWN	照度を1段階下降
RECALL MAX Level	照度最大化
RECALL MIN Level	照度最小化
GO TO SCENE	シーン呼び出し (最大16シーン登録可能)

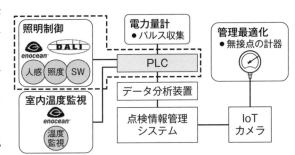

図4 データの分析・活用システムの概要

第6章
計測技術, IoT活用

61. 設備管理でのサーモグラフィー活用 …………… 206
62. エネルギーを正しく測るメーターの役割 ……… 209
63. ITツール導入で働き方改革 ……………………… 212
64. 動画マニュアル活用で働き方改革 ……………… 215
65. IoTカメラによる現場の省力化 ………………… 218
66. 巡回点検でのITツール活用 …………………… 221
67. クラウド型分析ツールで省エネ ………………… 224
68. 設備管理へのIoTの活用 ………………………… 227
69. 設備管理のスマート化 …………………………… 232

61 設備管理でのサーモグラフィー活用

相談　サーモグラフィーを用いた画像は，便利そうなのですが，設備管理業務では具体的にどのような用途があるのでしょうか．

　サーモグラフィー（**写真1**）は，広範囲の物体の表面温度の分布がひと目でわかるので，いわゆる「見える化」の代表選手と呼べるものです．
　ここでは，設備別のサーモグラフィー使用事例をいくつか紹介します．

🔍 電気設備―受変電設備や分電盤点検―

　電気設備の異常の有無の確認は，通電中にできることが限られています．
　たとえば，端子のねじの締付けに緩みが生じていると，電路の接触面積の不足により抵抗が増し，過熱の結果，焼損に至る場合もあります．停電させての作業であれば，工具を用いて締付け状態の確認や増し締めができますが，作業箇所が多く非常に手間が掛かるので，簡単に状態確認ができると便利です．
　従来は，サーモラベルを必要箇所に貼って目視点検をしたり，放射温度計を使用していたかと思いますが，測定したいポイントが多い場合，サーモグラフィーを用いて，まず**写真2**のように広範囲の温度分布を確認し，その後，**写真3**のように気になる箇所について個別に確認することで，作業の手間を軽減できます．

🔍 熱源設備―配管保温の改善提案向け調査―

　機械室内の熱源機器や冷温水配管などで保温・断熱が不十分な箇所は意外と多くあり，これを改善することで放熱によるエネルギーロスを低減することができます．これは，言葉にするのは簡単ですが，改善が必要な箇所を実際に特定するのはなかなか一筋縄ではいきません．しかし，保温が必要な箇所とそうでない箇所の違いが，サーモグラフィーなら一目瞭然です．**写真4**は温水配管をサーモグラフィーで見た様子です．温度の数値で示すだけではなく視覚に訴える効果があるので，建物所有者に改善提案をする際には，有効な方法ではないでしょうか．

🔍 衛生設備―給湯配管の漏えい箇所の特定―

　壁内に埋設された横引きの給湯配管から漏水が発生し，壁面に染み出しているという状況の現場でサーモグラフィーを使用したところ，漏れた温水が垂直に下に染

61 設備管理でのサーモグラフィー活用

写真1　サーモグラフィー

写真4　温水配管の保温をしていない箇所

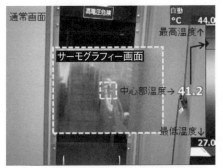

写真2　サーモグラフィーの画面表示の例
　　　（キュービクル内部の温度状態）

写真5　コンクリート壁の表層の浮き状況
　　　（上）とサーモグラフィーの画面表示
　　　（下）

写真3　分岐配線の温度状態

み出している様子が一目瞭然だった事例があります．これは温水や冷水など，周囲と温度差がある流体の漏えいにおける初動の探索で，威力を発揮できた一例です．天井裏などの暗所の作業でも効果があると思います．

第6章　計測技術，IoT活用

207

○ その他—外壁タイルなど剥離状況調査—

　剥がれかけた外壁タイルは，壁面との間に隙間ができるので，正常なタイルと比較すると温度差が生じると言われており，サーモグラフィーの使用は，打診よりも安全かつ簡易に異常箇所を発見する方法として期待できます．

　写真5上のように目視でも明らかに劣化が判断できる箇所に対してサーモグラフィーを使用してみました．すると，写真5下のように，表層に浮きの見られる箇所が周囲より明るい（温度が高い）ことが確認できました．

　サーモグラフィーで問題箇所を確認できるような周囲との温度差を生じるには，相応の空間（剥離による空気の層）が必要です．また，調査する時間帯は，日中よりも朝方のほうが良・不良箇所の温度差が出やすいことがわかりました．日射による温度上昇の速さに差があるためと思われます．

　サーモグラフィーは高価な装置という印象を持っている方もいるかと思いますが，以前よりも低価格化が進んでいます．また，スマートフォンで手軽に画像や動画が撮影できるアプリケーションやアタッチメントも発売されており，かなり身近な存在になっています．業務での活用を検討してみてはいかがでしょうか．

62 エネルギーを正しく測るメーターの役割

相談 ビル管理業務の対象となる，建物で使用されているメーターの種類と役割について教えてください．

メーターには二つの用途がある

　最近は，建物に多数のセンサーが取り付けられることが多く，その目的は省エネルギー推進のための見える化や，入居テナントへの課金通知，生産ラインの品質管理のためなど，さまざまです．一方で，技術の進歩により，センサーの製品の種類は，多様化したニーズに応じて増えています．
　そうしたメーターの用途は，大きく分けて次の二つになります．
①エネルギー消費量などを把握し管理するためのもの
②水やエネルギーの取引を前提としたもの
　①の管理用メーターは，正しく測れることが重要です．②のメーターは一般に課金メーターと呼ばれるもので，計量法に基づいた検定品を使用する必要があります．
①管理用メーター
　建物のエネルギー消費量の中にある無駄を見つけるためには，必要な場所の必要なエネルギー消費量を正確に把握できなければなりません．また，労力をかけずにその分析ができるデータであることも求められます．

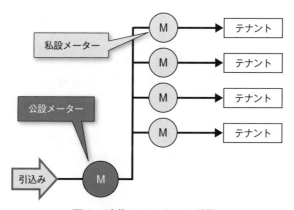

図1　建物のメーターの種類

表1　メーターの有効期間

計量器の種類	有効期間
電力量計(電気メーター)	10 年 ※1
水道メーター	8 年
ガスメーター	10 年 ※2

※1：種類により，5 年のもの，7 年のものもある．
※2：種類により，7 年のものもある．

②課金メーター

　建物・施設の所有者や管理者が一括で支払った光熱水費を，入居者やテナントに個別に請求するために使われるメーターで，一般に「私設メーター」「子メーター」と呼ばれます(**図1**)．それらのメーターは，電気・水道・ガスなどの供給事業者が料金請求に使用しているメーター(公設メーター)と同様に有効期間があります(**表1**)．また，計量法第16条により，取引または証明に用いる計量器は，検定に合格し，かつ，有効期間内のものでなければ使用できないと定められています．

🔍 メーターの種類

　水道メーターには現地式と遠隔式があり，指示部が回転式の現地式水道メーターが一般的です．遠隔式水道メーターは，羽根車が半回転すると1パルス出力する電子式水道メーターがあり(8ビット電文出力)，そのほかに電磁式や超音波流量計などもあります．

　ガスメーターは，膜式ガスメーターが一般的です．また，一定規模以上の地震などが発生すると自動的にガスを遮断するマイコンメーターが普及しています．

　電力量計は，従来，誘導型電力計が一般家庭では使用されてきましたが，一般送配電事業者(電力会社)は，通信機能を持つスマートメーターへの切替えを進めています．

🔍 積算熱量計の検定基準の改定

　2017年8月以降に製造された積算熱量計は，それ以前よりも厳しくなった検定基準をパスした合格品です．流体の体積を測る体積流量部は，従来，流量ポイントが2点でしたが，新しい検定基準では3点で行わなければならなくなりました．また，温度を測る感温部の精度が，従来よりも高くなりました．

　なお，後出の注記のとおりに使用期限が定められている ※3 ので，使用しているメーターの有効期間を一度確認してみることをお薦めします．空調設備機器の修繕更新の目安を**表2**に示しますが，他の設備機器に比べてメーターの更新ピッチが早いことがわかります．

表2 空調設備機器の修繕・更新時期の目安

設備項目	更新年数	築年数					
		5	10	15	20	25	30
ターボ冷凍機	20				●		
吸収式冷凍機	20				●		
空冷ヒートポンプチラー	15			●			○
冷却塔	15			●			○
鋳鉄製ボイラー	15			●			○
空調機	15			●			○
空気熱源ヒートポンプパッケージ	15			●			○
ファンコイルユニット	15			●			○
多翼ファン	20				●		
冷温水・冷却水ポンプ	15			●			○
膨張水槽	15			●			○
弁類	15			●			○
配管	20				●		
吹出口	20				●		
空調ダクト	30						●
自動制御機器	15			●			○
中央監視盤	10		●		○		○
衛生機器	15			●			○
水栓	15			●			○

凡例 ●：更新の目安，○：2度目以降の更新の目安
注）メーターは中央監視盤に含まれる.

※3 積算熱量計の新 JIS は 2011 年 3 月に公布され，2011 年 9 月に施行となった．それに伴い，旧基準で検定を受けた型式の使用期限は 2025 年 8 月までとなっている.

省エネルギー活動への第一歩

　建物には，設備の状況を把握したり，遠隔から機器の運転を行ったりするための監視装置が設置されています．監視装置には，収集した建物情報を誰にでもわかりやすくするため，グラフ化する機能を持つものもあります．適切に管理をするには，電力量や熱量などの消費量を把握することが重要です.

　ところで，見たいデータが監視装置になければ，せっかくの機能も活かせません．そうした場合，見たいデータを収集するためにセンサーや計量器を新たに設置してみてはいかがでしょうか．エネルギー管理が容易にできるようになり，光熱水費の削減とともに，分析に要する時間の短縮にもつながります.

63 ITツール導入で働き方改革

相談 ビル管理の事業所で働き方改革を推進することになったのですが，何かよい方法はないでしょうか．

筆者が所属する事業所では，行先掲示板や紙資料，手書きの点検表や業務の属人化など，情報共有ができておらず，業務が増える一方でした．それを解決するため，現場で閲覧できるようにタブレットの導入を行いました．その結果，社員12人で年間730時間を創出することができ，働き方改革を推し進めることができました．

ここでは，その取組みについて紹介します．

保守・メンテナンス業のIT化の現状

保守・メンテナンス業では，まだまだアナログの域で業務をしている事業所が多数あります．生産性を向上させ，働き方改革を行うためのITツール導入に，二の足を踏んでいる状況です．

筆者たちの取組み

1年ほど前，他の事業所でタブレットの導入を進めましたが，うまくいきませんでした．そこで，アンケートを取りました．その結果，
「タブレットが苦手だ」
「何をすればいいのかわからない」
「困ったことがあってもどうしたらいいかわからない」
「手書きのほうがいい」
と，定着しなかった要因が数多く上がりました．悩みや課題の共有ができず，その解決策に至っていないことが判明しました．

タブレット導入による生産性の向上

筆者が次に所属した事業所は，地上44階地下4階，延床面積130 000 m² の都内某高層複合ビルにあり，ここで筆者たちはメンテナンス業務を行っています．

この事業所で働き方改革のスタートを切るに当たって，まずは専任者を決めて対応し，全員参加型で進めていくことにしました．前事業所の反省を踏まえて，改善に向けての想いをしっかりつくる必要がありました．そこで，前回のアンケート結

果を検証して改善につなげることで,皆の想いを一つにしていきました.「私たちの前向きな力を活かし,知的生産性が向上する文化を定着させたい」というのが,筆者たちの想いでした.そして,「#みんなで!」を合言葉に,ITツール(タブレット)を上手に活用する検討を行いました.

最初に,紙からタブレットに変更すると効果が出やすいのは点検作業の中で何かを抽出しました.次に,どの点検業務ならば全員が参加でき,簡単に効果が出るかに主眼を置いて検討しました.

その結果,毎日の日常点検と,600台設置されている空調機点検業務を対象にすることに決めました.PDCAを回すことによって効率化を図ることができ,時間削減の効果が期待できることが重要でした(写真1).

写真1　タブレットを活用した点検作業

みんなでつくる

この改革の目標設定とそれを達成するためのPDCAサイクルのポイントは,以下のようになりました.

【目標設定】三つの目標設定
①共有化
　全員参加型の環境をつくる
②紙の削減
　1Fm(ファイルメーター)※以上の削減
③時間の創出
　12人で1日1時間の削減
　　※　1Fm：A4用紙を1m積み上げた数値のこと

【計画-Plan】タブレットへの移行スケジュール
①操作性のよい帳票づくり
　誰でも簡単に使用でき,使い勝手がよいこと
②社員教育
　完成した帳票の入力方法や操作説明教育

【実行 -Do】点検を通じた操作性の確認

①持ち運びやすさ

②現場での使い勝手のよさ

③疑問点や要望の抽出

【評価 -Check】全員アンケートの実施と改善点の収集

①マニュアルなどをわかりやすくしてほしい

②通信環境を改善してほしい

③マニュアルに動画を入れられないか

【改善 -Act】

①マニュアルをわかりやすくし，現場でも参照できるようにした．今後，動画マニュアル導入を検討中

②オフラインであっても帳票を使用できるようにした（通信が必要な場合は通信環境が良好な場所で使用）

【効　果】

①共有化→全員がタブレットを着実に使える運用が浸透し，顧客との点検データ共有ができた

②紙の削減→ 1.35Fm の積み上げができた

③時間の創出→ 1 日 2 時間削減できた（1 年で 730 時間 = 2 時間 × 365 日削減）

🔍 時間の再配置

　延べ 730 時間の有効活用法として，以下の項目を推進しました．さらに，副次的効果として，全員に「もっとできるはず」という意識が芽生えてきました．

①ソリューション提案の時間に充てる

②全業務でのタブレット点検実現への開発時間に充てる

③有給休暇の取得の推進

🔍 働き方改革への第一歩

　筆者たちの事業所では，タブレットの導入とそれをうまく活用することで，残業が減り，自由な時間ができました．また，情報の共有で効率化を図ることができ，多くのコミュニケーションが生まれました．今後も職員の士気を高め，また明日も会社に来たくなるような職場環境をつくり，他の事業所やお客様が見学に来て参考にしてもらえる職場を目指していきます．

　多くの職場でお互いに見学し合い，よい事例を共有することによって，働き方改革はさらに進みます．働き方改革の第一歩は，社会全体にとっての大きな一歩にもつながります．

64 動画マニュアル活用で働き方改革

相談 ホテルで保守メンテンスをしています．修理依頼が多種多様にあり，対応に時間を要しています．有効な手立てがあれば教えてください．

標準作業手順書を動画にすることで情報共有と手順を正しく伝え，業務品質の向上に取り組んだ事業所(ホテル)の例を紹介します．

● ペーパーからビジュアルベースへ

保守メンテナンス会社の経営課題として，高度情報化社会への対応が求められています．ところが，ノウハウ・情報の共有化が進まず，必要な情報がどこにあるのかわからないといった問題が発生しています．現代では，文字だらけの書類や頭の中にあるノウハウに頼ることから脱却することが重要です．

● ホテルのメンテンス作業の構成と現場の課題

弊社がサポートしているホテルのメンテナンスは，日常巡回点検，定期点検，什器調度品の修理などの依頼作業で構成されています．

現場の作業は依頼作業が54％を占めており，件数にすると1日約30件あります(図1)．修理は100種類程度あるのですが，OJTによる指導でそれらを習得するのには限界があることが課題でした．そこで，点検業務と依頼作業の項目からツー

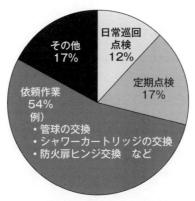

図1 現場のメンテナンス作業の割合

ルを活用し，動画マニュアルをつくることにしました．

画像・動画マニュアルの選定

【目的】
①画像・動画マニュアルを導入し，情報共有を行って，業務品質の向上を図る．
②業務のやり方を見直し，働き方改革を進める．

【アプリの決定と活用】
①マニュアル作成がしやすいこと，マニュアルの共有に優れていること
②デバイス(PC，スマホ，タブレット)を選ばず，すぐに作成できること
③セキュリティがしっかりしていること
の3点を重要ポイントとしてアプリを選定しました．

　次に，ツールを導入してどのように活用し定着させるかを，実際に作業する社員
で話し合い，ツールを使用する運用体制を定めて，通信環境を確認し，運用するた
めのルールを決めました．

【運用体制】
　運用上，建物，設備，機器ごとに対象範囲を決め，継続的に作成・改善・使用が
できることが重要でした．その上で，現場社員がどのようなシーンで使うかを検討
しました．

【環境設定】
　通信インフラが整っており，安定していることが求められました．通信が不安定
な場所では，いったんデータを保存し，通信が可能な場所で再設定することにしま
した．

【ルール・マニュアル】
　表記・作成・運用の各ルールを決め，統一感のあるマニュアルを作成することに
しました．

画像・動画マニュアルの作成・導入

　事業所メンバーをサポートする社員を中心に原案の作成を行い，修正を事業所の
社員が行う手順で，マニュアルの作成を始めました．点検場所や安全に留意する点
などを中心に，現場社員の視点を大事にしつつ，修理作業をワンステップずつつく
り上げていきました(図2)．

　画像・動画マニュアルを作成してわかったのが，依頼された作業を行う際，これ
までは個人の経験に頼って作業していたことです．そうした部分も画像・動画マニ
ュアルの手順に組み込むことでノウハウを共有できるようにし，品質の向上と安定
化につなげました(写真1)．

216

64 動画マニュアル活用で働き方改革

図2　動画マニュアル目次

フォローアップ

　現場と検討してマニュアルを作成することができたので，さらに現場に沿った使いやすい内容にすることを目指しました．そこで，事業所内アンケートを実施して社員からの意見を取り入れ，定期的なサポート体制をつくり，ツール活用の相談窓口を開設しました．

　その結果，業務全体の見直しによって効率が上がり，作業時間を15％削減すること，業務品質を向上することができました．今後も，さらに迅速で

写真1　動画マニュアルを見ながらの作業の様子

確実な情報伝達が行えるよう，さまざまな意見を取り入れ，フォロー体制を強固にしていくとともに，他の現場にも展開していきたいと考えています．

　しかしながら，マニュアルは，つくって終わりではなく，ここから更新してよりよいものにするために，継続的に改善していかなければなりません．ツールの導入は手段であり，目的ではないことを社員に理解してもらいながら継続的に行動し，本来の目的である働き方改革をさらに進めていきたいと思います．

65 IoTカメラによる現場の省力化

相談 設備管理の現場でも人手不足を感じるようになりました．日常点検の省力化に効果のある IoT ツールで，スモールスタートに適したものがあれば紹介してください．

設備管理業界は労働集約型産業である，とよく言われます．それは，管理員の労働力に頼る割合が大きく，新技術の導入や業務の合理化が遅れているなどの理由からです．しかし，近年，人手不足が深刻化する中で，さまざまな IoT ツールを用いた現場の生産性向上が注目されています．

ここでは，IoT カメラを用いた日常点検の省力化事例を紹介します．

システムの概要

紹介するのは，計器の遠隔点検に特化したシステムです．専用 IoT カメラ（**写真 1**）で撮影した計器の画像と，その画像データから数値化された検針値の一覧が管理画面に表示されます．

IoT カメラで撮影した画像データは，クラウドプラットフォームへ自動送信されます．その画像データに対して「読み取り設定（**図 1**）」を行うことで，画像解析により検針値が推定されて，クラウド上に保存されます．推定された値を管理員が確認・修正することで，画像データの数値化は完了します．数値化されたデータは，CSV ファイルとして外部出力が可能なので，設備の最適運転検討などに活用できます．

管理画面はクラウド上に構築されているので，インターネット環境にある PC の

写真 1　IoT カメラ外観
（LiLz 株式会社）

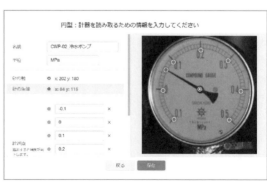

図 1　管理画面での読み取り設定

ほか，タブレット端末やスマートフォンからも操作や確認ができます．IoTカメラ1台からWebブラウザを利用できるので，小規模な設備管理現場にも導入しやすいシステムです．

なお，専用IoTカメラは充電式のため，電源工事が不要です．また，防水・防塵機能により，屋外でも使用できます．

省力化に成功した二つの事例

＜事例1　給水メーターの検針省力化＞
- 設置対象：地下ピット内の給水メーター
- 計器種類：デジタル表示
- 設置形態：常設

この施設では，管理員が毎日24時に，給水メーターの検針を行っていました．給水メーターは屋外の地下ピット内に設置されており，雨天時でも検針のために梯子を降りる必要がありました．時間や天候に関わらず，屋外に設置された計器を検針するのは，大変な労力を要します．そこで，**写真2**のようにIoTカメラを設置しました．IoTカメラにはフラッシュが付いているので，暗所でも撮影ができます．

その結果，中央監視室のPCから検針できるようになり，省力化だけでなく，安全にデータを収集することが可能になりました．

＜事例2　給湯温度調節器の確認作業省力化＞
- 設置対象：工事現場の給湯温度調節器
- 計器種類：デジタル表示
- 設置形態：仮設

この施設はホテルで，営業を続けながら給湯ボイラーの改修工事を行っていまし

写真2　地下ピット内の給水メーター検針

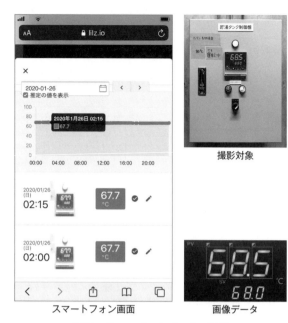

図2 スマートフォンでの確認

た．そのボイラー切替え期間中は，宿泊客が利用する給湯温度を工事関係者も確認する必要がありました．そこで，給湯温度調節器の前面にIoTカメラを設置しました．専用IoTカメラの設置可能な環境は，温度－10～＋50℃，湿度20～80％なので，熱源機械室でも十分に使用できます．

その結果，現場に設置されている温度調節器の値をスマートフォンでも確認できるようになり，現場を離れている工事関係者もホテルに供給されている給湯温度を遠隔で確認することができるようになりました（図2）．

IoTツールの活用と今後の設備管理

施設を安定稼働する上で，管理員の五感を用いた巡回点検は必須です．しかし，巡回点検と併せて実施している「計器を目視で確認し，その値を転記する作業」は，現状でも省力化する余地がありそうです．データ収集はIoTツールに任せて，管理員は五感を用いた点検や計測データの活用に注力することが理想です．

人手不足の現場に限らず，従来の点検手法を見直し，変化を嫌わず新技術を積極的に導入することが，スマートメンテナンス実現のためには必要です．

66 巡回点検での IT ツール活用

弊社では，1日に建物規模1 000 m² 未満の小規模ビル3〜4棟の巡回点検（簡易点検）を行っています．この作業を効率化できる方法があったら教えてください．

◎「簡易点検票作成ツール」導入を提案

筆者の会社では，設備管理の現場での使用を目的に開発された市販の月額クラウドサービス「簡易点検票作成ツール」を各営業所・各現場に導入しました．このツールを採用したことにより，複数ある点検票を標準化し，クラウドサービス上に登録，さらにスケジュールをクラウド上で管理することが可能となり，スマートフォンでの巡回点検ができるようになりました．

◎導入に向けた検討

1日の作業時間を各営業所・各現場で調査したところ，図1のように「訪問外時間」（事務所に戻ってからの作業）が長いことがわかりました．そこで，その時間の短縮を目標にしました．

また，各営業所の点検票を確認すると，現場ごとに異なる形式のものを使用していました．そこで，どの建物でも使用できる標準型点検票を設定することにしました．

◎ツールの選定と巡回点検

各社の提供しているサービスを比較し，「物件情報」「点検票」「スケジュール」の登録がシンプルでわかりやすく，スマートフォンでアプリの操作ができるものを選

（1日 約8時間半）

訪問時間	移動時間	訪問外時間
40% （3時間23分）	20% （1時間41分）	40% （3時間26分）
		効率化可能な時間 （40%）

図1　巡回点検の作業時間内訳

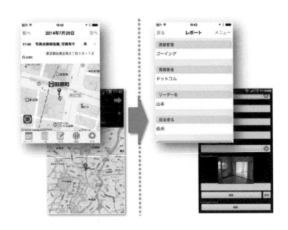

図2 「簡易点検票作成ツール」のスマートフォン画面

択しました.なお,初期導入費用が不要で,使用するID数に応じた月額料金設定のツールとしました.

　登録作業をPCで行い,インターネット上のURLとログインID,パスワードを準備すれば,ネット環境下であればどこからでも接続可能です.PCで作業をする利用者・管理者を設定し,各営業所からスケジュールや物件情報を登録します.

　スマートフォン側では,アプリをインストールして,PCで設定したIDとパスワードでログインすると,PC(管理者)側で作成した点検票のひな型をダウンロードできます.これをスマートフォン上で操作して巡回点検を行います.該当する項目をチェックするだけの簡単な操作で,点検が行えます(図2).

　帰社後は,PCからクラウドにログインし,点検票を印刷して送付するか,PDF形式で保存してメール添付で送信すると,顧客への報告完了となります.

ツールの導入効果と今後の展望

　巡回点検の情報がクラウド上にあるため,点検票の情報を探す,転記するといった時間が短縮され,導入後の作業時間は図3のようになりました.導入直後は,作業者がスマートフォンの操作に慣れていないこともあり,作業時間が長くなっていますが,事務処理時間は格段に短くなっていることがわかります.

　現在も継続して経過観察をしている状況ではありますが,「訪問時間外」の減少が顕著です.今後,現場での練度が上がり,作業が効率化されることで,さらなる効果が期待できます.

　ITを利用したツールの導入は現場にとっても有効と思われ,クラウドサービスを利用したことで,遠隔地の他の営業所との連携も可能になります.また,写真の撮影・保存・加工や音声入力などの機能を活用すれば,さらなる効率化や新たな使

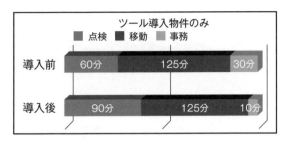

ツール導入物件のみ

	導入前	導入後	差　分
点検	60	90	30
移動	125	125	0
事務	30	10	−20
計	215	225	10
点検	27.91%	40.00%	12.1%
移動	58.14%	55.56%	−2.6%
事務	13.95%	4.44%	−9.5%

図3　導入前後の作業時間内訳比較

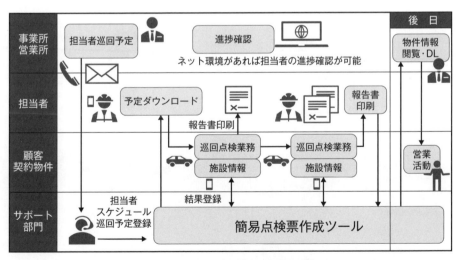

図4　ツールのさらなる活用の例

い方が見込めます．さらに，図4のように「サポート部門」を強化すれば，複数の営業所をサポートできる体制になり，生産性の向上につながります．

67 クラウド型分析ツールで省エネ

相談 設備の省エネ提案を担当しています．効率よく運転データを分析する手法・ツールがあったら教えてください．

相談者は，担当している複数のビルの省エネ提案を本社で一括して行うため，各々のビルの中央監視盤やBEMSのデータを引き出して，汎用ソフトで月次の定型グラフを描いて分析しています．定型グラフで見つけた問題点を詳細に分析する場合，以下が課題になっているとのことです．
- データ編集作業に多くの時間と手間がかかる．
- BEMSのソフトは扱いにくい．
- BEMSグラフの追加などはメーカーに依頼する必要がある．

これらの解決策として，中央監視盤やBEMSのデータをどこからでも分析できるクラウド型分析ツール（以下「ツール」と記す．図1）を以下に紹介します．

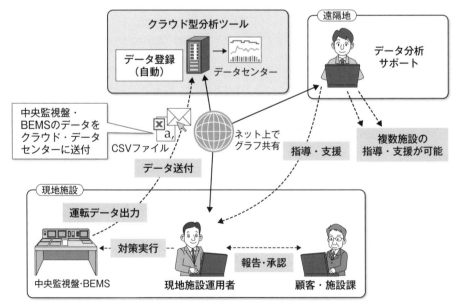

図1　クラウド型分析ツールの概要

224

ツールの特徴

このツールには，以下のような特徴があります．

- 運用データは，現地の中央監視盤や BEMS からクラウドデータベースに自動で定期的に送信され蓄積される．
- 分析作業をどこでも行うことができ，並行して複数のビルの分析ができる．
- データが一元化されているため，別々の建物でも共通の操作で分析作業が効率的に行える．
- 同じグラフを分析者(提案者)と現地施設運用者が共有でき，打合せから実施，検証まで効率的に行える．
- グラフ作成機能が充実しており，データの可視化・定量化が容易．
- 月額負担のため導入が容易．

このツールを有効活用するポイントは，顧客，施設運用者，分析サポートなどを一体とする，情報を共有する組織です．さらに，クラウド上でツールを利用できるので，ノウハウを持った社外の技術者やエコチューニング技術者が遠隔から参画することも可能となり，省エネの取組みに強力な援軍となり得ます．

ツールを有効活用した事例

紹介する事例の建物概要は以下のとおりです．

- 建物用途：事務所ほか
- 延床面積：約 50 000 m²
- 竣　　工：2003 年

この建物では，ツールを活用するための運用組織として，ビル管理会社，建築主，省エネアドバイザー(設計者，施工者)からなる省エネ専門委員会を発足させ，定期的に(基本的には月次)開催しました．そこでは，「運転データのグラフ化→環境改善・省エネなどの課題の分析・抽出→グラフの共有・登録→省エネ専門委員会メンバーの確認」という情報共有を実施しました．省エネ専門委員会では，ツールで作成した分析グラフを基に討議し，事象の原因を確認して，対策を立案しています．対策は設備の運転に反映され，その結果は，翌日にはグラフ化されて効果が確認されています．

ツール活用のこうした仕組みが，事例の建物の省エネ推進のキーポイントです．運用開始から 10 年後にはエネルギー使用量を約 50％にまで削減し，以降も毎年，省エネ活動の成果を上げ続けています．

事例で実施した取組みの例

竣工当初，空調機での外気導入は，設計条件の人員数に基づき，室内 CO_2 濃度

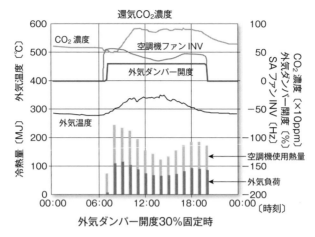

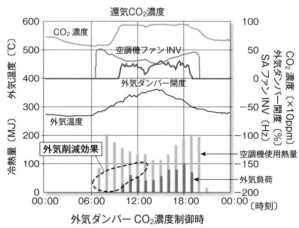

図2 室内 CO_2 濃度制御の分析結果

が1000ppm以下となるよう外気ダンパーを固定開度にして運転していました．不必要な外気導入によるエネルギー消費を抑制するため，「外気ダンパー室内 CO_2 濃度制御」を省エネ専門委員会で討議し，モデル空調機に導入して実験し，その結果検証をツールで行いました（図2）．

　室内 CO_2 濃度によって外気ダンパーが制御されている状況や外気負荷が半分程度に削減されていることを確認し，省エネ専門委員会でこの制御を全館に導入することを決めました．

　このように，ツールを中心に，効率のよい省エネ提案活動が手間を掛けずに続いています．さらに，新型コロナウィルス感染症対策を機に普及したWEB会議やテレワークにも，このツールは親和性が高いといえます．

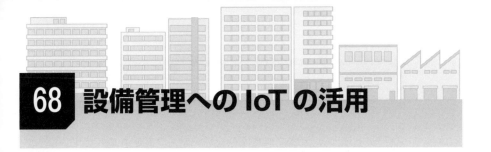

68 設備管理への IoT の活用

 設備管理業務の働き方改革として，IoT を活用した事例はないでしょうか．

　筆者が責任者として管理している現場では，センシング技術や IoT ツールを総合的に組み合わせて活用することで，設備管理を効率的に行い，働き方を大きく改善することができました．

◎スマート化に取り組んだ三つの業務

　設備管理の現場では，一般に，大きく以下の三つの業務があります．
①監視業務
②巡視・点検記録業務
③保全・定期点検の立会い業務
　その現場では，顧客の商材である特定小電力無線（電池式）を使った各種 IoT センサーと分析ツールを総合的に活用し，顧客と筆者らの協働で，設備管理のスマート化に取り組んでいます．

◎監視業務への活用

　温度や湿度などの室内環境のモニタリングは，中央監視装置のデータに加えて，後付けの温度・湿度無線センサーを活用しています．この無線センサーは，必要に応じて，磁石や両面テープ，結束バンドなどで任意の場所に容易に設置することができ，さらに無線式・電池式のため，配線が必要ないことが大きな利点です．
　これらの測定データは，920 MHz 帯の特定小電力無線を使って通信します．この方式は，Wi-Fi と比較すると通信距離が長く，障害物に強く，低消費電力という利点があります．
　測定データは，ゲートウェイを経由して LAN 回線から監視用のサーバーに送られます．そこで専用のソフトを使って，従来のトレンドグラフに加えて，コンター図と呼ばれる色分けした等高線形式で，数値の温度・湿度の分布を視覚的に表示しています（図1）．
　このコンター図は，過去にさかのぼって状態の変化を動画で確認することができるので，室内環境に異常が発生した場合に，その瞬間や周囲への波及状況などを視

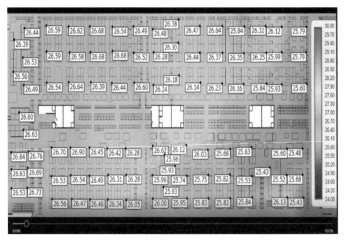

図1　室内温度状況（コンター図：等高線）

覚で明快にとらえることができます．その状況を動画で関係者と共有することによって，すばやく問題の改善につなげることが可能になりました．

また，温度・湿度などの室内環境データだけでなく，設備の漏水トラブルにも無線式の漏水センサーを活用しています．万一，漏水が発生した場合には，登録しておいたメールアドレスへ通知が届き，いち早く漏水トラブルに対処することができます．

巡視・点検記録業務への活用

現場設備の運転データの収集は，中央監視装置や各種の無線センサー（写真1）を活用して，可能な限り中央監視室に集約し，現地に行く頻度を減らしています．

また，現場の圧力計や温度計などのアナログ計器も，無線式のIoTカメラ（写真2）を活用して，あらかじめプログラムした時刻や警報発生などのタイミングで遠隔から撮影し，クラウド上で画像解析によって数値化されたデータを中央監視室から確認することができます．

これらのIoTセンサーやツールを活用することにより，点検のための移動時間や点検データの記録に要する時間の短縮など，作業時間の効率化が可能になりました．

その結果，設備機器の運転状態に異常がないかを早期に発見するための運転データの分析という，業務上最も重要な部分に注力できるようになりました．

また，設備の劣化状態の判断に有効な振動データも，他の無線センサーと同様に，現場の設備機器に設置してある無線式の振動センサー（写真3）から専用のサーバーにデータが送信され，中央監視装置のデータと合わせて，弊社グループのデータ取

68 設備管理へのIoTの活用

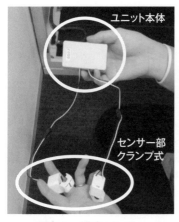

写真1　電流センサー

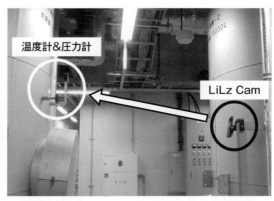

写真2　無線式IoTカメラ(LiLz Cam)の取付け状況

集・分析ツール（GODAクラウド）に自動送信されて，集約されます．

これらのデータを総合的に分析することで，設備の運転状態に異常がないかを確認し，その結果を中長期保全計画に反映させて，LCC（ライフサイクルコスト）の適正化に活用しています．

写真3　無線式振動センサー

保全・定期点検の立会い業務

設備の定期点検や整備，修繕作業などの保全業務で活躍するのがネットワークカメラです．

作業の対象となる設備と作業場所が見渡せるポイントに，事前にネットワークカメラをセットしておきます．

作業の当日は，職長や作業員とKYミーティングを行い，手順書やリスクアセスメントの内容を確認した後，バルブやブレーカーなどの必要な操作を行います．

ただし，その後の作業立会いは，現場ではなく，中央監視室に戻り，ネットワークカメラの映像を通して遠隔から作業の状況を確認するとともに，音声機能を活用して現場の作業状況をリアルに把握しています．また，複数のカメラを設置すれば，**写真4**のように同時に複数の作業状況をモニターから監視することもできます．

特に，貯水槽などの清掃作業の水抜き工程では，漏水トラブルのリスクがあるの

で，現場を長時間離れることに抵抗があるものですが，**写真5・6**のようにネットワークカメラを活用すると，その待ち時間を有効活用して，デスクワークなどの別の業務に充てることができます．

また，バルブやブレーカーなどを現場で操作する必要がある場合や，経験の少ないスタッフが現場対応をする場合などは，スマートグラスを活用しています．中央監視室にいる経験豊富な先輩社員が，現場スタッフと双方向通信で設備図面や作業手順などの資料をスマートグラスのカメラで共有しながら，音声で作業指示を行います（**写真7・8**）．作業の状況を一つひとつモニターで確認しながら作業指示を行うことができるため，経験の少ないスタッフでも効率的で安全に作業を行うことができ，OJTとして人材育成にも活用できます．

ここで使用する作業手順などは，クラウド上のマニュアル作成・共有システム（**図2**）を活用することで，PCはもとより，スマートフォンや現地に貼付したQRコードの読み取りなど，さまざまな方法で確認することができます．

これまでの日常点検でのデータや立会い作業の対象であるメンテナンスデータ

写真4　ネットワークカメラによる映像監視

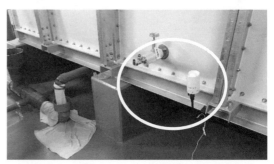

写真5　水抜き工程での現場カメラ設置状況

写真6　水抜き工程を遠隔からモニターで監視

写真7　対象箇所を確認しながら操作指示

は，弊社独自の設備管理システム（T-MET）に入力し，一元的な管理を行っています．これに基づいて顧客への報告書の作成や，中長期保全計画の進捗を管理しています．

今後の展開

このように，日常的な設備管理の場面で IoT センサーやツールがすでに大きな役割を果たしており，この事例を広く展開できればと考えます．

さらに，これからも優れたセンサーが開発され，併せて AI との連携も含めて，設備管理のスマート化の流れがさらに進むものと思われます（図3）．

労働人口の減少や異常気象による災害の頻発，さらには新型コロナウイルスの感染拡大に伴う新しい生活様式の模索など，多くの課題に直面する設備管理業界でも，第四次産業革命の進展が大きな変革をもたらそうとしています．

写真8　スマートグラスを装着した現場作業者

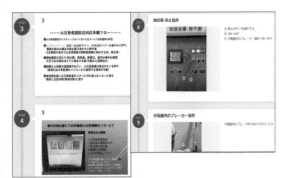

図2　マニュアル作成・共有システム

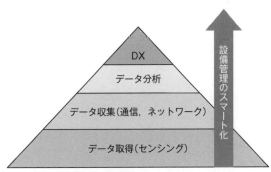

図3　設備管理のスマート化のイメージ

69 設備管理のスマート化

 スマート化によって，設備管理は今後どのように変わっていくのでしょうか．

近年，設備管理員の人材不足や知識・技術レベルのバラツキが問題となっています．この状況を解決するために，設備管理業界では，IoT技術を導入してクラウドツールと連携させるスマート化や，日常点検作業の質的向上の取組みが始まっています．

これまでの日常点検作業は，人が現場に出向いて，人間の五感，主に視覚，聴覚，触覚などに頼り，過去の経験や勘などをノウハウとして，状態を判断するケースが多くありました（図1）．しかし，IoT機器・ツールの進化とともに，人に代わってIoTでできること，遠隔からできることが増えてきました．

ここでは，こうした設備管理のスマート化に向けた弊社の取組み事例を紹介します．

日常点検作業の見直し

弊社では，これまで日常点検で行っていた作業をIoTセンサーによるデータ収集に代えて，人が行っていたデータ入力作業を減らしています．

以前は，目視によるメーターの読み取りや変色の有無確認などが日常点検作業の80％を占めていましたが，その作業をIoTセンサーに代える見直しを行っています（図2）．

IoT機器・ツールの活用

現場での人による点検を合理

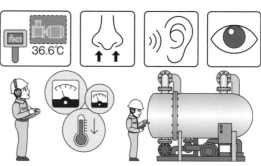

図1 これまでの日常点検（五感点検）

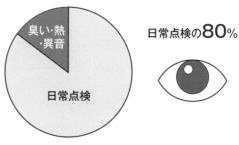

図2 メンテナンス作業時間

69 設備管理のスマート化

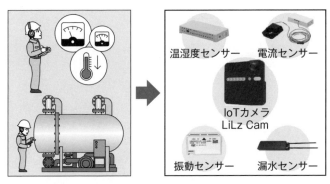

図3 人による五感点検をIoT機器・ツールへ

化するには，現場のメーター値を中央監視装置へ出力する必要があります．しかし，その場合，メーター自体を出力可能な計器へ交換し，供給電源を追加し，中央監視装置へのネットワーク配線工事とポイント追加といった大掛かりな工事と高額な費用が必要になってしまいます．

そこで弊社では，これらの手間と費用が不要な無線センサー（電池式）や現地メーター類の自動読み取りカメラなど，IoT機器・ツールを活用して点検作業の合理化を図りました．その結果，温湿度センサー・電流センサー・振動センサー・漏水センサー・IoTカメラLiLz Camなどをパッケージ化した「Yomiθ」（よみレス）※を導入し，運転状態をクラウドで管理することで，場所を問わない運転状態の見える化を実現しました（図3）．

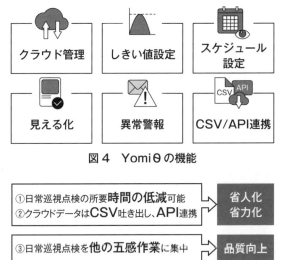

図4 Yomiθの機能

図5 Yomiθの導入効果

　※ YomiθはTMESの登録商標．

また，しきい値設定，異常警報の発報，スケジュール設定などが可能になり，日常管理にさらに付加価値を加えることができました（図4）．

　Yomiθの導入効果は，省人化・省力化にとどまりません．しきい値を設定すれば，操作画面での確認だけでなく，アラートのメール送信などで設備の異常の早期覚知

233

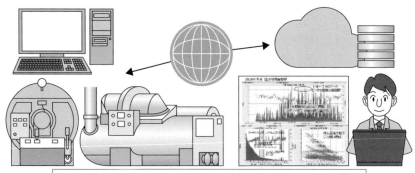

図6　クラウド上での遠隔サポート

ができるようになるといった，設備管理の品質向上が図れます（図5）．

遠隔からできること

　Yomi θを導入することで，現場で行う必要があることを減らせるだけでなく，遠隔からの技術的なサポートも可能となります．

　現場の運転状態をクラウド上で確認できるようになるため，以前は現場に行かないと発見できなかった異常を遠隔から早期に発見できることに加えて，不具合対応も以前より早く処置ができるため，ダウンタイムや二次的影響・リスクを低減できます．

　さらに，収集したデータを遠隔から分析し，現地スタッフと連携することで，技術的な支援を行うことも可能です．この利点を活用して，弊社では，エネルギー分析によって運転上の課題を見い出して，設定を変更するエコチューニングの実践など，運転管理の質の向上に特に力を注いでいます（図6）．

　ここで紹介したのは，弊社が取り組んでいるセンシング技術やIoT機器，IoTツールを総合的に組み合わせて活用した事例です．

　日本の労働人口減少が進んでおり，設備管理業界を含めたサービス事業では深刻な課題となっています．設備管理のスマート化を有効に活用することで，設備管理担当者の負担を軽減するとともに，設備異常の予兆を早期にとらえることで，予知保全が可能となります．

第7章
環境衛生

70. ビル管理基準の不適合発生項目 ⋯⋯⋯⋯⋯⋯⋯⋯ 236
71. ビル管理基準の相対湿度不適合 ⋯⋯⋯⋯⋯⋯⋯⋯ 239
72. ビル管理者が注意すべき熱中症対策 ⋯⋯⋯⋯⋯ 242
73. 冬期の窓面結露対策 ⋯⋯⋯⋯⋯⋯⋯⋯⋯⋯⋯⋯⋯⋯ 245
74. インフルエンザ感染を抑える空調方法 ⋯⋯⋯⋯ 248
75. 新型コロナウイルス感染症の注意点 ⋯⋯⋯⋯⋯ 251
76. 感染症対策での換気と省エネの両立 ⋯⋯⋯⋯⋯ 256
77. エアロゾルから換気を考える ⋯⋯⋯⋯⋯⋯⋯⋯⋯ 259
78. 健康増進法に基づく受動喫煙防止対策 ⋯⋯⋯⋯ 262
79. 食堂からの臭気拡散対策 ⋯⋯⋯⋯⋯⋯⋯⋯⋯⋯⋯ 265
80. 塩素酸の水質基準値超過への対処 ⋯⋯⋯⋯⋯⋯ 268
81. 害虫による被害防止対策 ⋯⋯⋯⋯⋯⋯⋯⋯⋯⋯⋯ 271
82. 食品工場などでの害虫対策 ⋯⋯⋯⋯⋯⋯⋯⋯⋯⋯ 274
83. 騒音・振動のトラブル・クレーム ⋯⋯⋯⋯⋯⋯⋯ 277
84. 音を可視化するツールで異音の調査 ⋯⋯⋯⋯⋯ 283

70 ビル管理基準の不適合発生項目

相談 2022年4月に，建築物環境衛生管理基準が改正されましたが，空気環境の不適合の状況とその対策を教えてください．

建築物環境衛生管理基準の空気環境に関する項目は表1のとおりで，建築物衛生法政省令改正による一酸化炭素と温度の新たな基準が2022年4月1日に施行になりました．

◯ 基準不適合率の年度変化と空調方式による違い

全国の特定建築物での基準不適合は，相対湿度，温度，二酸化炭素（以下「CO_2」と記す）が多く，図1に示すように，不適合率が年々増加しています．

また，東京都の立入検査によると，図2に示すように，相対湿度は平均で約6割，個別方式（パッケージ方式）では8割を超えるビルで，基準不適合が起きています．

◯ 省エネルギー技術と基準不適合率

省エネ技術別の基準不適合率は表2に示すとおりです．相対湿度の不適合はどの省エネシステムでも高い比率で発生しており，特にゾーニングの細分化，予冷

表1 建築物環境衛生管理基準

浮遊粉じんの量	$0.15\,mg/m^3$以下
一酸化炭素の含有率	6 ppm（旧基準10 ppm）以下
二酸化炭素の含有率	1 000 ppm以下
温　度※	・18℃（旧基準17℃）以上28℃以下 ・居室の温度を外気温度より低くする場合は，その差を著しくしない
相対湿度※	40％以上70％以下
気　流	0.5 m/s以下
ホルムアルデヒドの量	$0.1\,mg/m^3$以下

※　空気調和設備を設けている場合

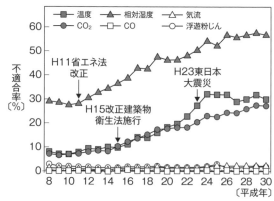

図1　不適合率の推移

236

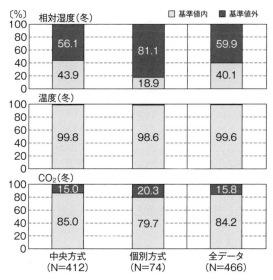

図2　東京都による立入検査の結果

熱時の外気導入停止，外気冷房が7割を超える不適合率を示しています．

ゾーニングの細分化は，基本的に温度制御優先で，個別の制御をパッケージやVAVで行うため湿度制御が難しくなっていると推定され，予冷熱時の外気導入停止も，温度制御優先から不適合率が高くなったと思われます．外気冷房は，省エネに有効な手段ですが，加湿器の容量を最低外気量で決定するよりも大きくする必要があり，加湿器が適切に選定されているかに注意が必要です．

表2　省エネルギー技術別の不適合率(冬期)

省エネルギー技術	相対湿度	温度	CO_2
全熱交換器（N＝96）	66%	10%	26%
スケジュール制御（N＝66）	62%	6%	21%
外気冷房（N＝41）	76%	7%	20%
VAV方式（N＝29）	59%	7%	24%
予冷熱時の外気導入停止（N＝21）	81%	10%	19%
ゾーニングの細分化（N＝15）	93%	0%	20%
CO_2制御（N＝11）	64%	0%	9%
全体データ（N＝122）	61%	9%	22%

出典：大澤元毅ほか「建築物の特性を考慮した環境衛生管理に関する研究」2011年

不適合率上位3項目に対する対策

①相対湿度

　基本は，加湿の制御を確実に行うことです．湿度は，インフルエンザの感染防止にも関係しており，健康管理の面から注意が必要です．湿度を上げると窓ガラスが結露するといった問題がある場合は，光透過性の断熱フィルムを貼ることで結露を

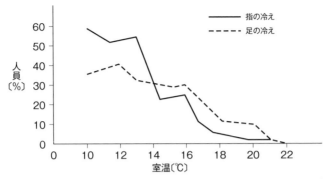

出典：文部科学省『学校環境衛生マニュアル―「学校環境衛生基準」の理論と実践』2018年
図3　軽作業時の温度と手足の冷えを訴えた割合

防止できる場合もあります．
②温度
　軽作業の場合の温度と作業性の関係を図3に示しますが，作業性を考慮すると22℃にするのが望ましいと考えられます．また，この図からも17℃から18℃への改正の妥当性は明らかです．不適合率の増加は東日本大震災後の夏場の影響も考えられ，快適温度は個人差が大きいので，状況に応じた対策が必要です．
③ CO_2
　新型コロナの感染拡大で換気の重要性が喧伝されましたが，ここ20年近く，不適合率が右肩上がりで増えているのは，在室人員の健康管理の観点からも見過ごすことのできない問題です．
　在室者から発生する CO_2 を外気で希釈して濃度を下げるのが基本で，建築基準法では1人当たり $20 m^3/h$ の外気導入を最低限度の基準にしています．しかし，厚生労働省推奨の $30 m^3/(h・人)$ の外気導入[18]を目指し，不適合時は在室人数を減らすことなども選択肢として考えられます．

　建築物環境衛生管理基準とその不適合が多い相対湿度，温度，CO_2 の対策について紹介しました．ビル管理者として，その時代，その建物に合った適切な対策で，建物内を健康的状態に保つことが何より重要です．

71 ビル管理基準の相対湿度不適合

相談 特定建築物への立入検査で，相対湿度が建築物環境衛生管理基準を満たしていないことが多いとの指摘がありますが，ビル管理者としてどのような対処が必要でしょうか．

室内環境基準と湿度条件不適合の現状

居室内の環境は，各国でそれぞれに規制されており，わが国では学校における衛生基準や労働安全衛生法第4条などにより基準が定められ，また，建築物衛生法では，より厳格な基準になっています（表1，図1）．ちなみに，わが国のこれらの基準は努力義務であり，直ちに行政措置や罰則に結び付くものではありません．

表1 各国の温熱環境基準

温熱環境因子		アメリカ／保健省	アメリカ／労働安全衛生局	イギリス／健康安全局	中国／環境保護総局	日本／建築物衛生法	日本／学校環境衛生基準	日本／事務所衛生基準規則
室温〔℃〕	夏季	21.1～26.7	20～24.4	13～30	22～28	18～28	18～28	10～
	冬季	18.3～20.0			16～24			
相対湿度〔％RH〕	夏季	—	20～60		40～80	40～70	30～80	—
	冬季				30～60			

出典：東賢一「建築物環境衛生管理基準の設定根拠の検証について」2012年

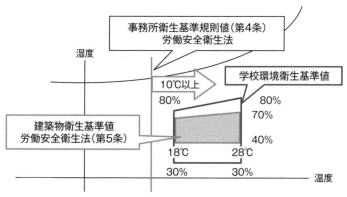

図1 温度と湿度の環境衛生基準値

なお，厚生労働省によると，立入検査時，空気環境測定値の不適合率が高く，特に相対湿度の不適合割合が5割を超えているとのことです．

相対湿度の健康に対する影響

2019年2月は，統計を取り始めて以来最も多いインフルエンザ患者数となりましたが，その際に室内の相対湿度管理の重要性がさかんに指摘されていました．

相対湿度の推奨範囲に関する研究成果の一例を図2に示します．そうした研究によると，感染患者の飛沫中のインフルエンザウイルスを3時間で不活化するには，18℃で50〜60％RH，26℃で55％RH，31℃で25〜30％RH必要といわれています．また，カビは70％RH以下であれば問題なしとされています．ダニは60％RH以下ですが，50％RH程度でも生存が観察されるといわれています．アレルギー症状は20〜30％RHから30〜40％への加湿で改善するとの報告があります．

ちなみに，低湿度になると，目の刺激症状や角膜前涙液層の変質が増加します．これらの影響は，パソコンなどのモニター画面を見続ける作業で増悪する可能性があります．また，呼吸器系へ影響する可能性も報告されています．

乾燥時の静電気については，カーペット歩行時の人体の帯電圧は相対湿度の上昇とともに低下し，3kV程度以下とするには，相対湿度が40〜50％RH程度必要といわれています．

以上の知見からも，湿度基準の不適合は，健康の悪化原因になる可能性があり，湿度管理が健康管理上，重要な項目であるのは明らかです．

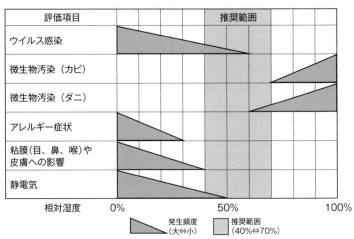

出典：東賢一「建築物環境衛生管理基準の設定根拠の検証について」に筆者が加筆

図2　相対湿度の推奨範囲

加湿不足の原因推定と対策

ビル管理者が管理することが多い中央空調方式のほうが，個別空調方式より不適合率が低いとの研究報告があります[19) 20) 22)]．このことからすると，2003（平成15）年の建築物衛生法の改正に伴って特定建築物の適用範囲が広がり，十分な加湿システムを持たないパッケージ式の個別空調も対象になったことが，前述の湿度不適合率が増加している原因の一つとして挙げられます．パッケージ式空調向けに開発されたドレンレス，給水レスの最新式湿度調整システムでも，基準不適合のケースが散見されます．

また，適切な加湿システムを設備した建物でも不適合が起きています．近年，窓ガラスが大きく開放感のあるオフィスビルが増えており，冬場の結露を嫌って加湿を停止する建物もあります．そうした建物では，窓ガラスが断熱性能のよいペアガラスなどの場合は結露の可能性は少ないと考えられます．しかし，そうでない場合，冬場に湿度を 40% RH 以上に保とうとすると，結露の可能性が高まります．そのため，結露受けを窓台に設置するホテルすらあります．ガラスの断熱性能だけではなく，サッシなどの断熱性能もよくないと，その弱点部分が結露する場合もあります．

また，室内表面が冷え切った，冬場の週明けの空調立ち上がり時などは，結露発生条件になりやすいため，室内表面が温まるまで加湿運転しないなどの対応が必要となります．ガラス面にフィルムを貼る，隅角部を断熱する，風向きを変えて冷表面に風を当てて加温する，なども有効です．

ビル管理者が率先して基準順守

居住者の健康を守る立場から，冬場でも，現状の法律に則って相対湿度を管理基準値内とする措置を行うことが，ビル管理者として何より重要です．結露を理由に，湿度基準不適合の運用をするなど，本末転倒です．

現存設備で管理基準をどうしても満足できないのであれば，これらの事実を基に，加湿システムの性能アップや外壁の断熱性能アップ，適切な結露対策付き空調システム設置を，建物所有者に対して提案することなどが，管理者としての責務といえるでしょう．

72 ビル管理者が注意すべき熱中症対策

相談 毎年，夏になると，熱中症による救急搬送事例が報道されます．ビル管理の立場から，どのような注意が必要でしょうか．

熱中症学の中井誠一氏（京都女子大学名誉教授）は，「熱中症は現代の『災害』である」と，警鐘を鳴らしています[23]．総務省消防庁資料によると，夏場の熱中症救急搬送数は5万件前後で，特に，2018年度は10万件近くに上りました．熱中症死亡者数は，2010年以降は年間1,000人近くに達する年もあります．年齢別の発生状況では，10代の学生は運動時に，20～50代は労働時に，60代以上の高齢者は日常生活時に，発症する傾向が見られます（図1）．

🔍 熱中症の種類

人の体温は，調節機構によって通常37℃付近に維持されます．しかし，何らかの原因で調節不全または調節不能の状態になり，異常な体温上昇や循環不全，電解質異常を起こす障害を，総称して「熱中症」といいます（表1）．

高温多湿の状態で，通気性のよくない服を着ていると，皮膚表面からの汗の蒸発による冷却機能が妨げられます．一般に，高温による障害リスクは急激に高温にさらされた場合に高くなり，長い時間をかけて高温多湿になった場合は，適応反応に

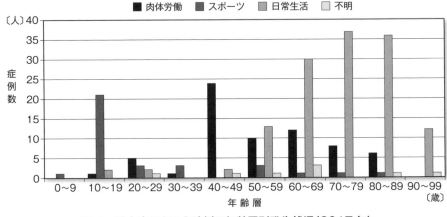

図1 熱中症による入院例の年齢層別発生状況（2017年）

表1　熱中症の種類

分類		意味
熱中症		暑熱障害の総称
軽症	熱失神 熱虚脱	皮膚血管の拡張により血圧が低下し，脳血流が減少して起こる一過性の意識障害
	熱けいれん	低ナトリウム血症による筋肉のけいれんが起こった状態
中等症	熱疲労	大量の発汗によって脱水状態となり，全身倦怠感，脱力，めまい，頭痛，吐き気，下痢などの症状が出現する状態
重症	熱射病	体温上昇のため中枢神経機能が異常をきたした状態
	日射病	上記の中で太陽光が原因で起こるもの

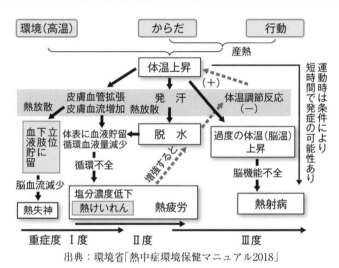

出典：環境省「熱中症環境保健マニュアル2018」
図2　体温調節反応と熱中症の病態

よって順化するため，体温を平熱に保ちやすくなってリスクは低下します．高齢者はその順化がしにくく，発症リスクが高くなります（図2）．

熱中症の発症とWBGT値

　WBGT値（暑さ指数）は，熱中症予防の目安に用いられる指標で，人体が受ける熱ストレスの大きさを気温・湿度・風速・輻射熱から算出します．温度と同じ単位記号〔℃〕で表しますが，気温とは異なります．特に湿度の影響が大きく，WBGT値が28℃を超えると熱中症発症者が急増するので，注意が必要です（図3）[24]．

　熱中症にならないようにするには，発症の要因をできるだけ排除することが重要です．涼しい服装（例：空調服＝ファン付き作業着）の着用，水分・塩分補給，日陰

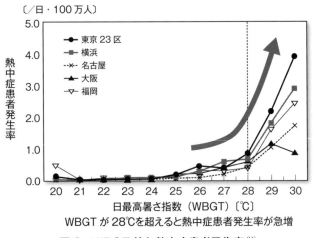

WBGT が 28℃を超えると熱中症患者発生率が急増

図3　WBGT 値と熱中症患者発生率[24]

の利用，十分な休息・睡眠などが必要です．なお，水分だけの摂取は危険で，塩分補給も重要なことを周知する必要があります．高齢者で，高血圧症罹患，耐糖能異常，糖尿病罹患，握力低下，貧血，心肺機能異常，肝機能異常といった診断を受けている場合などは，特に配慮が必要です．

　ビル管理者の場合は，空調の入っていない電気室やボイラー室，冷凍機室や屋外の冷却塔周りの点検などは，リスクが高い場合があるので，環境省が公表している「熱中症環境保健マニュアル」などを参考に，日常対策を実施してください．

[熱中症予防対策 10 項目]
①仕事に来る前に食事はしてきたか．
②前日，十分に睡眠をとったか．
③風邪はひいていないか(下痢・発熱はしていないか)．
④前日の飲み過ぎなどで脱水症状になっていないか．
⑤定期的に水分・塩分補給をしているか．
⑥暑熱順化期間(≒7日間)を設けているか．
⑦こまめに休憩をとっているか．
⑧定期的に熱中症対策の教育(症状，予防処置，救急対策，事例など)をしているか．
⑨経口補水液(飲む点滴)を常備しているか．
⑩発症時には，救急車による早期病院搬送を実施する．

73 冬期の窓面結露対策

相談 冬になると窓に結露し，窓枠に水滴が溜まってしまいます．結露を防ぐ有効な対策がないでしょうか．

結露はいろいろなところで起こる

冬期に加湿すると，窓や窓枠が結露して，窓枠に水滴が溜まってしまいます．なぜ，結露は起こるのでしょうか．

コップに冷たい飲み物を入れてしばらく経つとコップの外側に結露して，水滴が垂れてきます．自動車のフロントウインドウやリアウインドウでも，乗員から発生する水分によって，寒い時期には結露します．窓でもコップでも車でも，結露は同じように発生します．

結露はどんな条件で起こるのか

窓の表面温度が，室内側の露点温度（空気に含まれる水分が凝縮を始める温度）より低い場合に結露が起こります．

たとえば，室内環境が22℃ DB，40% RH（図1の点①）の場合，露点温度は，約7.8℃ DP となります．このとき，窓や窓枠の温度が7.8℃ DB（図1の点②）を下回っていると，結露が発生します．

したがって，結露を防ぐためには，
・窓や窓枠の温度を室内露点温度より高くするように窓面温度低下を防止する
あるいは，
・室内露点温度を窓や窓枠の温度より低くするように室内温湿度管理を行う
ことが必要です．

窓面温度低下防止による対策

窓や窓枠の温度が低くなるのは，外気温度が低く，窓や窓枠での熱の通過が多いからです．外気温度を変えるという対策はできないので，
・窓や窓枠の熱の通過を減らす
または
・窓に加熱源を設置して窓面温度の低下を防ぐ

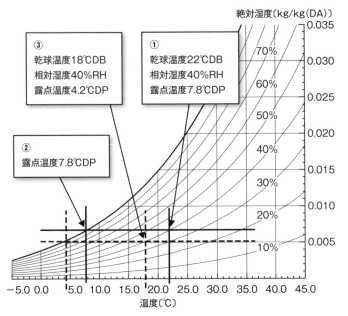

図1 結露が発生する温湿度条件

ことが結露対策になります．その具体策には，
❶断熱性能の高いガラスを使った二重ガラスや三重ガラスの窓にする
❷二重窓（二重サッシ）にする
❸断熱フィルムや電気ヒーターフィルムを窓に貼る
などがあります（表1）．ただし，これらの方法は高価なので，多くの場合，新築時や大規模リフォーム時に限られます．

　ある本社ビルの大規模リフォームで，窓の断熱性能を上げるため，二重ガラスの窓に変更しました．リフォーム後，冬期に訪問した際，窓ガラスには結露がなく，やはり効果が大きいのだと感じました．しかし，窓枠はアルミ製でしたので，残念なことに結露しており，水滴が垂れていました．窓枠を樹脂製のものにしておけば，結露対策としてより効果的だったと思いました．

　窓に加熱源を設置する身近な例は，自動車のウインドウです．結露して視界が遮られると非常に危険なため，結露対策が必須です．一般的には，フロントウインドウは，温風を吹き付けることで窓の室内側表面温度を上げます．リアウインドウは，電熱線が組み込まれていて，窓の温度を上げることができます．窓の温度が室内の露点温度より高くなれば，結露対策になります．

　住宅の場合は，窓の下部にウインドウヒーターなどの電気ヒーターを設置することで，結露対策ができるものが販売されています．

あるテナントビルでは、結露対策として、二重窓が新築時に設置されたのですが、北側の窓で結露が発生したため、竣工後に北面だけ、電気ヒーターを二重窓の内側に追加設置しました。

結露対策をしたい窓の近くに、ペ

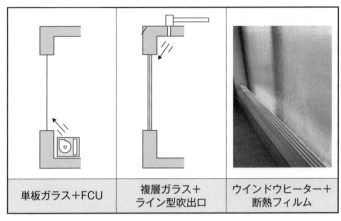

表1 窓面での結露対策の例

| 単板ガラス＋FCU | 複層ガラス＋ライン型吹出口 | ウインドウヒーター＋断熱フィルム |

リカウンター内FCU（ファンコイルユニット）や天井埋込みの空冷エアコンがある場合、窓面に近い天井面に吹出し方向が変えられる空調装置がある場合は、吹出口を窓面方向に向けられれば、窓面温度を多少上げて、結露を軽減できます。

室内温湿度管理による対策

窓や窓枠の温度は外気温度や日射により異なるので管理できませんが、室内の温度や湿度の設定を調整して、室内露点温度をある程度変えることができます。

たとえば、図1の室内環境で、湿度設定は40%RHのまま、温度設定を18℃DB（図1の点③）に下げた場合、露点温度は約4.2℃DPとなります。先に挙げた22℃DB、40%RH、7.8℃DPと比べると、露点温度が約3.6℃DP異なり、その分、結露しにくくなります。

また、朝、空調起動前に窓面が結露する場合がありますが、前日の空調停止前に加湿を停止して室内露点温度を下げる運用を行い、翌朝の結露を軽減する方法もあります。

結露対策は難しい

窓や窓枠の結露対策は、なかなか難しいものです。近年の室内環境を考えるとき、ウェルネス※が重要視されており、結露によるカビなど、健康への悪影響が懸念されます。対象室内の状況をよく観察して、室内温湿度環境を変更することも含めて、結露対策を検討することが大事です。

※ ウェルネス：「元気」や「爽快」を意味する英語「well」の名詞形。CASBEE-ウェルネスオフィスでは、建築物の健康性、快適性などを評価している。

74 インフルエンザ感染を抑える空調方法

 生徒が体調不良で授業を欠席し，勉強や実習に支障が出ないように，空調技術でインフルエンザ感染を抑える方法はないでしょうか．

ある学校からの相談です．毎冬，インフルエンザの流行が問題になりますが，その集団感染の中心ともいえるのが学校です．

● 冬に大流行するインフルエンザの特徴

インフルエンザウイルスは，くしゃみや咳によって外界に排泄され，周囲の人の呼吸器に侵入し感染していきます．浮遊中の粒子に含まれるインフルエンザウイルスの感染性は，周囲の温湿度によって大きく影響され，相対湿度50％以上になると感染し難くなります．

感染予防のため冬場にマスクをする人が以前に比べて増えていますが，空調の面から感染予防法ができないかを考えてみましょう．

● インフルエンザウイルスを含む唾液ミスト

人が咳やくしゃみをすると，その飛沫の飛ぶ距離は約2mに達します（図1）．
また，乾燥空気中（20～

出典：厚生労働省発表の動画
図1 くしゃみによって発生する飛沫粒子

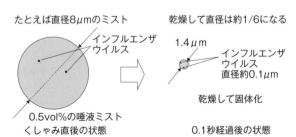

図2 くしゃみなどで出る飛沫の時間的経過

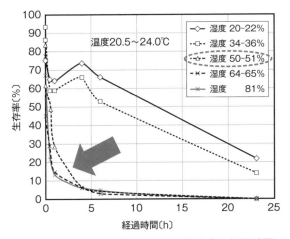

図3 インフルエンザウイルスの生存率と経過時間
（相対湿度による比較）

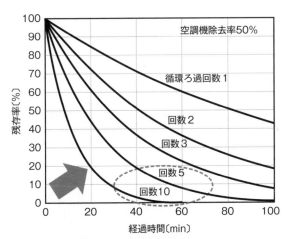

図4 インフルエンザウイルスの残存率と経過時間
（空調の循環ろ過回数による比較）

50％RH）では，人が咳やくしゃみをすると唾液ミストは瞬時に乾燥し，大きさは1/6に小さくなります（図2）．

相対湿度と循環ろ過回数

この乾燥した飛沫の中にあるインフルエンザウイルスは，加湿を確実に行って相対湿度を50％以上に保つと不活化が著しくなります（図3）．

また，循環ろ過回数による浮遊生物の減衰の変化を考察すると，空調による室内

の空気の循環ろ過回数を1時間当たり5〜10回以上にすれば，インフルエンザウイルスや浮遊生物の効果的な除去ができます（図4）.

空調での抑制対策

図5に示す部屋の容積の5回以上の循環を行い，表1に示す加湿器（採用実績のある滴下式と電極式を図6に示しました）で相対湿度を50%以上に保つことにより，インフルエンザウイルスの不活化が図れます.

そこで，「マスク，手洗いと同時に湿度管理と循環量の確保が肝要です」というアドバイスをしました．その結果，提案した学校では，大規模なインフルエンザの流行は今のところ発生していません．湿度管理と循環量をしっかり確保したことが大きな成果につながりました.

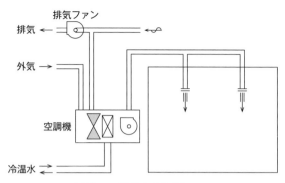

図5　一般的な空調フロー

表1　一般的に用いられる加湿の方式

加湿方式		採用実績	特　徴
蒸気式	パン型	○	電力消費量大
	電極式	◎	電力消費量大
	二重管式	◎	蒸気配管が必要
	間接式	○	蒸気配管が必要
水噴霧式	二流体噴霧式	○	圧縮空気が必要
気化式	滴下式	◎	給水量大
	透湿膜式	○	不純物の堆積

滴下式：上部から給水し加湿材を濡らして通風気化

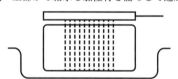

電極式：電極間の水をジュール熱で加熱し蒸気発生

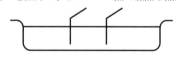

図6　主な加湿器の基本構造

75 新型コロナウイルス感染症の注意点

相談 新型コロナウイルスなどの感染症対策を行う上で，ビル管理者として注意すべき点は何ですか．

人類の歴史は感染症との戦いの歴史です．そこで，新型コロナウイルスを念頭に感染症の基礎知識と，感染経路の遮断の観点からのビル管理者としての注意点を紹介します．

感染とは，病原体が宿主（ヒト，動物など）に侵入して増殖することです．病原体の主なものには，細菌，ウイルス，リケッチア，スピロヘータ，原虫，真菌などがあります．

感染成立の3要件

感染が成立するためには，「感染源」「感染経路」「宿主の感受性」の3要件が必要です．
①感染源：病原体を保有し，これをヒトに伝播させるヒト，動物，水・食物・汚物・器具など
②感染経路：直接伝播と間接伝播に分かれます
　・直接伝播→直接接触（他人との接触）
　　　　　　→飛沫接触（くしゃみなどの飛沫）
　　　　　　→垂直感染（母子感染）
　・間接伝播→媒介物感染（間接接触，食物感染，水感染など）
　　　　　　→媒介動物感染
　　　　　　→空気感染（飛沫核感染，飛塵感染）
③宿主の感受性：病原体に対する抵抗力のなさ
　・先天性免疫
　・後天性免疫→自然免疫
　　　　　　　→人工免疫（予防接種）

感染源の排除

基本対策は，「感染源の排除」「感染経路の遮断」「宿主の抵抗力の向上」です．感染源の排除と感染経路の遮断対策として，消毒は重要な方法です．ある環境中のす

表1　新型コロナウイルスの消毒・除菌方法 [27)]

方　　法	モノ	手指	現在の市販品の薬機法上の整理 [※1]
水および石けんによる洗浄	○	○	―
熱水	○	×	―
アルコール消毒液 [※2]	○	○	医薬品・医薬部外品（モノへの適用は「雑品」）
次亜塩素酸ナトリウム水溶液(塩素系漂白剤) [※2]	○	×	「雑品」（一部「医薬品」）
手指以外に対する界面活性剤(洗剤) [※2・※3]	○	―	「雑品」（一部「医薬品・医薬部外品」）
次亜塩素酸水(一定条件を満たすもの) [※2・※3]	○	―	「雑品」（一部「医薬品」）

※1　薬機法上の承認を要する製品が一部あり，そのような製品は手指消毒も可能.
※2　それぞれ所定の濃度がある.
※3　界面活性剤(洗剤)と次亜塩素酸水の手指に対する消毒の有効性評価は行われていない.

べての微生物を死滅させることを滅菌，その中の病原体のみを不活化させることを消毒と呼びます．化学的方式と物理的方式があり，対象に合わせた方式を用いることが大切です．

　表1に新型コロナウイルスの消毒方法を示します．手指の消毒は手洗いとアルコール消毒が基本であり，モノの消毒には，熱水による物理的方法や次亜塩素酸ナトリウムの水溶液で行う化学的方法があります．

🔵 感染経路の遮断の方法

　一般的な感染症の伝播とその遮断対策を**表2**に示します．新型コロナウイルス感染症拡大防止には，インフルエンザなどと同様に，マスクによる遮断が必要です．

🔵 国としての感染症対策

　国内における感染症は，「感染症の予防及び感染症の患者に対する医療に関する法律」（略称「感染症法」）に基づき，その感染力や致死率などによって1類から5類に分類され，1類「原則入院」，2類「必要に応じて入院」，3類「就業制限」，4類「動物の輸入禁止」，5類「発生動向の把握」などの措置がとられます．

　新型コロナウイルス感染症は，指定感染症に分類され，2類と同じ対応策が講じられてきましたが，2023年5月8日，5類に移行になりました（**表3**）．ただし，今後の感染状況の変化や分析の進展により，分類が変更される可能性があり，今後の状況を注視する必要があります．ちなみに，過去に指定感染症に指定されたSARSとMERSは現在，2類となっています．

　感染拡大を抑える手段は，「①外出自粛，三密回避」「②手洗い・うがい・マスク

75 新型コロナウイルス感染症の注意点

表2 感染症の伝播と遮断対策

代表的な感染症または病原体	伝播の遮断	感染時のヒト－ヒトの距離	媒介するもの
デング熱，黄熱，ジカ熱	網戸，蚊帳，蚊忌避剤	長（＞1m）	蚊
A型肝炎，コレラ	水道水の塩素消毒		水
ノロウイルス(吐物)，水痘(水泡内容)	健常者がマスク		空気(塵埃)
麻疹，結核	患者がマスク		空気(飛沫核)
インフルエンザ等呼吸器疾患，細菌性髄膜炎	マスク	短（≦1m）	飛沫
性感染症(エイズ，梅毒，淋病など)	コンドーム	ゼロ	性交
ノロウイルス，アデノウイルス，エンテロウイルス，腸管出血性大腸炎	手洗い，箸，お辞儀	手指	
エイズ，B型肝炎，C型肝炎	血液スクリーニングディスポーザブル注射器使用	血液	

出典：井上栄『感染症　広がり方と防ぎ方　増補版』中央公論新社刊

表3 感染症法における指定感染症と新感染症

分　類	定　義	主な対応
指定感染症	既知の感染症の中で1類から3類の感染症に分類されていない感染症であって，1類から3類に準じた対応の必要性が生じた感染症．1年を限度として政令で指定される（新型コロナウイルス感染症は2020年2月1日に指定，2023年5月8日に5類に移行）	原則として入院
新感染症	人から人への伝染が認められる疾病で，既知の感染症と症状などが明らかに異なり，その伝染力と罹患時の重篤度から判断した危険性がきわめて高い感染症(現在指定なし)	政令で指定する

着用」「③免疫獲得」です．③の免疫獲得（ワクチン接種）ができるまでは，①と②の対策で対症療法をするしかありませんが，ビル管理者にできる対策として，換気があります．

換気方法

厚生労働省では，「『換気の悪い密閉空間』を改善するための換気方法」[18]を公表し，以下の換気方法を推奨しています．

- 機械換気（空気調和設備，機械換気設備）：建築物環境衛生管理基準に適合していることを確認し，必要換気量（1人当たり30m³/h）が確保されていること．必要換気量が足りない場合は，1部屋当たりの在室人数を減らすこと．
- 窓の開放による方法：換気回数を2回以上/hとすること（30分に1回以上，数分間程度，窓を全開にする）．複数の窓がある場合は二方向の壁の窓を開放する

第7章 環境衛生

253

こと.

また,(公社)空気調和・衛生工学会では,さまざまな知見[28]について発表しています.

世界保健機関（WHO）も,当初の見解を翻して,屋内の換気が不十分で混雑した空間では,呼気由来のエアロゾルが発生し,飛沫感染と相まって一定量のエアロゾルを吸引することによる感染の可能性は否定できないとして,日本の「三つの密を避けましょう」を訳出した"Avoid the 3Cs"を,新型コロナ感染対策として推奨しています.

専門家からの提言

(公社)空気調和・衛生工学会の「空気調和・衛生設備分野の専門家からの見解」[29]では,以下の5項目を挙げています.

①建築物環境衛生管理基準の順守（**表4**）

②1人当たりの換気量を確保することで,空調気流に伴う飛沫や飛沫核の拡散によって感染を抑制できる可能性がある.

③適切な換気量の確保を必須条件として,夏季には熱中症対策が必要である.

④換気の不十分な状態で感染者と1時間足らず臨席しただけで感染した事実を踏まえ,換気による対策は連続して実施する.

⑤自然換気ができる場合は,室温を維持しつつ,窓開けによって換気量をより確保する.

しかし,実際のビルでは,二酸化炭素の基準不適合率が高いことから,三密対策に重要な外気導入が十分でないビルが多数あります[30].

二酸化炭素は総合的な評価指標であり,ヒトの活動強度によって発生量が変化します.ウイルスの発生量も,大声を出す,咳をするなどによって増えるとされています.

この指標を使って検討することが,現時点ではよい方法のようです.

今後の検討

気流解析では現在,CFD（数値流体力学）の発達により,さまざまな検討がなされています.スーパーコンピューター富岳の解析などで,室内の気流のいろいろなパターンが明らかになり,間仕切りの高さは,140cm程度がよ

表4　建築物環境衛生管理基準

浮遊粉じんの量	0.15mg/m^3 以下
CO濃度	6 ppm 以下
CO_2濃度	1 000 ppm 以下
温　度	18℃以上28℃以下（居室の温度を外気温度より低くする場合はその差を著しくしないこと）
相対湿度	40%以上70%以下
気　流	0.5m/s以下
ホルムアルデヒドの量	0.1mg/m^3以下

いという検討結果が出ています．新しい技術情報が各方面で発信されていますが，以下に，リスクを下げる二つの方法を紹介します．

空気清浄機の効果的利用

空気清浄機は，フィルターろ過式と電気集じん式に大別されます．

フィルターろ過式は，厚生労働省や REHVA（欧州空調換気設備協会）などが，HEPA フィルターを付けると効果が高いとしています．その際，フィルターの捕集率と風量が重要なファクターになります．対象空間の容積を勘案して，空気清浄機の風量や台数を選定する必要があります．換気風量が確保できるほど，ウイルス濃度低減効果が大きくなります．さらに，補助設備として空気清浄機を付けることも有効です．

置換空調による換気の検討

置換空調は，主として居住域で良好な空気質を得る手法の一つです．室内の飛沫拡散にはシステムの換気効率が重要で，置換空調による換気方式は換気効率が高く，居住域内の汚染濃度を混合換気よりも低く抑えられる傾向があり[31]，室内でのクラスター感染発生リスクを下げることができます．特に，体育館や劇場などの天井の高い空間では居住域のみ空調ができ，省エネ性が高い空調方式です．図1に置換換気の概要を，表5に混合換気と置換還気の室内環境比較を示します．

そのほか，冬期のインフルエンザ予防の観点からは，湿度コントロールも外気導入と同様に重要であるとされており，低湿度になる季節はより注意が必要です[31]．

換気について，また，よりリスクを下げる方法として空気清浄機の検討や置換空調の採用なども，ビル管理の専門家として選択肢の一つであることを紹介しました．未だワクチンなどが開発途上にある中で，日々の新情報や新技術の動向を取り入れて管理することを心掛けるとよいでしょう．

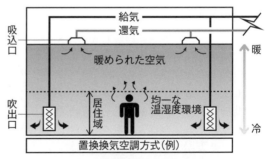

図1　置換換気方式の概要

表5　換気方式による室内環境の比較

	居住域汚染濃度	室内上下温度差
混合換気	高い	小さい
置換換気	低い	大きい

76 感染症対策での換気と省エネの両立

相談 新型コロナウイルス感染症拡大防止には換気が重要と言われています．有効な換気を確保しながら省エネと両立するには，どうすればよいでしょうか．

新型コロナ対策として，密閉空間，密集場所，密接場面のいわゆる三密を避けることが提唱されています．中でも感染症対策には換気が重要ですが，単純に換気風量を増やすだけでは，外気負荷が増えて，省エネに逆行することになります．

換気の役割と必要外気量

建物における換気は，室内の空気と外気を交換し室内の汚染物質を除去して，人の活動に適した空気質を維持する役割を持っています．感染症対策の観点からは，ウイルスを含む飛沫の拡散を抑え，速やかに室外に排出することが重要です．

居室は，CO_2濃度を1 000 ppm以下にするように建築物衛生法で規定されています．建築設備設計基準では，一般事務庁舎の1人当たりの外気量は30 m^3/（h・人）とされています．

換気効率と空気齢

換気効率は，室内の隅々まで外気が行きわたるかを示す尺度です．給気口と排気口が近い場合，外気は室内全体に十分に行きわたらずに排気されてしまい，換気効率が低い状態になります．

換気効率の指標の一つに「空気齢」があります（図1）．これは，新鮮外気が室内に流入してからある部位に届くまでの経過時間のことで，空気齢が高い（老齢）空気は滞留時間が長く，空気齢が低い（若齢）空気は，より新鮮な状態を表します．

室内全体に外気が行きわたらないと，新鮮な外気も長い時間室内にとどまることになり，淀みが生じます．感染症対策には，短い時間で室内を効率よく換気することが重要です．

省エネを図るために

換気と省エネを両立する手法を列挙します．
①換気効率が高い方式を採用する
　同一換気風量でも，換気経路などに配慮して，できるだけ換気効率が高い方式を

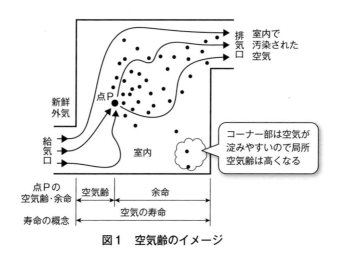

図1　空気齢のイメージ

採用します．
② CO_2 濃度制御で外気量を適切に保つ
　コロナ禍の状況では，在室率が下がる傾向が想定されます．空気質の目安である CO_2 濃度に応じて，外気風量を適切に可変制御します．
③ 全熱交換器で外気負荷を低減する
　室内の空調空気を直接排気しないで，取入れ外気と熱交換する全熱交換器も有効です．排気風量が外気風量よりも極端に少なくなると熱交換効率が低くなる点は，注意が必要です．
④ 外気冷房
　中間期（春・秋）の外気冷房が有効な期間は，外気を最大限に取り込むと省エネになります．

混合空調と置換空調

　通常のダクト式の空調では，天井面の吹出口から給気して，室内空気と混合しながら室内全体を一様な所定の温度にし，天井面の吸込口から還気します．この方式を混合空調と呼びます．
　一方，置換空調は，居住域に給気して天井部で排気する方式です．オフィスなどの室内には，OA機器や人体などの熱負荷が存在します．冷房時は室温よりも低温の冷気が給気され，熱負荷を処理した空気が空調機に還気されます．居住域内に給気された新鮮な空調空気は，発熱体を包むようにして熱を奪いながら，自然対流（浮力）により上昇します（図2）．このように，混合空調に比べて，置換空調は熱や汚染物質（ウイルス）を全体に拡散させません．また，在室者のドラフト感を抑えるため給気温度を混合空調よりも高く設定しており，外気冷房期間を長くとることがで

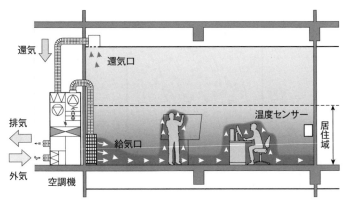

図2 置換空調の構成

きるので,より省エネになります.

換気効率の測定例と置換空調用空調機

音楽ホールの空気齢を測定した事例[32)]では,床上1.1mの人の呼吸域の局所空気齢は,混合空調で24.2〜27.1分,置換空調で4.1〜6.4分

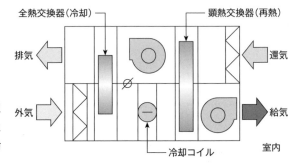

図3 置換空調用空調機の構成(冷房時)

で,混合空調よりも置換空調のほうが短い結果となりました.このように,置換空調は換気効率が5倍程度高く,感染症対策への有効性が期待されます.

大人数の音楽ホールのように,潜熱負荷が大きく,除湿再熱が必要な用途には,全熱交換器と顕熱交換器の二つの回転式ローターを内蔵した空調機[33)]が有効です(図3).冷却コイル入口側の全熱交換器で外気と排気を全熱交換して外気負荷を低減します.さらに,冷却コイル通過後の冷却除湿された給気と室内からの還気を顕熱交換して再熱昇温します.この空調機を約500人収容の劇場に設置した事例での冷却コイル負荷は,再熱ヒーターを使用した場合の約60%でした[33)].

置換空調は居住域を効率よく空調できるので,天井が高い体育館でも効果的です.在室者のドラフト感を抑えるために低風速で吹き出すので,バドミントンや卓球競技でも支障ありません.

Withコロナでの BCP 対策として,既存の体育館を避難所として利用することを想定し,置換空調も検討してみてはいかがでしょうか.

77 エアロゾルから換気を考える

相談 最近，新型コロナウイルスなどの感染症対策として空気清浄機を導入するケースが増えています．導入する際の注意点などを教えてください．

感染リスクと必要換気量

ウイルスの粒子径はおおむね 0.1 μm 前後といわれており，飛沫や塵埃などの粒子に付着しています．このうち粒子径 10 μm 以下のものは落下の沈降速度が緩やかで，空気中を浮遊します．これらはエアロゾルと呼ばれ，気流に乗ってウイルスを室内に拡散させるので，クラスター感染の要因となっています．

冷暖房でエアロゾルの濃度を変えることはできませんが，換気で希釈して濃度を低減することが可能です．換気には，窓などを開放して外気を導入する自然換気と，送風機で外気を導入する機械換気があります．一般的に，自然換気は冷暖房を使用せず，30 分ごとに 5 分間程度窓を開放し，空気の入替えを行います．機械換気は冷暖房と併用し，外気導入を行います．外気導入のための換気量と換気回数は次式で算定します．

換気量 = 1 人当たりの必要外気量 × 室面積 ÷ 1 人当たりの専有面積

換気回数 = 換気量 ÷ 室容積

1 人当たりの必要外気量は，従来，建築基準法で最低 20 m^3/(h・人) と定められていますが，エアロゾルを希釈するには 30 m^3/(h・人) 程度が必要です．※

※ 20 m^3/(h・人) は建築基準法で定める最小値，30 m^3/(h・人) は厚生労働省による推奨値．

表 1 は，1 人当たりの必要外気量を 20 m^3/(h・人)，室面積を 100 m^2 とした場合の換気量の算定表です．外気導入量は新築時に設備上の制約のもとで決定され，竣工後にそれを増やすのは困難です．

Wells-Riley の数理モデルによれば，密閉空間では，①感染性粒子発生量が小さいほど（マスク着用で低減），②滞在時間（会議時間）が短いほど，③換気量（換気回数）が多いほど，感染リスクは低くなります．

$P_I = 1 - \exp(-Iqtp/Q)$

ここで，P_I：感染リスク

I：感染者数〔人〕

q：感染者の感染性粒子発生量〔quantum/h〕

表1　用途別換気量の算定表

用　途	専有面積〔m²/人〕	人　数〔人/m²〕	天井高〔m〕	室容積〔m³〕	在室人数〔人〕	換気量〔m³/h〕	換気回数〔回/h〕
事務所	5	0.2	3	300	20	400	1.4
待　合	3	0.3	3	300	30	600	2.0
集会場	2	0.5	5	500	50	1 000	2.0
食　堂	2	0.5	3	300	50	1 000	3.4
ライブハウス	1	1	5	500	100	2 000	4.0

注）1人当たりの必要換気量 = 20m³/h，室面積 = 100m²，専有面積 = 1人当たりの専有面積，人数 = 1 m²当たりの人数

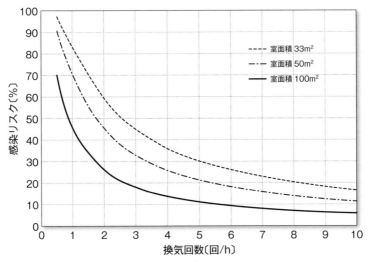

図1　感染リスクと換気回数

t：滞在時間〔h〕
p：呼吸量〔m³/h〕
Q：換気量〔m³/h〕

　図1は，$l = 1$，$q = 300$（通常の約10倍を想定），$t = 2$，$p = 0.3$，天井高 = 3の場合の室面積別の感染リスクと換気回数のグラフです．室面積が大きいほど，換気回数が多いほど感染リスクは下がります．また，室面積100m²で感染リスクを10%とするには5回/h程度の換気回数が必要で，費用対効果から見ても妥当です．
　空気清浄機は，外気導入に代えて，フィルターでろ過した空気を循環することでエアロゾルを希釈します．工事も外気の導入も不要で，省エネかつ省コストで換気の改善が可能です．

空気清浄機を導入する際の注意点

空気清浄機には，家庭用と業務用があります．

家庭用は処理風量が少なく，オゾンや光触媒，UV 照射などを組み合わせた多機能な製品が特徴です．業務用は処理風量が多く，多機能にすると高額となることから，HEPA フィルターを搭載した単機能の製品となります．

導入する際には，長期間使用できるよう HEPA フィルターの塵埃捕集量が多いもの，騒音値がクレームとならない 50 dB 以下のものがお薦めです．また，注意点として，現状の空調や換気システムを把握した上で，処理風量と台数を選定します．

気流も重要な要素です．既設の排気口を確認し，ショートサーキットとならないように注意してください．狭い部屋では，より風量の大きな空気清浄機が必要になります[35]．

ウイルス除去性能のエビデンス

（一社）日本電機工業会（JEMA）では，空気清浄機の浮遊ウイルス除去性能を評価するため，$20 \sim 32 \mathrm{m}^3$ の試験チャンバー内に試験品を設置してチャンバー内にウイルスなどを噴霧し，空間サンプリングを行っています．この試験は，現在，空気清浄機で浮遊ウイルスを除去する唯一の評価方法です．ちなみに，コロナウイルスの換気対策として空気清浄機に HEPA フィルターを使用することは，厚生労働省の通知「職場における新型コロナ感染症への感染防止策及び健康管理について」や各省庁・自治体の支援制度などの中で認められています．

ウイルスが付着した塵埃は，中国・武漢市の病院調査をはじめとするさまざまな文献[36]から，光学的粒径別感染価分布はおおむね $0.25 \mu \mathrm{m}$ 以上で，ウイルス感染価の高い塵埃を HEPA フィルターで除去することが可能といえます．

今後の展開

さまざまな場所で換気の指標として CO_2 センサーの導入が進められています．しかしながら，CO_2 センサーで，空気清浄機などのフィルターによる換気量を計測することはできません．正しく換気を把握するためにも，塵埃センサーや人感センサーなどで，CO_2 センサーを補完するシステムが求められます．

この文章を執筆した 2021 年 5 月時点では，第 4 波によって，再度，全国でコロナウイルス感染者が増大しています．私たちはこれまでの経験からマスクや手洗いと同様，換気の重要性を学んでいます．空気清浄機は，マスクと同じく，新型コロナウイルス感染症防止のニューノーマルとなるのではないでしょうか．

78 健康増進法に基づく受動喫煙防止対策

 2018年7月に健康増進法が改正されました．これに伴って，どのような措置が必要でしょうか．

　喫煙による健康影響に関しては，ニコチンや一酸化炭素などのほか，発がん性物質約70種類といった有害物質が主流煙の数倍も副流煙に含まれていることから，喫煙者本人のみならず，受動喫煙によって周囲の人の健康にも悪影響が及ぶことが明らかになっています．

　職場，飲食店，家庭などのさまざまな場所で受動喫煙が起こっています．これを改善することで「望まない受動喫煙」のない社会の実現を目指して，健康増進法が改正されました．改正に当たって変更された受動喫煙割合の目標値と施行スケジュールを，表1・2に示します．

改正の概要

改正の基本的な考え方は以下のとおりです[37]．
○望まない受動喫煙の防止
○受動喫煙による健康影響が大きい子ども，患者などに特に配慮
○施設の類型・場所ごとに対策を実施

表1　場所別の受動喫煙割合の目標値

	行政	医療	職場	家庭	飲食店
実　　態（2015年）	6.0%	3.5%	30.6%	8.3%	41.4%
当初目標（2022年）	0%	0%	0%	3%	15%
変更目標（2022年）	望まない受動喫煙のない社会の実現				

出典：厚生労働省「健康日本21（第2次）」

表2　改正健康増進法の施行スケジュール

改正健康増進法の公布	2018年7月25日
一部施行①（国及び地方公共団体の責務等）	2019年1月24日
一部施行②（学校・病院・児童福祉施設など，行政機関）	2019年7月1日
全面施行（上記以外の施設など）	2020年4月1日

従来の対策のように喫煙室を設置しても，たばこ煙の漏れが防止できない問題や，接客や喫煙室の清掃などを行う際の従業員の受動喫煙問題は依然として残ります．また，受動喫煙を生じさせずに喫煙できる喫煙所の有無や位置が不明な場合もあります．

そのため，施設の用途類型・場所ごとに，主たる利用者の違いや，受動喫煙が他人に与える健康影響の程度に応じて，禁煙措置や喫煙場所の特定を行うとともに，それらの掲示を義務づけるなどの対策が必要です．さらに，国民の喫煙疾患を予防するためには，喫煙室を設置することなく屋内の100％禁煙化を，最終的には目指す必要があります．

世界の喫煙規制状況

2018（平成30）年以前，世界保健機関（WHO）は，公衆の集まる医療施設，大学以外の学校，大学，行政機関，事業所，飲食店，バー，公共交通機関の8種類の用途施設を指定し，喫煙規制している用途数がそのうちいくつかあるかで規制状況を4段階に分けて，「日本の受動喫煙対策は最低レベル」と評価していました（表3）．

表1に示すように，わが国の受動喫煙割合の目標値は，健康増進法改正前は多くの飲食店で分煙が進んでいない現状を踏まえたものでした．しかし，2018年の改正によって4分野が禁煙対象となったので，WHOによる評価は1ランク向上しました．年間数千万人の訪日外国人を迎え入れる観光立国を目指すわが国の，国際化に向けた一歩と考えられます．

受動喫煙防止対策

安全対策の考え方を踏襲して，状況に応じた受動喫煙対策の優先順位を考えると以下のようになります．

①危険源の排除
- 施設領域での喫煙者をなくす，減らす．
- 目立つ禁煙表示を掲げる．
- 喫煙，受動喫煙の健康に対する危険性を理解してもらう教育を実施する．

②危険源からの隔離
- 執務空間から独立した喫煙室を設置する．
- 局所排気による気流をつくり，扉の開閉などで開口部から執務空間にたばこ煙が

表3　世界の規制状況

禁煙場所の数	国数	代表的な国
8種類すべて	55	イギリス，カナダ，ロシア，ブラジルなど
6〜7種類	23	ポルトガル，ハンガリーなど
3〜5種類	47	ポーランド，韓国など
0〜2種類	61	日本，マレーシアなど

出典：「WHO report on the global tobacco epidemic 2017」

流入しないように調整する（形状により諸説あるが，そのための必要流速は約0.2m/秒といわれる）．

③防護装置による保護

受動喫煙にさらされることを望まない者への防護装置の装着は，よほどのことがない限り考えられないので，循環式の浄化装置を喫煙領域に設置します．浄化方式により電気集塵式やHEPAフィルター式またはその組み合わせ方式などがあり，設置方式により床置き形，壁掛け形，天井カセット形など，処理風量ごとに多くの浄化装置が販売されています．

健康経営

「禁煙」「受動喫煙防止」というと，暗い，厳しい，禁欲的といったネガティブなイメージを抱く人が少なくないと思われます．道路上で喫煙していると罰せられる自治体も増えてきています．家人からベランダに追い出されてもくつろぎたいマンション住まいの蛍族が，灰が洗濯物に落ちたとの苦情を下階の住人から言われて逆にストレスが増える例もあるのではないでしょうか．

しかしその一方で，企業が取り組む「健康経営」というポジティブな考え方が近年話題になっています．従業員が禁煙することにより，
○健全な労働力の確保
○生産性の向上
○従業員のモラル向上
などのメリットが企業に注目されており，全社禁煙を実現して，健康経営宣言をする企業も現れています．

建物管理者としての取組み

法改正に伴って，すべての人に，
①喫煙禁止場所における喫煙の禁止
②紛らわしい標識の掲示，標識の汚損などの禁止
が義務づけられています．また，施設などの管理権原者等には，
③喫煙禁止場所での喫煙器具，設備など設置禁止
④喫煙室内に20歳未満の者を立ち入らせない
などが義務づけられています．

義務違反の内容と状況に応じて罰則も適用されるので，管理者として法令順守は当然のこととして，「望まない受動喫煙防止対策」に積極的に取り組む必要があります．

79 食堂からの臭気拡散対策

相談 食堂のニオイが，廊下を伝わって建物の他のエリアに拡散してしまいます．何かよい対策はないでしょうか．

施設管理者から，食堂の臭気が拡散して困っているとの相談を受け，現地調査と調整を実施した事例を紹介します．

臭気の原因と思われる厨房と食堂は建物の2階にあり，食堂は天井高が5mほどある大空間で，廊下を抜けた通路扉の先に問題の居室エリアがありました（図1）．

現地調査1：ヒアリング

まず，施設管理者と常駐しているビル管理会社の担当者とともに，いつ，どこで，どのような臭気を感じるのかを現地でヒアリングしました．

- 時間帯：厨房での調理開始時間以降，食堂が営業中（食事をしている人がいる間）は継続して臭気がある
- エリア：厨房・食堂と渡り廊下でつながっている2階の居室エリア，会議室と渡

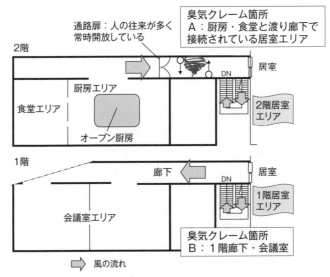

図1 臭気問題が発生したエリアの平面図

り廊下でつながっている１階の居室エリアで臭気を感じる

- 臭気の種類：油臭（天ぷら，から揚げなどの揚げ物料理のニオイ）

現地調査２：厨房エリア

まず，油を使用するフライヤーなどの上部にある厨房フードの面風速を調査しました．すると，設計上，電化厨房で必要とされる面風速の0.3m/sは確保されていました．

次に，油を溜めているグリストラップを調べました．厨房では毎日，床清掃と併せて，グリストラップのバスケットに溜まったゴミの廃棄と浮いた油脂の回収をしており，臭気は発生していませんでした．また，トラップ内部の清掃は１～３か月に１回行われていて，臭気の原因とは考えられませんでした．

現地調査３：通路扉の運用

食堂からつながる廊下の扉が開放されていたため，これを閉めることで臭気の流出を止められないかを確認しました．しかし，扉周りに隙間があり，臭気の流出防止にはなりませんでした．

エアバランスの調査と調整

臭気が拡散するのは，食堂と厨房に接続している廊下の給排気のエアバランスが崩れているのが原因ではないかと調査しました．しかし，給気風量≒排気風量という状態で，特に問題はありませんでした．

そこで，食堂と厨房を若干負圧にして，臭気が拡散しないように，以下の手順でエアバランスの調整を行ってみました．

①厨房の給気風量を減らして(給気風量＜排気風量)確認したところ，臭気の拡散はやや改善しました．しかし，給気風量を減らしたことで，厨房スタッフから，暑いというクレームがつきました．

②さらに，インバータ周波数を調整し排気風量を増やして(給気風量＜排気風量)確認しました．しかし，臭気の拡散は改善しませんでした．

そもそも，厨房での調理が終了して厨房カウンターから食材がなくなった後も，食事をしている人が食堂にいる間は継続して臭気が拡散していたので，食堂全体のエアバランスが崩れている可能性が考えられました．ところが，食堂内のエアバランスも給気風量≒排気風量という状態で特段の問題はなく，厨房と同様，エアバランスを調整しても改善しませんでした．

また，ファンを増強して給排気風量を増やせるかも検討しましたが，空調システム全体の見直しが必要で，イニシャルコスト・ランニングコストが高額になってしまうため，現実的とは言えませんでした．

実施した対策

以上の調査結果から，1階と2階をつなぐ階段で臭気が下階へ流れ込んでおり，食堂や厨房のエアバランス調整では解決しないとの結論に至りました．

そこで，別のアプローチがないか検討したところ，人工竜巻形成技術によって開放空間でも空気を効果的に吸引して煙を拡散させない喫煙ブースを見つけました．そのシステムは，通常の空気清浄機とは異なり，以下の❶～❸のようにして，汚れた空気を捕集するものでした(図2)．

❶複数の柱から同一回転方向にエアカーテンを吹き出し，エリア内空気に旋回流を発生させる．
❷エリア中心部の下部または上部に設けた吸込口から空気を吸引する．
❸旋回流を渦流に変化させて人工竜巻を形成し，エリア内の空気の拡散を防ぎながら汚れた空気を捕集する．

この技術を応用すれば，下階へ流れる前に臭気を捕集できる可能性が高く，施設管理者に提案したところ，すぐに採用・導入が決まりました．図1の渦模様部分に設置したのですが，予想どおり，居室エリアや下階への臭気の拡散を止めることができました．

食堂(厨房)の臭気拡散対策として，空調設備の増強・増設といった方法もありますが，この事例では，ニオイが拡散する前にエリア内で遮断するという方法をとりました．風量を単純に増やすよりも冷暖房に必要なエネルギー量が少ない対策なので，検討してみてはいかがでしょうか．

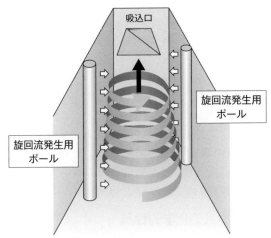

図2　人工竜巻形成技術を応用したポールの設置

80 塩素酸の水質基準値超過への対処

相談 夏の暑い日が続く中，飲料水の水質検査の際，塩素酸の基準値を超える事案が散見されました．そうしたとき，ビル管理者としてどんな対応をすべきでしょうか．

　水道水の消毒は，水道法の規定により塩素によることとなっており，その塩素消毒剤として，現在は次亜塩素酸ナトリウムが主として使用されています．次亜塩素酸ナトリウムは，液化塩素に比べて安全性が高く，取扱いが容易であり，水道で使用する場合には保管方法を含めて「高圧ガス保安法」「毒物及び劇物取締法」「消防法」などの規制を受けません．しかし，次亜塩素酸ナトリウムは，反応性が高く，劣化しやすい化学薬品であることや，人が飲用する水に添加するものであることから，適切な取扱いとその性状を保持するために適した維持管理が必要です．
　相談の事例は，市販されている次亜塩素酸ナトリウムの中に含まれる塩素酸が，熱による分解によって増加したものと考えられますが，管理の状態などが有効塩素の減少や塩素酸の増加に影響があるか，その知見を紹介します．

● 水道法上の要求事項

　水道水の水質基準は，2015（平成27）年4月1日に施行された水質基準に関する省令により，健康関連31項目，生活支障関連20項目の合計51項目が規定されています．そのうち，塩素酸の規定は2008（平成20）年4月に追加され，基準値は0.6mg/L以下，検査回数はおおむね3か月に1回以上と省令で決まっています．
　塩素酸の健康に対する影響として，赤血球へのダメージや発がん性が懸念されています．
　また，給水栓における水が，遊離残留塩素0.1mg/L（結合残留塩素の場合は0.4mg/L）以上保持するように塩素消毒をすること，ただし，病原生物に汚染されるおそれがある場合などは0.2mg/L（結合残留塩素の場合は，1.5mg/L）以上とすることが，水道法施行規則第17条第1項第3号に規定されており，検査頻度は7日以内に1回定期に行うことが，「建築物における衛生的環境の確保に関する法律（建築物衛生法）」施行規則第4条で定められています．

● 次亜塩素酸ナトリウムの化学的性質

　次亜塩素酸ナトリウムは常温でも不安定な化合物で，その水溶液も保存中に自然

分解して酸素を放出します．
　　NaClO → NaCl + (O)　　　　　　　（1）
　この酸素(発生期の酸素)は強力な酸化作用を示します．また，この際，副反応として塩素酸ナトリウムを生成します．
　　2NaClO → NaCl + NaClO$_2$　　　　（2）
　　NaClO$_2$ + NaClO → NaClO$_3$　　　（3）
　ここで，NaCl：塩化ナトリウム
　　　　　NaClO：次亜塩素酸ナトリウム
　　　　　NaClO$_2$：亜塩素酸ナトリウム
　　　　　NaClO$_3$：塩素酸ナトリウム
　（2）と（3）の反応は温度が高いと促進され，40℃以上で急激に進みます．また，pHが低いほど速くなり，反応を抑制するにはpH11以上が必要です．しかし，水道水のpHの水質条件5.8以上8.6以下から大きく外れるため，温度のコントロールが必要条件と言えます．
　次亜塩素酸ナトリウムは保管温度が高いと分解が速く，有効塩素濃度が急激に減少し，逆に塩素酸濃度が急激に増加します．図1に有効塩素濃度の減少例と，塩素酸濃度の増加例を保管温度別に示します．
　次亜塩素酸ナトリウムは時間とともに分解し，有効塩素は減少し，塩素酸は増加します．その関係は，有効塩素が1％減少すると塩素酸がおおむね3 500 mg/kg増加します（図2）．

次亜塩素酸ナトリウムの品質

　水道用次亜塩素酸ナトリウムは，品質により，特級，一級，二級，三級とランク分けされています（表1）．ランクが高いものほど，塩素酸や臭素酸などの不純物が

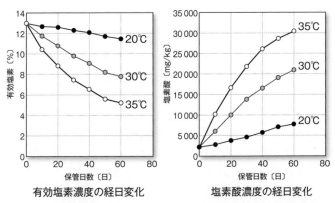

図1　次亜塩素酸ナトリウム液中の有効塩素濃度と塩素酸濃度

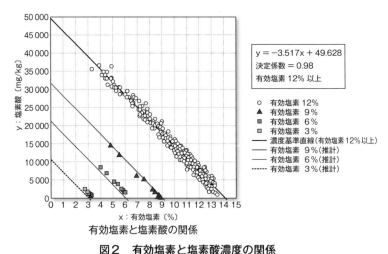

図2 有効塩素と塩素酸濃度の関係

表1 水道用次亜塩素酸ナトリウムの品質規格（代表項目）

	特級	一級	二級	三級
有効塩素〔%〕	12.0 以上			
臭素酸〔mg/kg〕	10 以下	50 以下	100 以下	100 以下
塩素酸〔mg/kg〕	2 000 以下	4 000 以下	10 000 以下	10 000 以下
塩化ナトリウム〔%〕	2.0 以下	4.0 以下	4.0 以下	12.5 以下

少なく，水質基準に適合したものと言えます．

保管場所の留意点

　次亜塩素酸ナトリウムは，時間とともに分解するため，分解を抑制する方法としては，低温保存（20℃以下が望ましい）が唯一最良の方法です．そのため，長時間の保管はできるかぎり避けるなど，保管期間への配慮を行うとともに，気温が高い時期の対策が重要です．まず，大容量タンクによる屋外保管の場合は，日差しを遮る屋根を設けること，断熱材や水を用いた冷却が効果的・効率的です．屋内保管の場合は，風通しをよくするか，エアコンによる室内冷却が必要です．

　相談の事例の場合，このような配慮が足りなかったと言えます．また，次亜塩素酸ナトリウムの分解を速める要因として，溶液中の重金属の不純物，保管容器の汚れがあるので，タンクや容器の洗浄も重要であることが，『水道用次亜塩素酸ナトリウムの取扱い等の手引き（Q＆A）』（（公社）日本水道協会）に示されています．

　以上のような知見をもとに，施設のオーナーに提案・アドバイスを行い，保管場所の改善や購入品の品質管理を実施しました．

81 害虫による被害防止対策

相談 屋上機械ヤードを点検巡回中に，ポンプカバー内に営巣していたアシナガバチに刺されました．とても痛かったのですが，どのような予防対策をしたらよいでしょうか．

近年，ネズミやヘビなどの小動物や昆虫などの侵入による建物や設備のトラブルが多く発生しています．人と彼らとの接点が都市化や気候環境の変化により複雑化していることが要因にありますが，人の健康や製品などの品質に与える影響が大きい場合があるので，適切な対策が必要です．

そうした被害は多岐にわたり，人が噛まれる，刺される，その結果，感染症やショックなど健康上の被害を受けた，気が動転して足場から転落，機器・工具の誤操作で被災したといった事例が報告されています．また，電路短絡や地絡による停電，電線がかじられる損傷事故，リレーなどの電子部品内部に虫が入り込んで動作不良を起こした事例，製品内に虫や動物の体毛が混入した品質事故も多発しています．外気取入れフィルターの早期目詰まり，捕集能力喪失や室圧逆転による汚染事故も郊外の精密部品工場で発生しました．

いずれの場合も，
- 居心地のよい温湿度環境や光，餌の存在などの誘引源がある
- 隙間の処理不十分や防虫網の未設置など，侵入経路の防止対策が不十分である
- 狭い閉鎖空間や接近しにくく清掃困難な場所で，巣が除去・駆除されていない

といった要因が基本的に存在するので，対策では，これらを解消することが必要になります．

人の被害防止対策の要点は以下のとおりです．

環境を改善すること

○生態を理解する

昆虫の活性時期は，気温が上昇しておよそ17℃くらいになってからです．ただし，気温が低い冬場でも，室温で排気されるダクトや排気口付近は比較的暖かいので要注意です．

生息場所は，虫の種類にもよりますが，湿って暗く暖かい場所が定番です．換気を十分にすることや，モーターやトランスなどの発熱体の周囲は整理整頓する必要があります．

誘引・反応物質（フェロモンなど）の存在によって虫を引き寄せたり，興奮させることがありますので，香水や化粧品などの使用は控えるようにしたほうがよいでしょう．

　食物連鎖にも注意が必要です．鳥の糞に小虫が集まり，それを捕食する蜘蛛がや

表1　身近な害虫の特徴など

	スズメバチ	アシナガバチ	ミツバチ	セアカゴケグモ	ヤブカ
巣 （居場所）	木の枝などからぶら下がる．巣は外被で覆われている	比較的低い乾燥した物陰や樹幹に巣をかける．直径10cm程度である	家屋の隙間や床下，木のウロなど，もともと存在する環境を利用する	地面に近く直射日光が当たらない場所，ベンチの下や側溝の蓋裏，ガードレールの支柱付近に網を張る．日本でも越冬して発生中	あらゆる水溜まりに発生し，環境を選ばずに生育する
被害に遭いやすい状況	蜂の接近に驚いて声高に騒いだり，はたき落とそうとすると，かえって蜂が興奮して危険度が増す．「カチカチ」という警戒音を出して威嚇することがあるが，これは最後の警告の段階で，それでもその場を立ち去らないと，仲間の蜂を呼び寄せて集団で攻撃してくる	刺傷は，子どもなどが巣を刺激して起こるケースと，洗濯物などに紛れ込んでいるアシナガバチに気づかずに起こるケースがある	ミツバチは，1匹の毒の量や毒性はそれほどではないが，多い場合，一つの巣に3万～8万匹ほどいるため，膨大な数のミツバチに一斉攻撃を受けてしまう	メスに噛まれた部位は激しい痛みを感じた後に腫れ，全身症状（痛み，発汗，発熱など）が現れることがある．重症化することは少ない	デング熱など，さまざまなウイルスを媒介する．成虫の飛行範囲は100m程度と比較的狭く，活動範囲は人家周辺に限られ，家屋伝いに飛び回り，屋内に侵入して住民から吸血する．日中から夕方にかけて刺すことが多く，薄暗い倉庫や机の下など，24時間活動できる
対　策	香水や黒い服はスズメバチを興奮させるおそれがあり，控えるべき．香水には，しばしばスズメバチ類の警報フェロモンと同じ物質が含まれている．特に多くの果物にも含まれている2-ペンタノールは，オオスズメバチの場合，最も活性が強いとされている	毒はスズメバチに比べて弱いが，アナフィラキシーショックにより死亡することもあるので，過去に刺されたことがある人は注意が必要．また，刺されたときの痛さという点ではスズメバチよりも強いと言われている	蜂の巣や蜂が餌をとっているときなどは近づかないこと．蜂が近づいてきたら，速やかに危険区域から遠ざかる．蜂は，頭部や顔部をねらってくるので，防蜂網は効果がある．特に蜂アレルギーの人は必ず着用し，防護手袋なども使用する	巣と思われる場所に接近する場合は注意する．また，セアカゴケグモと思われる蜘蛛を見つけた場合は接近しないこと．医療機関で抗血清を準備しているところがある	蚊よけのスプレーを事前に肌の露出部に塗布する．長袖・長ズボンの着用など

注）蜂に刺された場合，俗に言われる「アンモニアが効く」というのは迷信である．尿などは付けないほうがよい．これは同じハチ目である蜂や蟻の毒液成分の分析がまだ十分でなかった時代に，例外的に，刺針を有しないヤマアリ亜科の蟻が，ギ酸を大量に含む毒液を水鉄砲のように飛ばして敵を攻撃することが知られていたことから，他のハチ目の毒の主成分もギ酸であろうと考えた，拡大解釈による誤解の対策であると考えられている．

272

って来て，これをまた鳥が食べて糞をするという循環が起こります．鳥が営巣しないようにすることが必要です．

○営巣させない

整理整頓をして，屋内外に営巣の機会を与えない，わらくずなどの巣の材料を提供しないことが重要です．また，殺虫剤などの薬品の散布も必要に応じて行います．

もしも巣を発見したり，その兆候が見られた場合には，専門業者による巣の撤去，駆除をする必要があります．

人的被害防止のために

○離隔をとる

もしも巣がつくられていた場合には，巣などに近づかない，威嚇サインを見逃さずに避難するようにします．

○防護する

作業時には，長袖の作業服などを着用して，肌の露出を避け，前述のとおり香水を控えて，蜂などの攻撃対象になりやすい黒暗色を避けるようにします．

虫よけスプレーなどの忌避物質の使用も有効な場合があります．

○被災時の対策

万一刺された場合に備えて，軟膏薬の常備も推奨します．過去に蜂に刺された経験のある人は，抗体反応によるアナフィラキシーショック※に対する注意が必要です．近隣の専門医の所在をふだんから確認しておくようにしてください．

相談にある蜂以外の害虫などによる被害も発生しているので，セアカゴケグモやヤブカなどについても，特徴を**表1**にまとめました．

> ※　アナフィラキシーショック：抗原物質により抗体が生成された後，抗原に再度接触したときに生じるアレルギー反応．呼吸器症状(呼吸困難, 低酸素血症)や循環器症状(血圧低下, 意識障害)を発する場合がある．

82 食品工場などでの害虫対策

相談 食品工場で設備管理をしています．製品に小虫が混入しないようにするためには，どのようなことに注意をしたらよいでしょうか．

食品工場や精密部品工場などでは，製造エリアの清浄さが求められます．製造工程では，塵やほこりと同様に小虫などの混入が製品の品質に大きく影響するので，防止対策が必要となります．厚生労働省のIPM（総合的有害生物管理）ガイドラインなどにも，そうした内容が示されています．

清浄空間の原則は，ゴミやほこり，虫に対して，
①持ち込まない，または侵入させない
②発生させない，または滞留させない
③清掃する，または除去・排除する
などが基本となります．

まず，侵入させないためには，ほこりや虫の侵入ルート（図1）をなくすことが重要です．虫の侵入は，
- 製造エリアの外部から原料資材や作業員に付着して持ち込まれる場合
- 気流に乗って移動する場合
- 自ら移動して侵入する場合

などが考えられます．付着などで持ち込まれることへの対策は，
- 受入れヤードで原料資材を圧縮エアガンで吹き払う

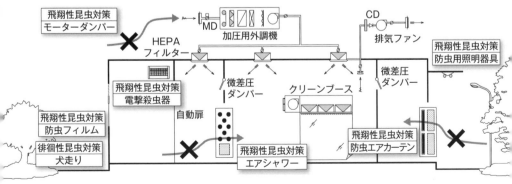

図1　虫の侵入ルートと防止対策

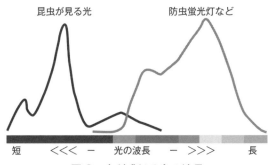

図2 エアシャワーの例　　図3 虫が感じる光の波長

- 資材の外表面を清拭する

などが有効です．また，作業員の衣類に付着しての侵入を防ぐためには，クリーンスーツなど専用着に着替え，エアシャワー（図2）を通るなどして除去する必要があります．さらに，清浄エリアには，必要な作業員以外の余計な人間は入らないなどの管理も必要です．

虫の習性を利用した対策

虫は塵埃と異なり，能動的に移動するので，その習性を逆に利用して侵入を防いだり排除したりすることが可能です．緩衝エリアとして受入れヤードに照明を制御できる暗室を設置して，そこで原料資材を数時間保管することで，梱包材などの隙間に入った虫が，光を求めて這い出て外に出て行き，製造エリアに持ち込まれることを防ぐ対策も行われています．

また，夜間の照明灯には，虫が感じにくい黄色の照明ランプ（図3）を設置して，虫が集まるのを防いだり，逆に紫外光ランプで集めて高電圧で殺虫する装置も多く導入されています．

建物や設備のハード面の対策

排水配管など外部に直接通じる，侵入ルートとなる配管がある場合には，管の途中にトラップが設置されているか，防虫網が入っているかなどを確認します．また，作業員の出入口扉が開放されたままになっていないか，ビニルシート製ののれんを設けて，出入り時に通行者の身体の周囲に隙間がないようにしているか，高速シートシャッターですぐに開口部が閉鎖されるようになっているかなどに注意します．

さらに，製造エリアの室圧は，外気フィルターの設置された外調機を用いて清浄給気で加圧し，外部より高くして正圧を保ち，製造エリア内から外に気流が流れるようにします．

建物の開口部に対して，防鳥対策を施すことも重要です．網目の細かいバードネ

ットなどで露出した梁や天井を覆い，鳥の営巣を防ぐことにより，鳥の糞に虫が集まり，それを餌にする蜘蛛の誘引，鳥による食餌の連鎖を防ぐ必要があります．

◯ ハード面＋運用管理上の対策

　発生させない・滞留させないためには，虫の好む環境にしないことや餌となるような誘引物質を置かないことが重要です．しかしながら，多くの虫が好む湿った暖かい環境の場所は，食品工場には当たり前に存在し，餌となる食材も豊富にあります．まず結露させない，また，排水溝の水を溜まった状態にしないよう，底面に適切な勾配を保ち，清掃をこまめに行うことが必要です．

　排除するには，日常清掃の励行と定期的な消毒，清掃をしやすくするための工夫，たとえば，床と壁が接する角を丸くしたRコーナーや湿式清掃をしやすくしたステンレス製や樹脂製の腰壁の採用など，ハード面での対策も重要となります．

　ただし，清掃や洗浄の際に薬剤や高温水を使用する場合には，人体への影響や配管の材質に注意する必要があります．ある工場の高温水床洗浄の排水管では，排水口から途中まではステンレス鋼管が使われていましたが，その先は流れるうちに温度が冷えるだろうという想定で，塩ビ管に合流させており，その塩ビ管が熱で変形してしまった事例がありました．

　虫害対策は，施設に対するハード面での検討と運用管理に対するソフト面での検討を同時に行うことが重要となります．

83 騒音・振動のトラブル・クレーム

竣工当初はなんの問題もなかったのですが，最近になって騒音・振動のトラブル・クレームが増えました．考えられる要因と解決方法を教えてください．

　建物竣工時は，仕様に則って試運転が行われ，騒音・振動の問題がないように調整された上で建物が引き渡されます．しかし，さまざまな要因によって，騒音・振動のトラブル・クレームが起きることがあります．
　ここでは，多くの事例を基に，
- どのような場面で問題が起きるのか
- どのようにして解決したらよいのか

を解説します．
　竣工引渡し後の建物で騒音・振動が発生する要因には，「維持管理」「運転条件の変化」「改修工事」などがあります．

維持管理が起因となった事例

①清掃クリーニング
　外気取入れ部のフィルターが目詰まりを起こし，建物のエアバランスが崩れて，扉の風切り音と開閉障害が起きました．
　ポンプでも同様にストレーナーが目詰まりし，運転点が変化してサージングを起こし，騒音・振動が発生しました．
　ちなみに，サージングとは，ポンプや送風機の特性曲線（圧力－流量）図上の右上がり領域で，外部からの強制的な力が加わらなくても，流量と圧力に周期的な変動が持続して，騒音・振動が不安定な状態で発生することです．
②芯出し調整
　送風機やポンプなどの回転機器を更新する際，機器メーカーに依頼せずに，自前で「芯出し調整」作業を行いました．ところが，その調整が不十分だったため，振動が発生しました．

運転条件の変化が起因となった事例

　竣工後，各種要因によって運転条件が変化し，騒音・振動が発生した事例が多くあります．

①負荷の変化

室内側の負荷が増えて、それに追随するために風量や循環水量の増加、機器運転台数の増加が必要になり、騒音・振動が起きました.

②運転条件の変更

省エネを推進するため、独自判断で運転条件を変えたところ不具合が発生した例もあります.

従来は同容量の大ポンプ複数台並列運転をしていた建物で、小負荷に対応するため、ポンプ1台のバルブ開度を手動で強制的に絞って流量調整しました. その結果、ポンプの運転特性によりサージングを起こして、振動(脈動)が発生しました.

改修工事にまつわる事例

建物の部分改修工事に伴う室用途変更、レイアウト変更、設備システムの追加変更、建築内装の変更などによって、騒音・振動が発生した事例があります.

①室用途変更

特に騒音基準の上位グレード(例:一般事務室→役員室など. 表1)へと用途変更して、許容値を超えたためにクレームが発生しました.

②既存システムに追加増設

個別分散空調の建物で、既存方式を踏襲して単純に機器を追加増設(天井内に室内機を追加増設、屋上に室外機やチラーを増設など)したところ、騒音・振動が発生した事例があります.

③建築内装の変更

内装材を変更すると、室内の音響条件が変化します. 極端な例ですが、安易にコスト削減しようとして、既存のボード天井を撤去したところ、天井内の機器が露出状態になって、天井スラブで直達音が反射するようになり、さらに上階の機械置場からの騒音・振動も伝播しやすくなった事例があります.

これらの改修工事にまつわる事例のほとんどが、設計者・施工者の事前検討不足や試運転調整不足が原因で、結果として騒音・振動のトラブル・クレームにつながりました.

いずれにしても、設計者・施工者の技量が問われるとともに、ビル管理側も日常の設備管理業務の中で、騒音・振動の不具合につながる予兆に気を配る必要があります.

発生源と伝播経路の特定と対策

騒音・振動問題が発生した場合、まずその発生源と伝播経路を突き止め、適切な対策を講じます. 何らかの改修工事や運転条件の変更など「手を加えた」場合、発生源の特定は比較的簡単でしょう.

表 1 各室用途の騒音・振動の許容値

区分	項目	15	20	25	30	35	40	45	50	55	60
振動	振動評価曲線	無感		1 (1)	1.4 (1.4~20)	2	(60~90~128)	4	8 (128)		
	不快さ	無感		わずかの人が振動を感じ始める		特に気にならない		不快であると感じ始める			
騒音	L_A[db(A)]	15	20	25	30	35	40	45	50	55	60
	NC	10	15	20	25	30	35	40	45	50	55
	うるささ	無音感		非常に静か		特に気にならない		騒音を感じる		騒音を無視できない	
	会話・電話への影響			5m離れてささやき声が聞こえる		10m離れて会話可能電話は支障なし		普通会話(3m以内)電話は可能		大声会話(3m)電話やや困難	
スタジオ		無響室		アナウンスブース・ラジオスタジオ	テレビスタジオ	主調整室	一般事務室				
集会・ホール				音楽室	劇場(中) / 舞台劇場	映画館・プラネタリウム		ホールロビー			
病院				聴力試験室 / 特別病室	手術室・病室	診察室	検査室	待合室			
ホテル・住宅					書斎	寝室・客室	宴会場	ロビー			
一般事務室					役員室・大会議室	応接室	小会議室	一般事務室	廊下・ロビー	計算機室	
公共建物					公会堂	美術館博物館	図書館閲覧室	公会堂兼体育館	屋内スポーツ施設		
学校・教会					音楽教室	講堂・礼拝室	研究室・普通教室	廊下			
商業建物						書店美術品店	デパート銀行レストラン	ショッピングセンター食堂	工場内制御室		

注）振動評価曲線の欄の数値は，振動許容曲線（ここでは割愛）の数値を表す．
　　上段：継続的断続的振動と繰り返し衝撃振動，下段：1日に数回発生する衝撃振動
出典：（一社）日本建築学会『建築物の振動に関する居住性能評価規準・同解説』

　図1に空調設備系の騒音・振動発生源と対策・注意点を示します．これを参考に発生源，伝播経路，対策を検討してください．

◯ 振動発生の事例

　鉄骨造地上7階建ての5階事務室の一部エリアでレイアウト変更したところ，特定の机で振動が発生しました．振動発生は不規則で，いつ起きるのかわかりません．

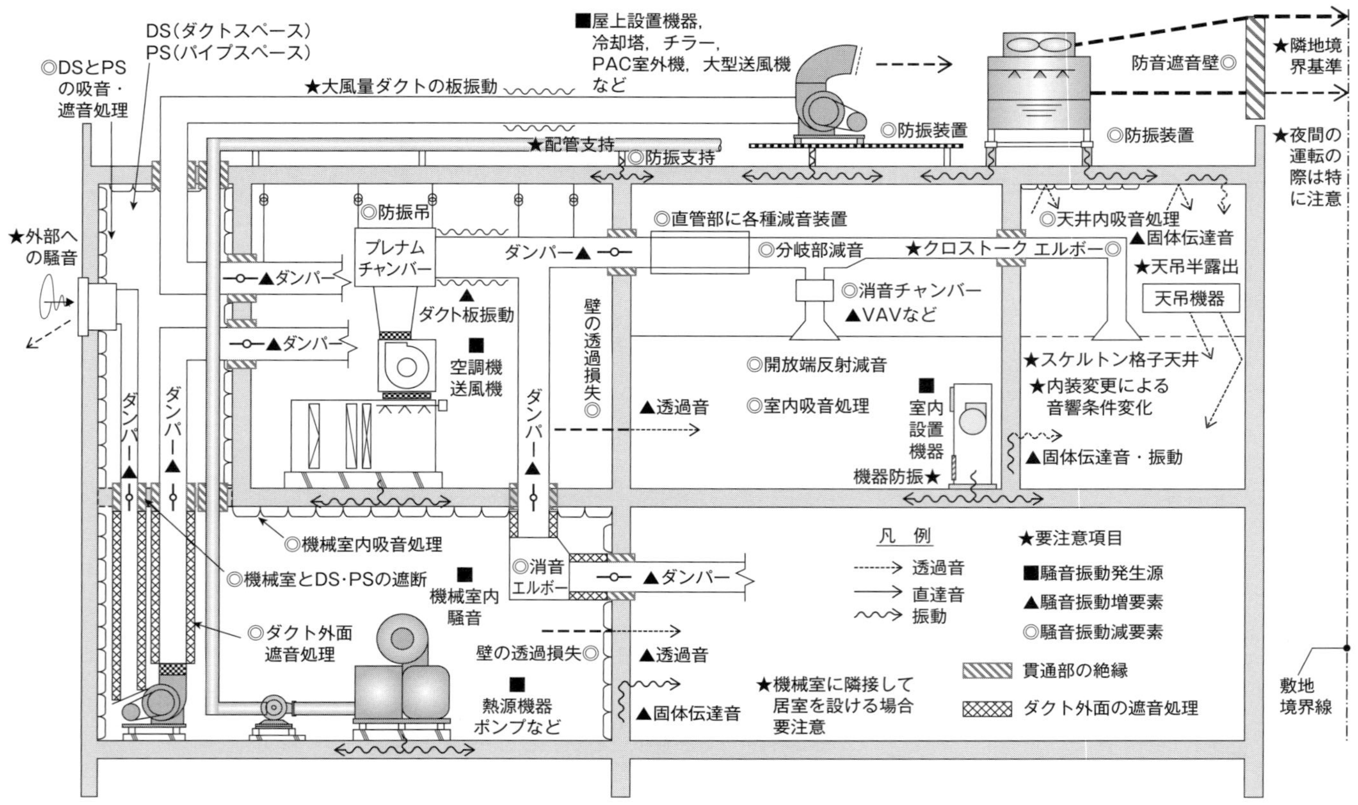

図1 空調設備系の騒音・振動発生源と対策・注意点

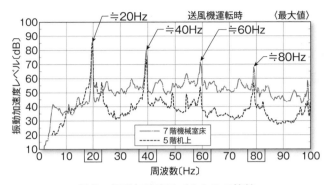

図2 振動加速度スペクトルの比較

　管理会社はつい1か月ほど前に，新規に管理業務に就いたばかりで，担当者はオーナーから直接依頼を受けて，直ちに調査を開始しました．

　問題発生箇所の直上（6階）近くに当該系統の空調機械室があり，ここが「あやしい」とにらんで集中的に調査しました．空調機本体は防振装置を備えており，特に問題なさそうでしたが，ダクトが板振動を起こしそうで，貫通部の処理も不完全でした．一刻も早い解決を求められたので，ダクト補強と貫通部補修処理，さらに機械室壁面の吸音材内張りを大急ぎで施工しました．しかし，残念ながらまったく効果がありませんでした．

　さらに調査を進めると，実は1年ほど前に7階機械室で，既設大型送風機3台に加えて将来用として計画していた場所に，同仕様の4台目を増設したことがわかりました．既設の将来用基礎の上に既設と同仕様の防振装置を介して設置されており，これまで振動問題は起きていませんでした．

　この4台の送風機を順次1台だけ停止して，5階机上の振動発生具合を確認すると，増設送風機を停止したときに振動が止まりました．また，増設送風機の回転数を下げると，5階机上の振動がほぼ止まりました．

　送風機と防振装置のメーカーにも調査に参加してもらい，7階機械室床と5階机上の振動加速度スペクトルを測定すると，どちらもほぼ20Hz付近に大きなピークがあり，その整数倍の40Hz，60Hz，80Hz付近に小ピークがみられました（図2）．また，問題の机を加振すると，ほぼ20Hzに固有振動数がありました．加振源（送風機）の振動数と被加振側（机）の固有振動数が重なり，振動が増幅される「共振」と呼ばれる現象です．

　増設送風機の影響が大きかったのは，大梁の真上に設置されていて，ここから直下の6階〜5階に振動が伝播しやすかったためと考えられます．実は，直下の6階にも振動は伝わっていたのですが，共振する物（机など）がなかったので，問題が顕在化しなかったのです．

最終的に，送風機の防振装置を，同じスプリング型でもさらに高グレードの（振動伝達率の小さい）ものに交換して解決しました．

新築時の設計者・施工者もここまでは予見できなかったことでしょう．

騒音・振動対策の留意点

これまでの事例を踏まえて，騒音・振動問題の解決手段を探る際の留意点を以下に記します．

①急がば回れ

時間がないからといって，きちんと原因を究明せずにその場しのぎの対策を行っても，結局は時間やコストの無駄となることが多々あります．

②全体と細部

建物全体を概観するのと同時に，問題のありそうな箇所を細部までよく調査して，対策を検討することが重要です．

③右へならえではダメなこともある

既存の方法で問題がないからといって，同様の方法を単純に採用するだけで問題解決になるとは限りません．技術的な検討をきちんと行った上で，採否を検討すべきです．

④一つひとつ

効果が大きそうな対策から一つひとつ実施して，その効果を確認しながら問題を解決していく必要があります．

ここで紹介した振動の事例は，単なる技術的要因だけでなく，管理業務上の不手際も重なって，解決までに時間と費用を費やしました．

84 音を可視化するツールで異音の調査

相談 騒音発生の伝播状況をわかりやすく調査する方法はないでしょうか.

　騒音と振動は同時に発生することが多く，発生源が同一であるのが一般的です．このため，あらかじめ騒音か振動のいずれかの伝播経路がわかれば，発生源を知ることができますが，経験が浅いと作業は泥縄式になりがちです．

　ある排気ファンのモーターを交換したところ異音が発生し，その発生源を調査したいという相談がありました．そこで，音を可視化するツールを用いて，調査した事例を紹介します．

音の可視化ツール

　写真1が調査に使用したツール※で，カメラと複数のマイクが内蔵されている測定部，撮影・集音されたデータが表示されるタブレット部から構成されています．カメラ画角内で集音されたデータは，写真2右上に示すカラースケールのように，音圧レベルの低い青色から高い赤色のスペクトル図として，音源を中心とする同心円状に音圧が表示されます．また，写真2右下のように，周波数帯ごとの音圧レベルを表示することもできます．

※ 音響カメラ「SoundGraphy」日本音響エンジニアリング

写真1　音の可視化ツール「SoundGraphy」

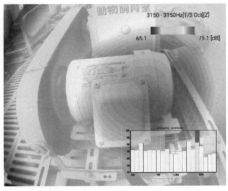

写真2　可視化ツールの表示画面

第7章　環境衛生

283

84 音を可視化するツールで異音の調査

異音の周波数の特定

写真3が，異音が発生した排気ファンです．

まず，同一仕様の排気ファン①・②の音の周波数分析を行って，異音の周波数を特定しました．写真4右側の周波数特性によると，可視化可能範囲630Hz～5kHzのうち，下段に示すように2kHzと3.15kHzの音圧レベルが卓越しており，これが異音の周波数だと予想できました．

異音発生箇所の特定

2kHzの異音の発生箇所を特定するため，写真5中央の矢印のように，排気ファン①をさまざまな方向から測定してデータを可視化しました．それらのデータを総合的に分析すると，モーター内部のカップリング部(写真5左下の矢印)や可とう管接続部を通して伝播していました．

また，3.15kHzの異音も同様に分析したところ，モーター内部から開口部や上部表面を介して伝播していました．

写真3　異音が発生した排気ファン設置現場

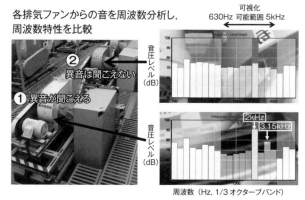

写真4　異音の周波数の特定

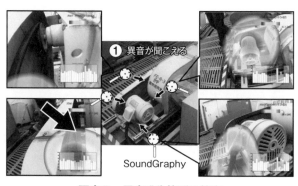

写真5　異音発生箇所の特定

異常機と正常機の比較

続いて、排気ファン①の異音を分析するため、**写真6右側上段**に示すように、カラースケール(周波数帯)の設定を最大75 dB、最小65 dBに固定して、異音が聞こえない排気ファン②と比較しました。すると、**写真7**に示すように、正常機②では同心円のスペクトル図が表示されず、異常機①より少なくとも10 dB以上、音が小さいことがわかりました(異音が聞こえない排気ファン③でも同様の結果でした)。また、2 kHzの異音では、カップリング部に何らかの不具合がありそうだということも明らかになりました。

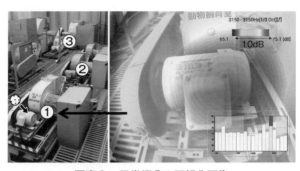

写真6　異常機①の可視化画像

写真7　正常機②の可視化画像

このように、音を可視化するツールを用いると、経験が浅い人でも異音がどこから伝播しているかが容易にわかります。また、視覚的でとてもわかりやすいと、建物所有者にも好評でした。

皆さんの身近なところでも同様なお悩みがあれば、一度試してみてはいかがでしょうか。

第8章
人材育成その他

- 85. 最新設備導入ビルの省エネ ……………………… 288
- 86. 設備管理者にとってのSDGs ……………………… 291
- 87. 設備管理業務での人材育成 ……………………… 294
- 88. エネルギーサービス事業導入のポイント ……… 297
- 89. システム取扱説明書の有効活用 ………………… 300
- 90. 2020年の民法改正に関する留意点 …………… 303
- 91. ファシリティマネジャーの仕事 ………………… 306
- 92. ビルメンテナンスとプロパティマネジメント … 309
- 93. 改修提案の作成方法 ……………………………… 312

85 最新設備導入ビルの省エネ

相談 さまざまな省エネ技術を取り入れたビルの設備管理をしています．このような建物で省エネに取り組むには，どのように進めたらよいでしょうか．

近年，太陽光や地中熱といった自然エネルギーを積極的に活用した建物の普及が進められています．こうした建物の目指すところは，エネルギーの生成と消費の収支がゼロ（もしくはプラス）となる省エネビルです．しかし，目標を達成するには，建築的な工夫だけでは困難なため，運用の最適化が今と変わらず重要になります．

以下に，新技術の建築設備である発熱ガラスの運用見直しによる省エネ事例を紹介します．

建物の概要

事例の建物は，延床面積約 $10\,000\,\mathrm{m}^2$ の事務所ビルで，寒冷地に所在しており，冬期の電力負荷が夏期を上回る傾向があります．自然エネルギーを活用した設備としては，井水を用いた放射冷房や，クールトレンチを通過させた外気を空調に用いる地中熱利用システムが設置されています．導入された外気は，ドラフトを感じさせない床染み出し空調によって室内に供給されます．ほかにもトップライトに採光と発電を兼ねたシースルー太陽光パネルを設置するなど，自然環境を最大限に利用したパッシブ建築となっています．

外気温度が低い気候がら，断熱についても特別な対策がとられています．オフィスや会議室に設置された $1\,400\,\mathrm{m}^2$ の窓ガラスには，熱貫流率の小さな Low-E 複層ガラスが採用されています．加えて，室内側のガラスは，金属膜を溶融した発熱ガラスになっており，冬期，金属膜へ通電することで発熱し，ペリメータ部分に発生する輻射熱や対流熱，ガラスの結露を防止しています（図1）．暖房時の窓面からの熱流出を壁面と同程度まで抑えるという考え方が発熱ガラス

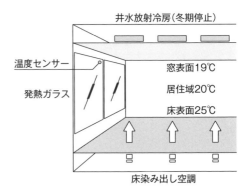

図1　発熱ガラスの運用

にはあります．熱流出の割合は，窓面50％，壁面20％，その他（屋根・床・換気）30％と言われており，最も割合の大きい窓面の対策は，有効な省エネ手段です．

現状の運用確認

竣工引渡し後の1年間は，多様な設備の把握に時間を費やしたため，本格的な省エネ活動は翌年から取り組みました．

竣工時の契約電力は480kWで，建物の規模を考えると比較的少ないものでした．電力会社の目安によれば，500kW未満というのは小規模ビル（3 300 m² 未満）に相当する電力です．そのため，本稼働前にもかかわらず，電力負荷が契約電力に迫ることもありました．夏期と中間期については設計のコンセプトどおり，冷涼な気候を活かした省エネを実施することができました．しかし，暖房負荷により消費電力が増加する冬期については，いっそうの省エネが必要になるため，新たに対策を検討しました．

省エネ対策の検討・実施

冬期の省エネ対策として着目したのが，発熱ガラスの運用最適化でした．発熱ガラス表面には温度センサーが取り付けられており，設定温度以下になると通電されます．この値を確認したところ，24℃設定でした．併せて確認した電源タイマーは24時間運転に設定されていたため，業務時間外にも電力を消費していることがわかりました．温度センサー，電源タイマーともに，施工会社から引渡しを受けた際の設定値で運用していたので，建物所有者と相談の上，調整を試みました．

センサーの温度設定は，当初16℃に変更しましたが，オフィスの利用者から窓周辺が寒いと連絡を受けたため，最終的に19℃に調整しました．電源タイマーについても業務時間に合わせた運転スケジュールに変更しました．また，新たに週間タイマーを設置して運用することで，休業日に消費していた電力を削減できる旨を建物所有者に提案しました．週間タイマーの設置費用は60万円ほどでしたが，省エネ効果を試算したところ，5年程度で費用を回収できる見込みとなったため，工事を実施しました．

省エネ効果検証

表面温度の設定変更と業務時間外の運転停止によって，発熱ガラスの年間消費電力は8 765kWh削減されました．暖房負荷の増加を懸念していたので空調用温水の熱量を確認しましたが，省エネ対策による影響は見られませんでした（**図2**）．電気料金単価を15円/kWhとして年間の省エネ効果を試算すると13万円の電気料金に相当し，提案どおりの年数で設置費用を回収できそうです．

竣工時からエネルギー消費が少ない省エネビルでは，効果の小さな省エネでも見

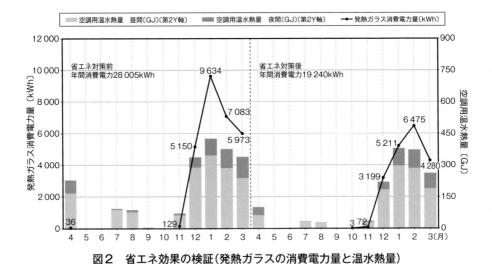

図2　省エネ効果の検証（発熱ガラスの消費電力量と温水熱量）

逃さずに積み重ねることが大切です．

86 設備管理者にとってのSDGs

最近,SDGs(エスディジーズ)という言葉をよく耳にします.設備管理では,SDGsはどのように関わってくるのでしょうか.

◯ SDGsとは

2015年9月,国連総会で「持続可能な開発のための2030アジェンダ」が採択されました.SDGs (Sustainable Development Goals:持続可能な開発目標)は,持続可能な社会に向けて世界を変えていこうという政策提言で,その中核をなすものです.貧困,教育,産業などに対する意欲目標として「17の目標」(**図1**)が定められています.さらに,行動目標として「169のターゲット」を定め,取組みの進捗状況を把握するため,「232のインディケーター(指標)」を設けています.

日本政府も2016年5月にSDGs推進本部を設置し,「SDGsアクションプラン」として,日本におけるSDGsのモデルを示しています.

◯ SDGsに対する産業分野の動向

日本政府のSDGs導入推進に伴い,2017年11月,(一社)日本経済団体連合会(経

図1 世界を変えるための17の目標[39]

団連）は，SDGs の考え方を用いて「企業行動憲章」を改定しました．持続可能な社会の実現が企業発展の基盤であることを認識し，会員企業はもとよりグループ企業などに対しても行動変革を促し，企業として社会的責務を果たしていくと宣言しています．

企業における SDGs

近年，SDGs を自社の取組みと結び付け，「企業のビジョン（中長期的な将来における自社のあるべき姿）」や「経営計画（ビジョンを実現するための方策）」に導入する企業が増えています．SDGs に対する貢献状況を投資家や株主，顧客などに向けて情報発信することは，経済活動のみならず社会貢献に対する指標となります．結果として，企業価値向上というメリットをもたらします．

広義の SDGs には，企業を評価する「通信簿」的な意味合いも含まれています．実際に，海外の ESG（Environment Social Governance：環境，社会，統治）格付評価機関のように，企業の SDGs 達成状況を評価対象とする機関もあります．

設備管理者と SDGs

設備管理者と関わりが深いエネルギーについては，17 の目標のうち，主に 7 番目の目標である「7．エネルギーをみんなにそしてクリーンに」（**表 1**）の中で掲げられる取組みがわかりやすい指標になると考えられます．具体的には，SDGs 推進本部による「SDGs アクションプラン 2021」において，「8 つの優先課題に関する具体的な取組例」の「⑤省・再生可能エネルギー，防災・気候変動対策，循環型社会」に，以下の目標が記載されています．

- 再エネ・新エネ等の導入促進
- 循環型社会の貢献
- 徹底した省エネの推進
- 気候変動対策
- 持続可能な生産・消費の促進，食品廃棄物・食品ロスの削減や活用
- 研究開発の推進   など

設備管理者の取組みとしては，エネルギーマネジメントを実施することも，所属する企業に対する貢献，さらには SDGs に対する貢献の一つと考えられます．BEMS などを活用してエネルギーを見える化し，エネルギー使用状況と製造状況を検証したうえで，省エネルギー・省 CO_2 の方策を立案し実行する PDCA サイクルを回すことにより，さらなるエネルギーの最適調達・運用が可能となります．エコチューニングの実施も有効です．

また，日常点検や定期点検を通じて，設備機器やシステム全体の COP を高水準に保つことにより，エネルギー効率を改善することも重要な役割になります．

86 設備管理者にとっての SDGs

表1　ゴール（意欲目標）7：エネルギーをみんなにそしてクリーンに

	ターゲット（行動目標）	これから取り組むべき活動（事例）
7.1	2030 年までに，安価かつ信頼できる現代的エネルギーサービスへの普遍的アクセスを確保する	建築物，地域へのエネルギーの最適供給．ZEB，ZEH，スマートシティの推進．再生可能エネルギー発電事業，電力小売事業の推進，など
7.2	2030 年までに，再生可能エネルギーの割合を大幅に拡大する	再生可能エネルギー拡大．地域エネルギーと建築の融合，エネルギー融通など，施設関係技術．未利用エネルギー（生ごみなどのバイオマス資源，廃熱，下水熱，河川熱，地中熱など）の活用，など
7.3	2030 年までに，世界全体のエネルギー効率の改善率を倍増させる	エネルギー効率改善への取組み．ZEB への取組み．スマートコミュニティの取組み．HEMS，MEMS，BEMS，CEMS などのエネルギーマネジメントシステムの導入促進，など
7.a	2030 年までに，再生可能エネルギー，クリーンエネルギー研究，技術などの国際協力．エネルギー関連インフラとクリーンエネルギー技術への投資の促進	水素エネルギー活用技術．オープンイノベーションの推進．先進超々臨界圧火力発電の実用化．クレジット制度，グリーンボンドの活用，など
7.b	各国インフラ拡大と技術向上	エネルギーインフラ技術の途上国への輸出（発電など）

出典：（一財）日本建築センター『建設産業にとっての SDGs（持続可能な開発目標）―導入のためのガイドライン―』

日々の設備管理が 2030 年の SDGs 目標達成への貢献となるのです．

第8章　人材育成その他

293

87 設備管理業務での人材育成

相談 設備管理の責任者をしています．管理に必要な知識やスキルを若手に身につけてもらうにはどうしたらよいでしょうか．

建物は，事務所ビル，商業施設，医療施設などの不特定多数が利用する施設や，研究所，工場のように高度な維持管理を必要とする施設があります．施設を安全かつ衛生的に運用するには，設備を適正に維持管理する知識とスキルが必要です．

以下に，弊社での取組み事例を紹介します．

設備管理に必要な知識とスキル

①専門知識

施設が保有している設備の機器単体やシステムを理解・熟知して日常点検・整備を実施するとともに，異常事態発生時の対応力が求められます．また，エネルギー管理では省エネ知識なども必要になります．

②法令順守と安全衛生管理

設備管理者や施設所有者は，各施設に適用される法令に則って，有資格者の配置と届出，定期点検，定期報告などを行います．また，労働安全衛生法の下で，設備点検・作業時に作業者の安全を確保する作業手順・要領を確立しなければなりません．さらに，企業倫理や企業の社会的責任，環境問題への取組みに対する理解と対応力も必要です．

③品質管理・工程管理

設備の不良・不具合の発生を防止し，安定稼動させるための品質管理の知識，作業の効率化のための業務改善や工程管理の知識も重要です．

④コミュニケーション能力

施設所有者や利用者のニーズを把握し，また部下や作業員への指示や報告確認など，相手の話をしっかり聞き，情報を整理しながら相手に適切な説明を行うなど，意思疎通を図るコミュニケーション能力が求められます．

研修の種類と特徴

これらの知識やスキルは，研修などを通して習得されますが，研修の種類には主に，

- OFF-JT
  (Off-The-Job Training)：
  職場外教育
- OJT
  (On-The-Job Training)：
  職場内教育
- 自己啓発

があります.

OFF-JTは，主として形式知的な専門知識・スキルを体系的に集中して学べ，自己啓発のきっかけ作りに役立ちます．OJTでは，上司や先輩(以下「指導者」と記す)が指導を受ける育成対象者(以下「研修者」と記す)に暗黙知を含む実践的なスキルを教え，習得させます.

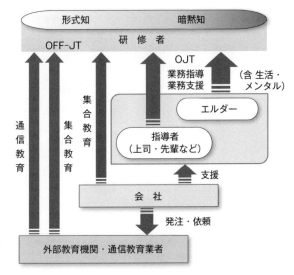

図1　研修による知識向上とスキルアップ

OJTとOFF-JTは，得意とする領域が異なり，それぞれの特徴を組み合わせることで研修効果を高めることができます(図1).

研修の取組み事例

①年次育成モデルと研修カリキュラム

弊社の新入社員は，入社時にビジネスマナー，就業規則，コンプライアンス，業務専門基礎知識などの研修を行い，その後，各部署でのOJTにより，現場で必要な知識とスキルを習得します.

若手社員の経験年数ごとに，上司が本人のレベルを評価した上で，知識やスキルのレベルを規定した教育体系の標準モデルと比較して，不足部分を補強する研修カリキュラムを組みます(図2).

OJTでは，現場の作業手順書，チェックリストなどを活用して，実際に指導者が「やってみせて」，研修者に「やらせてみて」，指導者が「確認する」方法で行い，実践的に管理の要点を研修者に習得してもらいます．研修者の疑問や質問には，タイムリーにアドバイスします.

OFF-JTの集合教育における座学の場合，講師からの一方的な説明にならないよう，事前に研修者に課題を与えて提出してもらい，研修の中で課題を解決していくなどの工夫をしています．また，研修後の理解度テストにより研修者が自己評価し，集合研修をきっかけとした継続的な自己啓発の学習につなげていくことも重視

しています．さらに，集合研修後，自己学習の進度に合わせたレポートを提出してもらうなど，継続的なフォローアップでスキルの定着を図っています．

②指導者・講師の課題

OJT では通常，社員が育成指導者になります．OFF-JT でも，内容によっては現場業務の実情を把握していることが重要なため，社内講師となる場合が多くあります．当然，講師自身にも業務があり，時間

教育体系（標準モデル）

項目	1年目	2年目	3年目	4年目
電気	図面内容が理解できる	簡単な盤図を描くことができる	システムの設計ができる	盤図の作成ができる
計装	図面内容が理解できる	システムの設計ができ	計装図の動作を	計装設...
空調	図面 理解で			
施工	図面 理解で			

育成評価表　氏名：XXXX

項目	1年目	2年目	3年目	4年...
電気図	図面の理解 ○	盤図作成 ○	設計業務 ○	
計装図	図面の理解 △	システム設計 △	問題指摘 △	
空調	図面の理解 ○	設計図作成 ○	負荷計算 －	
施工	図面の理解 ○	現場管理 ○	資格取得	
施工	図面の理解	現場...		

図2　教育体系標準モデルと育成評価表

に余裕があるわけではないので，あまり社内講師になりたがらないのが実情です．そのため，何らかのインセンティブを設け，たとえば講師手当の設定，人事考課での加点評価付与，社内の昇格要件にする，などの工夫をしています．

③エルダーの役割

最近の若手社員は，自分の個性を活かすことを大切にする価値観を持って成長してきたと言われています．個々人の成長を促すよう，常日頃から若手社員の育成に関心を持って接することが大切です．職制上の上司だけでなく，年齢の近い先輩が生活や精神的なサポートを果たすエルダー制度などを設けることも重要になっています．

研修の効果

社員の能力向上により，現場の業務効率が向上し，会社全体の労働生産性向上につながります．

厚生労働省の「平成 30 年度労働経済白書」によると，OFF-JT や自己啓発支援への費用負担をした企業では，翌年の労働生産性などが向上する関係がみられ，労働者の仕事に対するモチベーションが向上する傾向にあると報告されています．

88 エネルギーサービス事業導入のポイント

相談 顧客が，エネルギーサービスの導入を検討しています．どのようなアドバイスをすればよいか教えてください．

エネルギーサービスは，顧客のエネルギーに関して付加的なサービスを提供する事業です．起源は，アメリカでビジネスモデルが確立された ESCO 事業に由来します．
近年，エネルギーサービスは多様化しており，以下の形態に分類されます．
- ESCO（Energy Service Company）事業
- ESP（Energy Service Provider）事業
- 受託事業
- エネルギーマネジメント事業

ここでは，このうちの ESCO 事業と ESP 事業について説明します．

ESCO 事業

①事業の概要

省エネルギーシステムの導入による光熱水費削減額を原資として，資金調達も含めて，顧客の設備投資を ESCO 事業者が行う事業です．

事業形態は，顧客による初期投資が不要なシェアードセイビングス ESCO 事業と，顧客が初期投資を行うギャランティードセイビングス ESCO 事業に分類されます．

エネルギー削減量は，ESCO 事業者が保証します．エネルギー削減量が契約上の数値に未達であれば事業者が顧客にペナルティを支払い，達成すれば顧客から事業者にボーナスが支払われ利益が分配されます．なお，ESCO 事業で保証するのは，あくまでエネルギー削減量であり，光熱水費削減額ではありません．

②導入プロセス

省エネルギー設備導入による効果を把握するため，簡易エネルギー診断を実施します．その結果を踏まえて顧客と合意した場合，詳細診断やベースラインの設定を含む事業計画を策定します．

ベースラインとは，基準となるエネルギー使用量や光熱水費を示すものです．おおむね事業開始前の3年間平均で算出されます．なお，ベースラインに対する変動要因は保証範囲外となるため，契約に基づいて調整されることがあります．

③導入メリット
- エネルギー削減量を保証する仕組みであり，事業者による省エネルギー推進が可能です．
- シェアードセイビングス ESCO 事業は初期費用が不要なため，余裕資金がない場合でも省エネルギー設備への改修が可能です．

④導入時の注意点
- エネルギー削減量により収益を得るビジネスモデルであるため，省エネルギーの余地が相当以上に見込まれる顧客が対象となります．
- ベースラインと比較して削減効果を算出するため，改修前のエネルギーデータが必要です．
- 改修対象機器は，事前に仕様書などに改修必須項目として記載するなどの対応が必要です．
- ESCO 事業で保証する箇所には，原則として計測器を付ける必要があります．

ESP 事業

①事業の概要

顧客ニーズに沿ったエネルギー設備を導入し，エネルギー関連業務（資金調達，企画，設計，施工，維持・運転管理，エネルギーコンサルティング，エネルギー供給など）を ESP 事業者が一括して請け負う事業であり，エネルギーに関する窓口の一本化が可能です（図1）．

エネルギー供給のみを別のエネルギー供給事業者が行う場合は，受託事業になります．

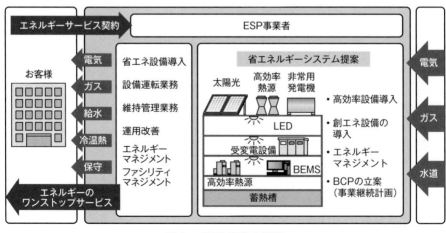

図1　ESP 事業の概要

②導入プロセス

エネルギーデータの収集，設備運用実態の把握を行い，顧客にとって最適な設備導入を検討します．提案には，省エネルギー設備だけでなく，受変電設備やエネルギーセンターの建屋の建設などまで含まれることがあります．事業期間内のエネルギー使用量や光熱水費，維持・運転管理費用を含めた事業計画を顧客に提示し，合意が得られれば契約締結となります．

事業開始後，対象施設のエネルギーデータの収集を行い，継続したコンサルティングなどを通じて運用改善が実施され，顧客にとって最適なエネルギー運用を確立していきます．

③導入メリット

- エネルギー関連業務をアウトソーシングすることで，顧客は本業に専念することが可能です．また，ESP 事業者による効率的なエネルギーマネジメントが可能になります．
- 初期費用が不要であるため，余裕資金がない場合でも設備導入が可能です．
- 維持管理費や保全費用もランニングコストとして平準化され，支出計画が立てやすくなります．

④導入時の注意点

- エネルギーの安定供給の観点から，エネルギーデータを詳細に把握する必要があるため，計測器の設置箇所が多くなる傾向があります．
- 原則として，ESCO 事業のような省エネ保証はありません．

◎ エネルギーサービスの導入

導入に当たり，事業が成立するかの判断材料の一つとして与信を取る場合があります．また，補助金と組み合わせた事業計画が見られますが，近年，補助金採択のハードルが上昇傾向にあり，補助金アリとナシの双方を想定した事業計画が望ましいと考えられます．

エネルギーサービスには，設備計画や継続的な運用改善が大きく影響します．そのため，設備に理解がある会社を選ぶことが重要です．

89 システム取扱説明書の有効活用

相談　工場設備の定期点検業務を行っています．その業務の中で，トラブル発生時に緊急対応の依頼を受けることがありますが，迅速な対応ができません．何かよい対策はないでしょうか．

　相談者と同様に巡回で定期点検業務を行っている筆者が，トラブル解決の時間を短縮し，一次対応の指示や原因の推測を容易にするため，システム取扱説明書を作成した事例を紹介します．

　作成に当たっては，現場の設備を確認し，手順や操作方法，さらにトラブル発生時の対処方法を，写真や文章，図面を交えて記載しました．

● 現状の問題点

　緊急対応では，施設管理者から連絡が入り，現地に急行して調査を行った後，資機材の手配やメーカー，施工会社への連絡などを行います．そのため復旧まで時間がかかり，業務や生産などに支障が出ることになります．

　施設管理者は，竣工時に受領した完成図書を参考に設備の運転・管理をしています．ほとんどの施設では，完成図書にメーカーが作成した機器取扱説明書がファイリングされています．ところが，緊急対応時には機器単体だけではなく，配管，ダクト，自動制御，中央監視，受変電，動力盤，分電盤など，確認しなければならない範囲が広く，全体のシステムフローや制御システムなどを理解している必要があります．単純な操作ミスでも，原因究明や復旧に手間がかかります．

　そこで，取扱説明書のまとめ方を見直し，トラブルの緊急対応時間を短縮することにしました．

● 取扱説明書の構成

①システムの説明

　空調・衛生・電気設備のシステム内容やそれぞれの関連を把握できるようにするため，対象機器，室内条件(温湿度など)，制御内容などの施設全体のシステムを説明しました．

②設備機器の説明

　設備に詳しくない施設管理者でも理解できるよう，設備機器の用途を写真と文章で詳しく説明しました(図1)．

89 システム取扱説明書の有効活用

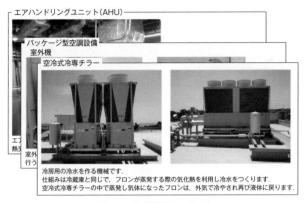

図1　設備機器の説明

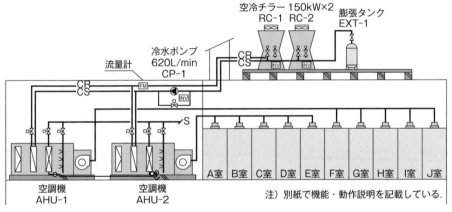

図2　機器の系統図の例

③系統図・平面図の活用
　機器の系統図や平面図を用いて，設備機器の構成や配置がわかるようにしました（図2）．たとえば，熱源機と空調機の系統や構成機器・装置の設置場所を示すことで，関連する機器や配管，ダクト，自動制御機器が一目瞭然となり，原因究明の調査箇所を絞ることができるようになりました．
④運転操作方法の説明
　機器の運転操作を中央監視や集中管理装置，制御盤，機器本体の各所でできるように，それぞれの操作方法を記載しました（図3）．
⑤保守管理方法の要点説明
　日常点検，定期点検方法の要点をメーカーの機器取扱説明書から抜粋し，点検表に写真付きで記載しました．

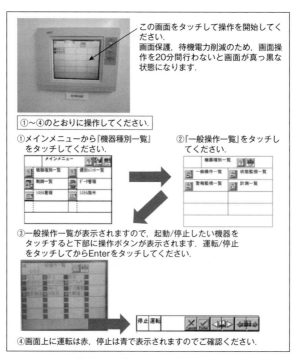

図3 集中管理装置の運転操作方法の説明

⑥非常時・故障時の対応方法

停電時に機器が停止した際の再起動方法や,故障時に表示されるエラーコードについて,対処方法を記載しました.

🔍 システム取扱説明書の効果

施設管理者が日常の管理時にシステム取扱説明書を確認しながら操作することにより,操作上のトラブルの発生が減少しました.

また,引継ぎがスムーズになり,トラブルが発生したときは,システム取扱説明書で対処方法を確認しながら原因究明ができ,単純なことであれば施設管理者自身で対応することが可能となり,緊急対応の出動頻度が減りました.

さらに,図2のような系統図を見ながら温度,圧力,バルブの状況などを施設管理者に確認してもらう,遠隔地からの初期対応が可能になりました.これにより,巡回点検の担当者は,現場に行く前におおよそのトラブル原因や不具合箇所を想定でき,早期に原因を取り除けるようになりました.

このようにシステム取扱説明書を活用することで,トラブル解消までの時間を短縮し,施設管理者のトラブル対応の不安を取り除きました.

90 2020年の民法改正に関する留意点

相談 2020年の民法改正では，設備管理業界にも少なからず影響があったと聞きました．どのような点か，簡潔に教えてください．

市民生活や事業における基本的なルールを定めた法律である「民法」が，2020年4月，実に120年ぶりに改正されました．ここでは，その中でもビル管理業・ビルメンテナンス業で特に注意が必要と思われる改正内容を二つ紹介します．

瑕疵という言葉がなくなった

これまで品物や設備を納品したり，工事や整備を請負ったりしたときに，その品物や施工した内容，品質に不具合や問題が見つかった場合には，相手との取り決めに応じて，品物を交換したり，補修工事や整備のやり直しを行ってきました．そうした不具合は「瑕疵（かし）」と称され，瑕疵を指摘されたときにその瑕疵を是正する責任のことは「瑕疵担保責任（かしたんぽ）」と呼ばれてきました．

しかし，今回の民法改正では，よりわかりやすくするため「瑕疵」という表現は使わずに，「契約の内容で定めたものと適合しないもの」（＝契約不適合）という表現に改められました．

したがって，これまで用いられてきた「瑕疵担保責任」も「契約不適合責任」という表現に変わりました．ただし，これらは使う言葉が入れ替わっただけで，意味する内容が変わったわけではありません．注意すべき点は，その責任を問える期間の扱いが見直されたことです．

引渡しから1年ではなく，知ったときから1年へ

旧民法では，請負の取引において瑕疵があった場合に，注文者（お客様）が補修や損害賠償を請求できるのは，「目的物を引き渡したときから（原則）1年以内」（建築物などの特例を除く）でした．しかし，改正法では「その不適合を知ったときから1年以内に請負人に通知したとき」に変更されました．

ここで，「通知」であって「請求」ではないことに注目してください．

完成検査，検収から1年以上経過していても，注文者が不適合を見つけたら（知ったら），その時点から1年以内に請負人に通知することで，不適合の度合いに応じて，補修，報酬の減額，損害賠償，契約の解除などを請求できることになったの

です.

それでは，永遠にその責任が消えない，済んだこと，終わったことにできないのかというと，消滅時効という規定（ルール）があります．よって，遅くとも引渡しから10年経過すれば，注文者が請負人の責任を問う権利は消滅すると考えられます．なお，手抜き工事などの場合には，契約不適合責任とは別に，不法行為に基づく損害賠償責任を負う可能性があり，その消滅時効は最長で不法行為時から20年です．

このように民法の規定は変わりましたが，実はこの民法の規定は，「任意法規」といって，注文者と請負人（買主と売主）の間で何も取り決めがなされていないときに適用される規定です.

当事者間で別の取り決めがあれば，他の法律に違反していない限り，民法の規定よりも当事者間での取り決めが優先されます．注文者（お客様）との契約書の中で，目的物を定めて契約不適合があった場合の責任についての条文を作成する場合には，その責任の期限をこれまでのどおりの期間（例：目的物を引き渡した，あるいは検収が完了したときから1年以内とする）と取り決めることで，従前のとおりとすることも可能です.

これまでは，契約書で期限の取り決めをしなくても，民法が責任の期限を区切っていましたが，そのルールはなくなりました.

今後，契約を締結するときに，契約不適合責任について取り決めをする場合には，責任の期限の取り決めについても確認することが必要です.

🔵 離れた所にいる当事者間の契約成立時期の見直し

契約の成立のタイミングも，今回の民法改正で明確になりました.
　　○改正民法第522条1項
　　　　契約は，契約の内容を示してその締結を申し入れる意思表示（以下「申込み」という.）に対して相手方が承諾をしたときに成立する.

具体的な事例でいえば，注文者から請負人に注文書が発行されて，請負人が注文請書を提出したときに契約成立となります.

離れた所にいる当事者間の取引成立時期についても変更がありました．旧民法では「請負人が承諾の通知を発したときに契約は成立する」とされていましたが，改正民法では，「承諾の通知が注文者に届いたとき」に変わりました．これまでは，注文請書を発送すれば，万一それが届かなくても「契約成立」となりましたが，そうではなくなったのです.

ただし，「届いたとき」ということなので，相手がそれを開封したり，読んだりということがなくても成立になります.

注文書を受け取った後に注文者の事情が変わってしまい，注文請書が注文者に届いていないことを理由に契約の不成立を主張される，などという事態を避けるため

表1　取り上げた改正内容の新旧比較

	改正民法	旧民法
	契約不適合責任	**瑕疵担保責任**
引渡し後に不具合が見つかったときのルール	知ったときから1年以内に通知すればよい	引渡しから（原則）1年以内に請求する必要あり
離れた所にいる当事者間の契約成立のタイミング	注文者が請負人に注文書を発行し，注文請書が請負人から注文者に届いたとき	注文者が請負人に注文書を発行し，請負人が注文請書を発送したとき

には，注文者に注文請書の受領を確認することが重要になりました．

　このような規定ができると，「定期的に資材を販売店に注文して購入しているが，商品が届くだけで注文請書のやり取りはない．今後は，注文書・注文請書が必要になるのか？」という疑問を持つ方がいるかもしれませんが，その相手との間に取引に関しての取り決め（取引基本契約書等）があれば，取り決めどおりになります．また，そのような取り決めを交わしていなくても，会社との取引には民法とは別に「商法」という法律があり，「いつも取引をしている相手からの契約の申込み（注文）に対しては，商人（会社）は遅滞なく拒否の意思表示をしなければ，その申込みを承諾したものとみなす」とされています．

　繰返し取引をしている相手であれば，相手が遅滞なく注文を断ってこなければ，承諾の意思表示（注文請書等）がなくても取引成立となるのです．

　ここでは，特に注意が必要な改正項目2点を簡単に紹介しました（**表1**）．ほかにも，注文者と請負人との取引でのトラブル発生時の責任の負い方など，皆さんにも影響する改正が行われています．紹介した内容も含め，詳しくは法律条文，解説書などを調べていただくとよいと思います．

91 ファシリティマネジャーの仕事

相談 施設に常駐して設備管理をしています．最近，建物所有者の施設管理担当者がファシリティマネジャーの資格を取得しました．ファシリティマネジャーの役割を教えてください．

ファシリティマネジャーとは，ファシリティマネジメント（以下「FM」と記す）の業務に携わる人を指し，経営者に代わって，「ファシリティを有効かつ効率的に活用することで，最大の効果をもたらし，経営に貢献する」と定義されています．

以下では，企業内のファシリティマネジャーと運営維持の業務を行う外部のサービス提供者の視点から，具体的な役割を説明します．

🔍 企業内のファシリティマネジャーの役割

FMは，設備管理（既存の施設・設備の維持・保全）に加えて，企業を取り巻く環境に合わせて施設を総合的に企画・管理・運営・活用（マネジメント）することです．

ISO 41000sの要求事項に沿って施設管理の計画を作成（Plan）し運用（Do）して，パフォーマンス評価（Check）を行い，ファシリティの課題を継続的に改善（Action）する「10段階のプロセスフロー」（図1）に沿って管理することが，企業内のファシリティマネジャーの役割です．

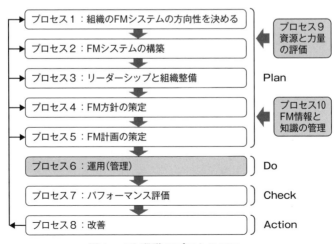

図1　10段階のプロセスフロー

具体的には，ファシリティの現況（不要な施設がないか，逆に不足している施設はないか）を把握することから始めます．その結果をもとに施設の用途や使用方法を見直し，その上で「最小のコストで最大の効果」を得ることを目指します．

また，経営の効率化／従業員の満足度の向上／企業の社会的責任（以下「CSR」と記す）の遂行などに取り組みます．

外部のサービス提供者の役割

従来の施設管理は，維持と保全が主な目的で，問題が発生した場所を修繕する（現状を維持するために元の状態に戻す）対応がほとんどでした．

これに対してFMは，経営的・長期的な視点から最適化を求め，「運営維持業務のPDCAサイクルを回して課題改善に取り組むこと」が役割です．

以下に，弊社が外部のサービス提供者として行っている事例を紹介します．

① LCC（ライフサイクルコスト），設備投資，施設運営費の最小化

現状の運転状況から，設備の更新や整備計画を見直し，設備投資や修繕費の適正化と運営経費の削減を行っています．運用改善によって，電力・ガス・給排水などのユーティリティー使用量の削減や，作業の外注先の見直しなどを行い，施設運営にかかる経費を削減しています．

② 資産価値と使用価値（利用者の満足度と生産性の向上）の最大化

施設・設備はもちろん利用環境すべてを対象に，利用者の立場に立って，企業のファシリティマネジャーへソリューション提案を行っています．不具合や要望，クレームの内容を分析し，根本課題を改善する提案をしています．

③ 将来的な経営環境の変化に柔軟に対応

運営維持業務の標準化を行っています．業務の見える化（業務フローの作成，対応件数やFTE（フルタイム当量）管理など）によって，経営環境の変化に対応した業務の見直しを提案しています．

④ CSRに関する諸活動，環境問題への効果的な取組みの実施

エネルギー使用量の計画的な削減提案を行っています．施設の稼働状況に合わせて設備機器を高効率運転するため，エコチューニングによってエネルギー使用の適正化を図っています．

このように，運営維持業務のPDCAサイクルを回して課題解決を行うことが，外部のサービス提供者に期待されています．

FMの三つのレベルと実施段階

企業内のファシリティマネジャーと設備管理を行う外部のサービス提供者の役割を，FMの三つのレベルで表すことができます（図2）．

一つめは，経営的な観点から統括的なFM戦略を策定する経営戦略レベルです．

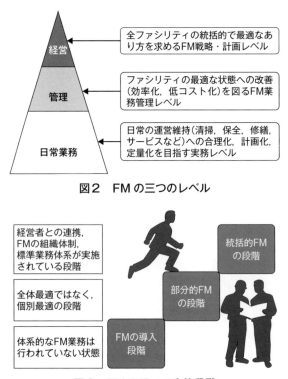

図2　FM の三つのレベル

図3　FM の三つの実施段階

企業内のファシリティマネジャーの役割です．

　二つめは，それぞれのファシリティを最適な状態へ改善することを目指す業務管理レベルです．これまでの FM は企業内で行うことがほとんどでしたが，最近ではコア業務へと特化する企業が増えつつあり，外部の専門家へアウトソーシングするケースが増えています．

　三つめは，日常業務の合理化・定量化を目指す実務レベルです．アウトソーシングしている企業が多いといえます．

　三つのレベルのいずれも，パートナーと一体となって，実施段階（FM の導入→部分的 FM →統括的 FM）の階段を協働して上っていくことが重要です（図3）．

　FM の視点で，ファシリティを統括的に管理する企業が増えています．今後，経営のスリム化や施設利用者の満足度を高めて知的生産性を向上する FM のニーズは増していくものと思われます．そこで，FM のプロフェッショナルとして FM 業務に携わっていくために，認定ファシリティマネジャーの資格を得ることをお薦めします．

92 ビルメンテナンスとプロパティマネジメント

相談 ビルのメンテナンスを担当しています．ビルオーナーから「プロパティマネジメントも一諸にやってほしい」と言われました．一緒に行うことでどのような効果が期待できますか．

◎ プロパティマネジメントとは

プロパティマネジメント（以下「PM」と記す）は，所有者に代わって不動産の資産価値を向上させるために管理・運営することであり，業務内容は賃貸経営の実務を行うことです．目的は，不動産収益を最大化するため，賃貸事業収入を増加させ，外部委託費を最適化することです．そのほか，所有者の負担軽減，テナント満足度の向上，ビル機能の信頼性と安全性などの所有者への提供も行います．

◎ 受託に当たっての注意点

証券化されている不動産では，利益を追求するPMと外部委託費に当たるメンテナンスを一緒に行うことは，所有者の利益と相反する関係とみなされ，それぞれ別の会社で行うのが一般的です．しかし，個人や企業などが所有する証券化されていない不動産では，メンテナンスとPMを一緒に行うことによって，メリットが得られることがあります．

◎ メンテナンスとPMを一緒に行うメリット

メンテナンス会社がPMを一緒に行うメリットは，PMを受託するとその物件の収益構造や建物ならではの情報が取得できるようになることです．これにより，従来のメンテナンスや工事の提案に収益向上に寄与する提案を盛り込むなど，より幅広い提案が可能となります．

◎ 事例紹介

空調改修工事をきっかけに，所有者の収益を向上させた事例を紹介します．
【建物概要】
- 所　有　者：個人オーナー
- 用途・規模：オフィスビル・地上10階建て
- 延 床 面 積：約 15 000 m²

①空調改修工事の受注と補助金の獲得

　竣工後約20年が経ち，そろそろ改修が必要な時期で，空調の不具合に関するテナントからのクレームが月に100件以上ある状態でした．1年半に及ぶ検討の末，空調方式をセントラル方式の重油焚き冷温水機から個別方式の空冷ヒートポンプエアコン（EHP）に変更し，併せて天井裏と窓ガラスの断熱工事を行うことを提案しました．実施に当たっては，国土交通省の補助金，東京都の省エネ促進税制や都内中小クレジット制度などを活用し，工事に必要な自己資金を圧縮することができました．

　工事後は，空調の不具合に関するクレームはなくなり，テナント満足度の向上につながりました．また，補助金によって所有者が自己資金を有効活用できるようになり，そのことが以降の提案の契機となりました．

②空室対策

　空調改修工事の時点で，1部屋120坪を借りていたテナントが退去することが決定していました．当時は空室率8％とオフィスマーケットは不況下にあり，その地域の賃料相場は坪単価13 000円で，原状回復工事やフリーレント期間の無収入期間を見込むと，実質相場賃料は6年平均で坪単価8 500円しか見込めない状況でした．

　そこで，補助金によって残余した所有者の自己資金の一部を投資してもらい，レンタルオフィス事業を始めることを提案しました．結果，実質賃料を約3倍にすることができました．

③テナントへ水光熱費の見直し交渉

　工事前の空調方式では，燃料費用や水道代などを所有者が負担していたため，テナントの水光熱費用は割安になっていました．しかし，今回，空調方式を個別方式に変更することにより，テナントは実質値上げとなることから，十分な説明が必要でした．

　そこで，自由に24時間冷暖房が運転できるようになること，テナント自身の工夫による省エネなど，使い方によっては安くなることをテナントにていねいに説明し，納得してもらいました．その結果，所有者が負担していた経費を削減することができました．

　なお，後日談ですが，天井裏の断熱工事，窓ガラス断熱工事が予想よりも大きな効果を発揮し，空調の効率が上がったことで，テナントの電気代が大幅に削減され，テナント満足度の向上にもつながりました．

④所有者の収益向上と経費削減効果

　レンタルオフィスによって収益が向上し，所有者が負担していた経費の削減，空調方式変更によるメンテナンス費用の削減により，以前より年間で10％ほど収益が向上しました．また，補助金や税制優遇などで工事への投資費用が圧縮され，投

資回収は3年弱に短縮されました.

　本来,このようなテナントにメリットがある投資工事を行った場合,賃料の値上げ交渉を行うものですが,当時のオフィスマーケットは不況下であったため見送りとしました.もし,賃料の値上げ交渉も行えていたら,投資回収はもっと早めることができた可能性があります.

⑤長期修繕工事の前倒しによる税金対策

　工事後,所有者から「収益が出るようになったのはいいが,今度は税金面で困っている」という相談を持ちかけられました.こうした相談は,所有者が個人である場合に時折見られるもので,収入が上昇すると思いのほか多く税金を課されることがあるからです.その対策として,長期修繕計画の工事を前倒しで実行し,将来のための投資をすることによって,単年度の税金を抑えることができました.

⑥さらに資産価値を向上

　長期修繕計画の工事の前倒しによってテナントにメリットがある分は,賃料の値上げ交渉を行いました.税金を多く収めても収入(キャッシュフロー)がそれを上回れば問題解決となります.その後は,税金面を意識しながら長期修繕計画の計画工事を行いつつ,資産価値を高めています.

　メンテナンスとPMが別会社であったら,メンテナンス会社は従来のような経費削減による費用対効果の提案にとどまり,収益向上を見込んだ提案はできなかったと思われます.空調改修工事をきっかけに収益を向上させるといった発想や,長期修繕計画の工事を前倒しにして税金対策とするといった対策は,メンテナンスとPMが一緒だからこそできたことです.PMで補助金事業を企画・提案し,省エネ効果をビルメンテナンスで最大限に高めることも実現可能です.

　このように所有者やテナントの立場に寄り添った提案を行うことで,従来のメンテナンスのみの場合以上の,より強固な関係を所有者と築くことができ,かつ,テナントには安心感を持ってもらい,さらには管理している建物の資産価値の向上にもつながったのだと思います.

93 改修提案の作成方法

相談 設備が老朽化してトラブルが多くなりました．建物所有者に設備の改修提案書を提出したいのですが，顧客の要望に最適な提案をどのようにして立案したらよいでしょうか．

改修提案書を作成する目的は，建物所有者に改修の必要性と最適な改修案を示すためです．

築30年・8階建て・12 000 m² の中規模テナントビルでの提案事例を基に，その作業手順と作業の重要ポイントを説明します．

提案の作業フロー

事例の建物では，設備の老朽化や貸し方の変更による不具合がありました．そこで，設備改修により室内温調や機能の改善を実施することになり，図1に示す作業手順で提案しました．

作業1：現状調査・劣化診断

まず，現状のシステムを確認します．

この建物は，熱源がガス焚き冷温水機で，空調換気は1フロア1テナントを想定した単一ダクト定風量システムです（図2）．最近，間仕切り壁を追加して1フロア2テナント貸しになりました．

設備の劣化状況を診断した結果は，以下のとおりでした．

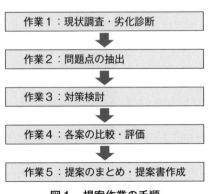

図1 提案作業の手順

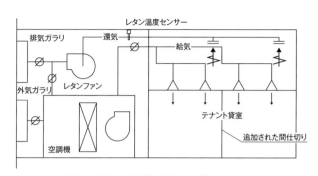

図2　「案1」既設同等方式（単純更新）

- ガス焚き冷温水機は，能力低下で所定の冷水温度にならない（熱源送水実温度データ）．
- 空調機の内部ファンと冷温水コイルの腐食が進行して，能力不足が顕著になっている．
- 冷温水配管は，非破壊検査で10年以上の耐用年数があると判定された

作業1の重要ポイント

　まず，現状を正しく把握するために，劣化状況や過去の修繕更新部位などを確認します．配管の劣化状況は，外観では判別しにくいので，できれば非破壊検査での残肉厚の測定が望まれます．ただし，検査は高額な費用がかかるので，改修工事の際に切り出した部材で腐食状況を確認することもできます．

　撤去した既設配管部材は，今後のために保管しておきましょう．劣化が軽微な部分の再利用による部分更新，オーバーホールなどで工事費の低減が図れます．また，故障しても業務に大きな支障が発生しないシステムは，故障時に更新とすることで工事費を抑えることもできます．

作業2：問題点の抽出

　次に，運転データやヒアリングにより，建物内の問題点やクレームを抽出します．建物所有者から解決を求められている不具合は，以下の3点でした．
①冷房が効かない（室温測定データで確認）．
②温度調節がうまくできないときがある（室温設定値と各室の室温実測データで確認）．
③分割したテナントスペースごとの個別空調運転ができない（建物所有者ヒアリング）．

　③は，片側のテナントが有料で時間外空調を行うと，他方のテナントに課金なしで空調が行われるという不具合が起きていました．

作業2の重要ポイント

運転記録や環境測定値などの数値データを分析して，どこでどんな問題が発生しているかを確認します．併せて建物所有者や在館者にヒアリングを行い，クレーム情報を収集します．なお，建物所有者からの改善要望など，解決すべき問題点を明確にするためのコミュニケーションが重要となります．

作業3：対策検討

現状の把握と問題点の抽出から，実施する対策の基本方針を決めます．

- 2部屋の温度調節を同一空調機のレタン温度制御で行っているので，室温が設定温度にならない．そこで，テナントごとに空調が可能な全閉機能付き可変風量装置(VAV)方式とビル用マルチエアコン方式の2案で検討する．
- 熱源は，既設同等のガス焚き冷温水機と空冷ヒートポンプチラー(屋上冷却塔撤去スペースに設置)の2案で検討する．
- 空調機は外板の腐食損傷がないため，劣化した部位のみを更新する現場組立て型空調機(37ページ「9．現場組立て型空調機による設備更新」参照)も検討案に含める．
- 現状の熱負荷状況やテナントの形態を勘案して，熱負荷計算を行い，最適な空調機能力を検証する．

以上の基本方針により，改修提案を以下の3案に絞りました．

案1 既設同等方式(単純更新．図2)
案2 空冷ヒートポンプビル用マルチエアコン＋外調機方式(図3)
案3 VAV空調方式(図4)

「案1」は，個別空調の要望に対応していないため提案は見送りましたが，大きなシステム見直しの要求がない場合は，基本の提案になります．なお，各案とも，熱

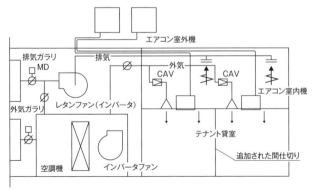

図3 「案2」空冷ヒートポンプエアコン＋外調機方式

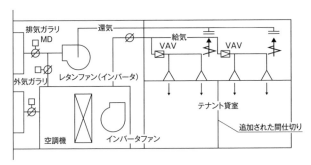

図4　「案3」VAV空調方式

源をガス焚き吸収冷温水機と空冷ヒートポンプチラーの組み合わせとしました．

● 作業3の重要ポイント

　現状と劣化状況，クレームや問題点，建物所有者の改善要望などから改善対策を検討します．

　クレームや問題点の原因になる設備の劣化は，摩耗や腐食汚損による能力低下の「物理的劣化」と，使用形態やニーズの変化にシステムが対応できない「社会的劣化」があります．建築物は，使用者の用途やニーズが変わる場合が多く，物理的劣化と社会的劣化が複合して発生していることが多いので，問題点の原因を正しく把握して対策を検討します．

　事例では，テナント貸室の分割増室という建物所有者の都合による貸方変更に対応する対策を検討しました．

　対策は1案に絞らず，必要最小限の提案から改善レベルが高い提案まで，複数案を検討します．

　あるホテルの空調設備改修工事で，南向きの広い窓があり，冬期でも室内が暑くなるレストランがあって，「暖房運転期でも冷房運転を行いたい」という相談がありました．そのときは，「単純更新案」（低コスト）と「外調機＋ビルマルチエアコン方式」（高機能・高コスト）の2案を検討しましたが，「既存ダクトを利用した床置きダクト型エアコン方式」という第3案も立案し，最終的に建物所有者が望む工事費と機能のバランスが取れた第3案で改修を行うことになりました．

● 作業4：各案の比較・評価

　3案について機能やコストなどを評価しました．その主な評価項目は以下のとおりです．
- 問題点，要求事項の解決レベル
- 必要電源容量，ガス消費量，給水量，既設容量からの増減量

- 付帯工事内容（建築工事，仮設養生作業など）
- 工事条件（工事時間やテナント業務に影響する作業など）
- 工事費，運転費（電気・ガス料金など）
- 環境負荷発生量（CO_2 排出量など）

◉ 作業4の重要ポイント

　機能改善レベルや付加価値，工事費や運転費，必要な付帯工事，工事の作業条件や安全性などを検証して，各案の比較と評価を行います（**表1**）.

　必要な付帯工事は，工事方法や工事工程によって作業内容や費用が異なるので，

表1　某ホテルのレストラン・ティーラウンジ改修工事での空調システム比較

<table>
<tr><th colspan="2">比較項目</th><th>A案
ダクト型
パッケージエアコン方式</th><th>B案
既存同等システム</th><th>C案
外調機＋
ビルマルチエアコン方式</th></tr>
<tr><td rowspan="4">温調機能</td><td>温調性能</td><td>全体の平均温度　○</td><td>全体の平均温度　○</td><td>リモコン系統ごとに調節可　◎</td></tr>
<tr><td>冷暖フリー</td><td>部屋全体で冷暖フリー　○</td><td>不可　×</td><td>室外機系統ごと冷暖フリー　◎</td></tr>
<tr><td>運転時間制約</td><td>年間24時間運転可能　○</td><td>中央熱源の運転時間による　△</td><td>年間24時間運転可能　○</td></tr>
<tr><td>使い勝手</td><td>常に全体を空調，スイッチで運転停止可能　△</td><td>常に全体を空調，スイッチで運転停止可能　△</td><td>使用するエリアのみ空調運転可能，スイッチで運転停止可能　○</td></tr>
<tr><td colspan="2">エネルギー消費量</td><td>□□□kWh　○</td><td>□□□kWh　△</td><td>□□□kWh　◎</td></tr>
<tr><td colspan="2">必要電源容量</td><td>□□kW
（既存＋□□kW）</td><td>既設同等</td><td>□□kW
（既存＋□□kW）</td></tr>
<tr><td colspan="2">工事費</td><td>□□□円</td><td>□□□円</td><td>□□□円</td></tr>
<tr><td colspan="2">運転費</td><td>□□□円</td><td>□□□円</td><td>□□□円</td></tr>
<tr><td colspan="2">省エネ効果</td><td>年間□□MJのエネルギー削減</td><td>既設同等</td><td>年間□□MJのエネルギー削減</td></tr>
<tr><td colspan="2">CO_2発生量</td><td>□□□t/年</td><td>□□□t/年</td><td>□□□t/年</td></tr>
<tr><td colspan="2">工事条件</td><td>• 中間期工事（空調1か月停止）
• 機械室内のみの工事（営業可）
• 電源工事（停電作業あり）
• 室外機設置スペース□□m²要
• 騒音振動作業あり（コア抜き）</td><td>• 中間期工事（空調1か月停止）
• 機械室内のみの工事（営業可）
• 騒音振動作業はなし</td><td>• 中間期工事（空調1.5か月停止）
• 室内工事（一部客席閉1.5か月）
• 電源工事（停電作業あり）
• 室外機設置スペース□□m²要
• 騒音振動作業あり（コア抜き）</td></tr>
<tr><td colspan="2">総合評価</td><td>◎</td><td>△</td><td>○</td></tr>
</table>

十分に検討します．作業条件は，建物所有者や居住者と十分協議します．工事が可能な曜日・時間帯，アンカー打設などの騒音・振動作業の工法や作業時間，停電作業の日時，火気使用の可否(一般に屋内は無火気工法を採用)などの作業条件を確認します．

以前に検討したホテルの改修提案では，客室の空調設備の更新工事でフロアごとの工区分けを行い，工程に合わせたフロア単位の客室の売り止めを作業条件としました．また，試験コア抜き作業を実施し，騒音・振動を建物各所で建物所有者が確認して，コア抜き作業を客室清掃時間に行うことを許可してもらいました．

建物の構造上の制約については，搬入口の開口寸法，機械室・シャフトの空きスペースなど，工事上の制約条件や必要スペースなどの確認と確保が必要です．調査中に動力盤の設置に利用しようと計画していたシャフト内の空きスペースを工事直前に確認したところ，テナントの電話交換機が設置されていて利用できないという失敗談もありました．

機器を設置する場合の床面耐荷重も重要です．屋上の空きスペースに空冷ヒートポンプチラーを設置する計画を提案しましたが，後日，詳細に構造チェックをしたところ，耐荷重をオーバーしていて，計画の変更と多大な工事費の増加が発生したことがありました．

作業5：提案のまとめ・提案書作成

次に，提案書スタイルにまとめます．提案書の構成は，検討の作業順とします．
①現在の状況と老朽化診断結果
②現状の問題点
③提案改修案の機能・施工性・コスト比較
④改修工事工程表
提案書は，あくまでも建物所有者に対する情報提供で，最適な改修案を検討・選定してもらうための資料という位置づけでまとめます．

作業5の重要ポイント

以上の各作業を簡潔にA4判1ページ程度に収め，全体で4～5ページの書類に整理します．

これに，発注から工事完了までの必要日数を表記したゼロ工程表を添付します．停電作業などの建物経営や運営に影響を与える重要イベントの有無，予定日なども記載します．

建物寿命を60年とすると，設備改修は2～3回行うことになると考えられます．ライフサイクルコストの低減も検討しながら，最適な改修提案書を作成したいものです．

［索　引］

ア　行

赤水	140
アプローチ	132
糸状性バルキング	170
インバータ	58, 64
インラインミキサー	127
ウェルネス	247
エア噛み	135
エアシャワー	275
エアバランス	18, 54, 266
エアバリア	46
エアハンドリングユニット	22
エアフローウインドウ	46
エアロゾル	159, 259
エネルギーサービス	297
塩素酸	268
オゾン利用排水処理システム	171
音響カメラ	283

カ　行

外気冷房	16
害虫	271, 274
課金メーター	210
瑕疵	303
ガスメーター	210
活性汚泥処理法	170
活線	183
可変風量装置	61
カルボン酸	28
簡易点検票作成ツール	221
還気温度制御	111
換気回数	259
換気効率	256
換気性能点検	187
換気量	259
感染症法	252
感染リスク	259
管理用メーター	209

機器点検	186
凝集沈殿法	108
共振	281
空気清浄機	255, 261
空気搬送効率	65
空気齢	256
空調機負荷率	65
空冷ヒートポンプチラー	105
空冷モジュールチラー	135
クラウド型分析ツール	224
グリストラップ	146
契約不適合責任	303
結露	26, 245
健康増進法	262
建築物環境衛生管理基準	236, 239
現場組立て型空調機	37
高圧交流負荷開閉器	174
高圧真空遮断器	174
高置水槽	152
硬度成分	123
氷蓄熱ユニット	117
小型貫流ボイラー	123, 126
コージェネレーションシステム	99, 120
コールドドラフト	27
混合空調	257

サ　行

サーカディアンリズム	203
サージ保護デバイス	154
サージング	277
サーモグラフィー	206
次亜塩素酸ナトリウム	268
システム取扱説明書	300
受動喫煙	262
循環密閉式給湯システム	156
循環ろ過回数	249

小温度差制御	64
消毒	252
消泡剤	96
シリカ	123
人口竜巻形成技術	267
振動加速度スペクトル	281
水管ボイラー	123
水銀条約	195
水質基準に関する省令	268
水道メーター	210
スケール	123
清缶剤	123
積算熱量計	210
接地線	181
全外気運転	18
全熱交換器	48
全バラ空調機	37
増圧高置水槽方式	162
送風機性能曲線	59

タ　行

大温度差制御	63, 64
耐用年数	192
ダクト抵抗曲線	59
脱酸素剤	123
ダブルスキン	46
ターボ冷凍機	114, 130
単一ダクト定風量システム	312
炭酸腐食	124
地域冷暖房受入施設	111
置換空調	255, 257
柱上変圧器	152
チューニング	107
中和処理	90
超音波肉厚測定	144
直接給水方式	162
貯水槽水道方式	162
ティーバック型抗菌パック	41

318

電灯用変圧器……………… 176
電力量計…………………… 210
動力用変圧器……………… 176
特定化学物質………………91
特定小電力無線………… 227
トップランナーモーター… 189
トラッキング現象… 179,182
ドレンスライム………………40
ドレンレス・スポット空調機
…………………………………52

ナ 行

内視鏡調査(検査)… 145,146
内部観察等……………… 187
軟水処理………………………90
二重自動扉……………………55
熱線反射ガラス………………45
熱中症…………………… 242
熱負荷要素………………………43

ハ 行

バイオフィルム………… 159
配管圧力線図……………… 137
配管劣化診断……………… 143
排熱利用量……………… 120
破壊調査………………… 144
白華……………………… 149
発熱ガラス……………… 288
半断線…………………… 182
ハンチング………………62,105
非常用自家発電設備…… 186
必要外気量……………… 259
非破壊調査……………… 144
標準作業手順書………… 215
ファシリティマネジャー… 306
ファンコイルユニット
…………………………13,247
復水腐食抑制剤………… 124
復水率…………………… 128
フラッシュバルブ……… 164
フラッシング…………… 108
フラッシング水処理装置… 108
フリークーリング……… 132
フルメンテナンス契約… 192

プロパティマネジメント… 309
ペリメータレス………………45
膨張タンク……………… 135
ポンティアック熱……… 158

マ 行

マトソン比……………… 157
ミキシングロス………………62
無機系抗菌剤…………………41
滅菌……………………… 252
モリエル線図…………… 130
漏れ電流………………… 183

ヤ 行

有機系抗菌剤…………………41
有効塩素濃度…………… 269
有効吸込み揚程………… 128
遊離炭酸………………… 123

ラ 行

ルーフドレン…………… 167
冷却水入口温度………… 130
冷却塔出口温度………… 130
冷水出口温度……… 103,105
冷水流量………………93,103
冷凍機負荷率…………………94
冷熱製造単価…………… 131
レジオネラ(症・属菌・肺炎)
…………………………… 158
レターンチャンバー方式
…………………………… 111
連続ブロー装置………… 124
ローターエレメント………49
漏電クランプメーター… 177
漏電警報装置…………… 177
漏電遮断器……………… 180
露点温度………………… 245
炉筒煙管ボイラー……… 123
ロードリセット制御………64

数 字

Ⅰ型孔食………………… 157
2管式冷暖フリー
　個別空調システム………78
Ⅱ型孔食………………… 156

英文字

AHU ………………………22
ATF …………………………65
BCP……………………… 161
B種接地線……………… 183
CGS…………………99,120
COP ………………………10
DDC ………………………31
ELB……………………… 180
EPDM ………………… 165
ESCO 事業……………… 297
ESP 事業………………… 298
FC ……………………… 132
FCU ……………………13,247
FM ……………………… 306
IE3 ……………………… 189
IoT カメラ ………… 218,228
LBS……………………… 174
LED ………………… 195,198
Low-E ガラス ………………45
LPWA 通信 …………… 202
MCC ユニット ……… 191
OFF-JT ………………… 295
OJT……………………… 295
PLC……………………… 201
PM ……………………… 309
POG 契約 ……………… 192
SDGs ……………… 198,291
SPD……………………… 154
VAV …… 61,64,73,85
WBGT 値 ……………… 243

319

● 参考文献

［参考文献］

10. 空調ドレンのスライム防止対策
1）荒川宏樹「空調機ドレンの実態調査と抗菌剤の評価」平成 24 年度空気調和・衛生工学会大会学術講演論文集
2）藤野隆之「空調機ドレンスライムの抗菌剤評価」建築設備と配管工事 2019 年 1 月増刊号，日本工業出版刊

11. 室内熱負荷の変遷
3）富樫英介「霞が関ビルディングの超長期エネルギー消費実態調査」平成 30 年度空気調和・衛生工学会大会学術講演論文集
4）市川重範・鳥居龍太郎「LED 照明技術のさらなる進化／技術展望」電気設備学会誌 2017 年 1 月号

12. 全熱交換器の維持管理
5）（公社）空気調和・衛生工学会『第 14 版 空気調和・衛生工学便覧 1．基礎編』

13. レイアウト変更に伴う空調設備改修
6）日本ピーマック「ドレンレス・スポット空調機『レス Q』」

36. ボイラーの水質管理のポイント
7）酒井康行『空調設備の腐食と防食』技術書院刊

37. 蒸気配管系統のトラブル
8）（公社）空気調和・衛生工学会『空気調和設備 計画設計の実務の知識(改訂 4 版)』オーム社刊

38. 冷却塔を利用した省エネ手法
9）日本冷却塔工業会ホームページ「COOLING TOWER 冷却塔とは？」

39. 配管圧力線図を活用したポンプのエア噛み対策
8）（公社）空気調和・衛生工学会『空気調和設備 計画設計の実務の知識(改訂 4 版)』オーム社刊
10）上村泰『空調設備配管設計再入門』日本工業出版刊

47. BCP 対策を考慮した給水設備の改修
11）東京都水道局ホームページ「くらしと水道」

49. 落ち葉と管理者の戦い
12）佐藤保「森の落ち葉を測る─照葉樹林のリターフォール量─」九州の森と林業 第 44 号，（国研）森林研究・整備機構 森林総合研究所 九州支所

55. 非常用自家発電設備の点検方法
13）総務省消防庁「自家発電設備の点検方法が改正されました」2018 年 6 月

56. トップランナーモーターへの交換
14）（一社）日本電機工業会「地球環境保護・省エネルギーのために トップランナーモータ」
15）（一社）日本電機工業会「モータコントロールセンタへのトップランナーモータ適用に当たっての注意事項」

58. 水銀条約による蛍光ランプの販売規制
16）経済産業省「照明器具等判断基準小委員会最終まとめ」2013 年
17）環境省「廃棄物処理法施行令の改正について」2017 年 6 月

70. ビル管理基準の不適合発生項目
18）厚生労働省「『換気の悪い密閉空間』を改善するための換気の方法」2020 年 3 月

71. ビル管理基準の相対湿度不適合

19) 鍵直樹「建築物衛生の動向と課題」平成 25 年度生活衛生関係技術担当者研修会

20) 金勲「建築物衛生と空調」2017 年 1 月

21) 厚生労働省「建築物衛生法に基づく特定建築物立入検査における不適合率の推移」

22) 大沢元毅ほか「建築物の特性を考慮した環境衛生管理に関する研究」平成 21 〜 22 年度総括・分担研究報告書

72. ビル管理者が留意すべき熱中症対策

23) 中井誠一「熱中症をめぐる最近の動向と歴史的変遷」公衆衛生 2015 年 6 月号、医学書院刊

24) 環境省「熱中症予防情報サイト」

73. インフルエンザ感染を抑える空調方法

25) 西村秀一・阪田総一郎「くしゃみ・咳によるエアロゾル粒子中のインフルエンザウイルスの活性と空調」冷凍 2010 年 5 月号，（公社）日本冷凍空調学会刊

26) 西村秀一・阪田総一郎ほか「くしゃみによるエアロゾル粒子と空中エアロゾル中のインフルエンザウイルスの活性の解析」第 25 回空気清浄とコンタミネーションコントロール研究大会

75. 新型コロナウイルス感染症の注意点

27) 厚生労働省ホームページ「新型コロナウイルスの消毒・除菌方法について」

28) （公社）空気調和・衛生工学会新型コロナウイルス対策特別委員会「新型コロナウイルス感染対策としての空調設備を中心とした設備の運用について(改訂 2 版)」

29) （公社）空気調和・衛生工学会新型コロナウイルス対策特別委員会「空調・換気による COVID-19 の拡散はあるのか？ 空気調和・衛生工学分野の専門家からの見解」

30) 中臣昌弘「新型コロナウイルス感染症の予防と建築物衛生を考える」設備と管理 2020 年 8 月号，オーム社刊

31) （公社）空気調和・衛生工学会「SHASHE-S102-2011 換気基準・同解説」

76. 感染症対策での換気と省エネの両立

32) 李晟在ほか「置換換気方式を採用した音楽ホールにおける温熱快適性と換気効率の実測」日本建築学会計画系論文集第 559 号

33) 大川幸一「2 段ローター式置換換気用空調機」建築設備と配管工事 2015 年 11 月号，日本工業出版刊

77. エアロゾルから換気を考える

34) 西村秀一『新型コロナ「正しく恐れる」』藤原書店刊

35) 日本ピーマック「空気清浄機エール®」

36) 柳宇「建築環境における SARS-CoV-2 の挙動とその対策方法」ビルと環境 170 号，（公財）日本建築衛生管理教育センター刊

78. 健康増進法に基づく受動喫煙防止対策

37) 厚生労働省「健康増進法の一部を改正する法律(平成 30 年法律第 78 号)概要」

83. 騒音・振動のトラブル・クレーム

38) ISO/TC108/SC4/WG2(機械振動と衝撃の人体への影響 / 全身振動)ほか

86. 設備管理者にとっての SDGs

39) 国連広報センターホームページ

88. エネルギーサービス事業導入のポイント

40) 経済産業省『平成 29 年度新エネルギー等の導入促進のための基礎調査報告書』

41) （一財）省エネルギーセンター『ESCO 導入のてびき』

［執　筆　者］

- 阿部　琢哉：(26) (29)
- 内山　雅之：(9)
- 海老原　睦：(55)
- 大井　淳：(12)
- 大川　幸一：(76)
- 岡村　明彦：(36) (37) (38)
- 小笠原　拓哉：(21)
- 小座間　宏志：(67)
- 落合　弘文：(20)
- 柏木　柾樹：(60)
- 櫛渕　清和：(5) (18) (34) (41) (46) (93)
- 黒田　康裕：(92)
- 弘保　慶一郎：(84)
- 小林　正一：(68)
- 佐藤　邦男：(33)
- 佐藤　徹治：(48)
- 澤部　剛宏：(89)
- 下家　純一：(11) (39) (83)
- 神　賢一郎：(73)
- 鈴木　洋次：(63)
- 相馬　啓人：(54)
- 竹倉　雅夫：(7) (10) (53) (56) (57) (58)

- (62) (70) (71) (72) (74) (75) (78) (80)
- 長谷部　純司：(90)
- 針替　崇行：(59) (64)
- 日辻　稔：(91)
- 平井　則行：(2) (4) (28) (35) (45) (65) (85)
- 堀川　孝一：(40) (52) (61)
- 村田　栄一：(87)
- 安本　正幸：(15)
- 柳田　賢史：(66)
- 山本　健一：(49)

注) 五十音順．所属はすべて TMES（第 1 版第 1 刷発行時点）．カッコ内の数字は記事番号を表す．

- TMES ほか：(1) (6) (8) (22) (23) (24) (25) (27) (30) (31) (42) (43) (44) (47) (51) (69) (81) (82)
- 高砂熱学工業：(3) (14) (16) (17) (19) (32) (50) (79) (81) (82)
- 日本ピーマック：(13) (77)

- 本書の内容に関する質問は，オーム社ホームページの「サポート」から，「お問合せ」の「書籍に関するお問合せ」をご参照いただくか，または書状にてオーム社編集局宛にお願いします．お受けできる質問は本書で紹介した内容に限らせていただきます．なお，電話での質問にはお答えできませんので，あらかじめご了承ください．
- 万一，落丁・乱丁の場合は，送料当社負担でお取替えいたします．当社販売課宛にお送りください．
- 本書の一部の複写複製を希望される場合は，本書扉裏を参照してください．

JCOPY ＜出版者著作権管理機構 委託出版物＞

事例に学ぶ
設備お悩み相談室

2024 年 10 月 10 日　　第 1 版第 1 刷発行

著　　者　TMES 設備お悩み解決委員会
発 行 者　村 上 和 夫
発 行 所　株式会社 オーム社
　　　　　郵便番号　101-8460
　　　　　東京都千代田区神田錦町 3-1
　　　　　電話　03（3233）0641（代表）
　　　　　URL　https://www.ohmsha.co.jp/

©TMES 設備お悩み解決委員会 2024

組版　アトリエ渋谷　　印刷・製本　日経印刷
ISBN978-4-274-23236-7　　Printed in Japan

本書の感想募集　https://www.ohmsha.co.jp/kansou/
本書をお読みになった感想を上記サイトまでお寄せください．
お寄せいただいた方には，抽選でプレゼントを差し上げます．